성서의 마지막 수수께끼

Die letzten Rätsel der Bibel

성서의 마지막 수수께끼

Die letzten Rätsel der Bibel

크리스티안 펠트만(Christian Feldmann) 지음

최경은 옮김

한국문화사

문자·사회·문화 총서 35

성서의 마지막 수수께끼
Die letzten Rätsel der Bibel

1판 1쇄 발행 2019년 4월 30일

지은이 ┃ 크리스티안 펠트만(Christian Feldmann)
옮긴이 ┃ 최경은
펴낸이 ┃ 김진수
펴낸곳 ┃ 한국문화사
등　록 ┃ 1991년 11월 9일 제2-1276호
주　소 ┃ 서울특별시 성동구 광나루로 130 서울숲 IT캐슬 1310호
전　화 ┃ 02-464-7708
팩　스 ┃ 02-499-0846
이메일 ┃ hkm7708@hanmail.net
웹사이트 ┃ www.hankookmunhwasa.co.kr

ISBN 978-89-6817-760-6 93230

· 이 도서의 국립중앙도서관 출판예정도서목록(CIP)은 서지정보유통지원시스템 홈페이지
　(http://seoji.nl.go.kr)와 국가자료종합목록시스템(http://www.nl.go.kr/kolisnet)에서
　이용하실 수 있습니다(CIP제어번호 : CIP2019016411).
· 이 책은 2010년도 정부재원(교육과학기술부 학술연구조성사업비)으로
　한국연구재단의 지원을 받아 이루어졌음(NRF-2010-361-A00018).

■ 차례

0. 책이 없으면 이해하지 못하는 책

"왜 신이 세상을 창조했는가? 그가 역사를 좋아했기 때문에." (유대의 속담)

성서는 책이 없으면 이해하지 못하는 책이다. 바흐나 미켈란젤로가 아니며, 셰익스피어나 샤갈도 아니며, 부누엘, 파솔리니, 스코르세지의 영화도 전혀 아니다. 의미와 진리, 고통과 죽음, 죄와 미래 등에 대한 질문도 아니며 근동이나 우리 자신의 영혼에서 일어나는 혼돈도 아니다.

성서는 역사 혹은 자연과학의 교과서도 아니다. 성서는 놀라울 정도로 많은 뚜렷한 흔적과 신뢰할 만한 전승들을 담고 있다. 그러나 성서를 단지 정보에 대한 갈증으로만 읽은 사람은 성서의 오류와 모순에 실망할 것이다.

왜 창조에 관한 두 가지 서로 다른 보고가 연이어 등장하는가? 왜 인간이 첫 번째 버전에서는 남성의 형상과 여성의 형상으로 등장하고, 두 번째 버전에서는 ─후에 신이 그를 위해 배우자를 만들어주었지만— 아담만 존재하는가? 왜 신은 여러 가지 이름을 지니고 있는가? 여호수아가 태양에 멈추라고 어떻게 명령할 수 있었던가? 예수가 실제로 무엇을 말했는가? 도대체 그는 언제 그리고 어디서 태어났는가? 그리고 그의 죽음에 대한 책임은 누구에게 있는가? 유대인 혹은 로마 점령군, 아니면 분노한 신인가?

성서는 그 어떤 정보도 주지 않는다. 혹은 빈약하기 그지없는 정보만을 준다. 성서는 역사를 서술한다. 수백 년 동안 구전된 후에 비로소 기술된, 완전히 다른 환경에서 유래한, 모순되는 이해관계로 기술된 역사이다. 이것이 성서를 인간적이고 매력적으로 만든다.

성서는 서술 당시의 삶을 묘사한다. 인간의 모습이 어떠했느냐는 질문에 인간은 무엇을 할 능력이 있느냐는 서술로 응답한다. 성서가 인간 심장의 심연을 반영하기에 폭력, 비열함, 거짓 등이 곳곳에 서술된다. 그리고 인간이 발전하고 있음을 보여주기 위해 점점 더 많은 휴머니티, 폭력의 단념, 화해도 서술된다. 가장 오래된 이야기에서 유혈이 낭자한 정복을 몸소 외쳤던 신이 점점 더 단호하게 폭력의 나선을 부숴버린다.

신화는 동화와는 완전히 다른 것이며 논리적 사고로 나아가는 순진한 전 단계 이상이다. 신화는 그 자신만의 진리를 담고 있다. 신화는 서술함으로써 현실을 설명한다. 현 상황이 과거에는 어떻게 그 근거를 줬는가? 미래는 어떻게 생성될 수 있는가?

그리고 성서의 신화 한가운데에서 계몽이 시작된다. "너는 어떤 우상도 만들지 말라"(「출애굽기」 20장 4절)라고 더는 조작할 수 없는 신이 시나이산에서 자기 민족에게 요구한다. 인간의 운명을 결정한다고 하는, 자선을 베푸는 존재, 아니면 엄청난 두려움을 주는 존재인 천상의 권력을 그는 이미 창조 과정에서 무장 해제시켰다. 그는 태양, 달, 별을 하늘 천장에 램프처럼 매달았다(「창세기」 1장 14절 이하).

이 책은 엄청난 성공을 거두었던 바이에른 방송국 프로그램 〈라디오 지식〉을 위해 기고했던 원고로 성립되었다. 바이에른 2 방송국 프로그램의 동료들에게 우정과 감사의 마음으로 이 책을 헌정한다.

크리스티안 펠트만

1. 에덴 정원은 어디에 있었는가?

페르시아만 혹은 이란의 북부? 혹은 이 낙원이 정신세계에만
존재하는 불멸의 동경에 지나지 않는가? 아발론과 에덴의
차이는 무엇인가? 그리고 구원을 받아 영생을 누리는 자는 왜
모두 옷을 걸치지 않는 나체의 모습인가?

"우리는 낙원에서 추방되었지만, 낙원이 파괴되진 않았다." (프란츠 카프카)

새천년 전환기에 즈음하여 뉴욕의 변호사이며 『모세의 미스터리』
작가인 개리 그린버그Gary Greenberg가 주목을 받았다. 그는 2000년에
출판된 저서에서, 성서에 나오는 에덴 정원이 카이로 근처, 즉 후에
'태양의 도시'이며 이집트의 종교 중심지인 헬리오폴리스Heliopolis가 위
치한 곳에 있었다고 주장했다. 오늘날에는 엄청나게 큰 쓰레기장과
더불어 사원의 잔재만이 한때의 영광을 상기시켜준다.
　　그린버거의 이론은 일반적이진 않았다. 지난 수백 년 동안 낙원에
관해 연구했던 사람들은 일반적으로 페르시아만, 즉 오늘날의 남부

그림 1 : 〈창조와 낙원 추방〉, 지오바니 디 파올로, 1445, 뉴욕 메트로폴리탄 예술박물관

터키 혹은 북부 이란 지역에서 낙원을 찾았다. 이집트에 있었다고 믿은 그린버거의 낙원은 그동안 우주에서 촬영한 위성사진과 고고학적 발굴 보고에 그 근거를 둘 수 있는 — 절대 끝날 것 같지 않아 보이는 — 토론에서 아무런 반향 없이 곧 사라졌다.

에덴 정원을 머나먼 (오늘날 케이론 혹은 스리랑카로 불리는) 사자 獅子섬에 있다고 주장했던 중세의 신학자들도 사람들의 기억에 희미 해졌다. 에덴 정원이 시리아 아니면 예수가 십자가에 매달렸던 골고 다 언덕 아래에 있는가? 콜럼버스는 자신만의 이론을 전개했다. 그는 세계를 일주하고 난 후에 지구가 둥근 배 모양보다 안전하다고 서술 했다. 배 모양의 자루 부분에 에덴 정원이 있으며, '신의 허락 없이는 인간이 절대 갈 수 없는 곳'이라고 그는 에덴 정원을 묘사했다.

페르시아 만(灣)의 위성사진

독일어로 읽어보면 동화책에 나오는 마법의 단어와 같이 들리는 'Paradies'(낙원)라는 단어는 명쾌하게 울리는 'i'와 놀라움과 즐거운 느 낌을 표현하는 'Ah!'(아)를 연상시키는 두 개의 모음으로 구성되어 있 다. 여기서 페르시아어에서 유래한 'pairidaeza'라는 단어는 후에 그리 스어 'paradeisos'로, 고대고지독일어 'paradisi'로 변화되었고, '담으로 둘러싸인 지역'이라는 아주 평범하기 그지없는 의미를 지니고 있다. 법률가라면 정원이라는 마법의 세계를 이런 식으로 끔찍하게 표시했 을 것이다. '천상에 있는 초원의 변두리 지역'이라는 의미를 지닌 수메 르의 'Guan Eden'(후에 히브리인들에 의해 'Gan Eden'으로 성서에 수용한)이라는 용어에는 많은 문학적 요소가 숨어 있다.

인류는 꿈속에나 나올 법한 여러 지역, 예컨대 유대인, 그리스도교인, 이슬람교인의 낙원 외에도 지브롤터 해협 근처 어딘가에 있는 비밀에 싸인 아틀란티스¹ 혹은 아서 왕이 묻혀있다고 추정되는 전설의 섬 아발론Avalon 등을 전해 내려온 자료를 통해 알고 있다. 호머는 눈이 내리지 않고 매서운 바람도 불지 않으며, 부드러운 바닷바람만 불고 있는 세상의 끝에 있는 이상향Elysium을 꿈꾸었다. 마찬가지로 그리스의 시인인 헤시오도스는 영웅들이 거주하는 '행복한 사람들의 섬'에 대해 서술하고 있는데, 옛 '황금시대'에서는 모든 인간에게 그것을 허용해 주었던 것처럼 그곳의 사람들은 아무런 근심 없이 자연이 주는 풍성한 열매를 먹으며 살고 있다.

"그리고 그들은 고생이나 고통을 전혀 모른 채,
슬픔이 없는 신들처럼 하는 일 없이 살았다. 그리고 그들은
나이를 전혀 먹지도 않았다.
그리고 그들은 손과 발을 끊임없이 움직이고,
연회를 즐겼고, 그 어떤 질병에도 걸리지 않은 상태에서
졸음이 엄습하며 죽음을 맞이한다.
그리고 그들은 원하던 모든 것을 가졌다.
양식을 주는 땅은 항상 그 자체로 무한하게 그리고 다양하게
과일을 선물한다." (헤시오도스², 『일과 날』)

---

1   (Atlantis), 그리스 사람이 대서양에 있다고 생각한 전설의 섬.
2   (Hesiod), 기원전 7세기경 활동한 고대 그리스의 서사시인.

이 모든 행운의 영토는 대양 '오케아노스'3의 서쪽 끝부분에 있으며, 쾌적한 기후와 울창한 숲이 특징이다. 이곳에서 사는 사람은 육체와 영혼을 통해 자신들의 낙원 생활에 빠져 있으며, 정신적인 영역 그 어느 곳에 있는 정신화한 존재가 결코 문제가 되지 않는다는 사실이 흥미롭다. 아틀란티스 혹은 아발론의 시민은 부드럽고 투명한 정신적 존재가 아니라 피와 살로 이루어진 인간이라는 사실 역시 흥미롭다.

아발론, 카멜롯4, 아틀란티스, 에덴 정원 등은 완벽하고 조화로우며 행복하기 그지없는 세계라는 시대를 초월한 관념으로써 인간의 뇌리에 남아 있다. 아서 왕의 전설에 등장하는 성城과 물에 잠긴 섬인 아틀란티스는 탐험가, 베스트셀러 작가, 영화감독 등에게 여전히 영감을 주고 있다. 물론 에덴 정원의 경우 전문가 대부분은 그런 낙원이 실제로 존재하는 장소이기보다는 어떤 표상에 지나지 않는다고 인식하고 있다. 에덴 정원을 찾으려고 시도한 탐험가는 거의 없다.

사람들이 수백 년 동안 에덴 정원을 찾았던 곳이 사우디아라비아, 인도, 몽골 등은 아니었다. 오늘날에도 여전히 에덴 정원을 찾으려는 사람은 일반적으로 이란의 북부 지방, 터키와 이라크의 국경 지역으로 가며, 카를 메이5의 작품을 많이 읽은 독자들은 그 지역을 '쿠르디스탄'으로 알고 있다. 영국의 고고학자 데이비드 롤David Rohl은 성서에

---

3 (Okeanos), 고대 그리스와 고대 로마에서 대지를 둘러싼 거대한 강을 말하며 이를 의인화한 신의 이름으로 티탄족의 일원인 포세이돈 이전의 2세대 바다의 신을 말하기도 한다. 현대 영어를 비롯한 많은 언어에서 '바다'(Ocean)를 뜻하는 단어의 어원이 된 이름이다.
4 (Camelot), 아서 왕과 원탁의 기사들의 본거지.
5 (Karl May, 1842~1912), 독일의 작가.

언급된 에덴 정원을 흐르는 4개의 하천이 쿠르디스탄 지역에 있는 우르미아 호수에서 시작된다고 추정하고 있는데, 왜냐하면 '우르미아urmia'라는 단어는 옛날에 '물의 요람'이란 의미를 지니고 있었기 때문이다.

롤의 미국인 동료인 미주리 주립대학교의 유리스 차린스Juris Zarins는 이미 오래전에 땅속으로 사라진 낙원의 하천인 비손Pischon과 기혼Gihon을 페르시아만을 촬영한 위성사진에서 찾길 원한다. 해수면이 아주 낮았을 때인 아마득한 선사 시대에 이 두 하천은 유프라테스강과 티그리스강으로 합쳐졌고, 이 네 강이 모두 하나의 웅대한 강으로 오늘날의 하구와는 멀리 떨어진 바다로 흘러 들어갔다는 주장이다. 풍족한 물로 인해 이 지역은 많은 결실을 가져왔는데, 이곳이 바로 에덴 정원이라고 주장한다.

지도에는 없는 마법의 나라

"여호와 하느님께서는 동쪽에 있는 에덴이라는 곳에 동산을 마련하시고 당신께서 빚어 만드신 사람을 그리로 데려다가 살게 하셨다. 여호와 하느님께서는 보기 좋고 맛있는 열매를 맺는 온갖 나무를 그 땅에서 돋아나게 하셨다. 또 그 동산 한가운데는 생명 나무와 선과 악을 알게 하는 나무도 돋아나게 하셨다. (......) 여호와 하느님께서 아담을 데려다가 에덴에 있는 이 동산을 돌보게 하셨다." (「창세기」 2장, 8~9절, 15절)

구약성서는 몽상가와 연구자들에게 첫 번째 날에 창조된 기적이 땅 에덴의 흔적을 찾는데 어렵게 만들고 있다. 성서에는 에덴에 대한 정보가 극히 적다. 예컨대, 에덴 정원이 많은 물과 동식물이 있는 전원적인 장소라고 기록되어 있는데, 이것은 놀고먹는 세상과 휴양지를 섞어놓은 것과 비슷하다. 정원이 울타리로 둘러싸여 있다는 사실은 -고전 예술에서 에덴 정원이 일반적으로 그렇게 묘사되고 있는데- 창세기에 나오는 것이 아니라 '둘러싸기'라는 의미를 지닌 페르시아 어휘 'pairidaeza'에서 유래한 것이다.

어떤 지도도 존재하지 않는다. ('동쪽'이라는 표현도 더는 힌트를 주진 못한다. 아마 태양이 뜨는 지역, 빛과 매일 새로운 삶을 주는 땅을 의미했을 것이다). 낙원의 크기, 형태, 거기서 사는 식물과 동물 등에 대한 정보도 없다. (『창세기』 3장 7절[6]에서 아담과 이브가 자신들이 벌거벗은 사실을 인식하고 몸을 가린 나무로 표현된) 무화과나무가 유일하게 언급된 식물의 이름이다. 불행을 안겨준 '인식의 나무'는 정확하게 묘사되어 있지 않다. 이런 사실에도 불구하고 예술가, 시인, 철학자들은 이 나무를 사과 혹은 바나나나무로 정의하는 것을 주저하지 않았다.

"에덴에서 강 하나가 흘러나와 그 동산을 적신 다음 네 줄기로 갈라졌다. 첫째 강줄기의 이름은 비손이라 하는데, 은과 금이 나는 하윌라 땅을 돌아 흐르고 있었다. 그 땅은 좋은 금뿐 아니라 브돌라라는 향료와 홍옥수 같은 보석이 나는 곳이었다. 둘째 강줄기의 이름은 기혼이라 하는데, 구스 온 땅을 돌아 흐르고 있었다. 셋째 강줄기의 이름은 티그리스라 하는데, 아시리아 동쪽으로 흐르고 있었고, 넷째 강줄기

---

[6] "그러자 두 사람은 눈이 밝아져 자기들이 알몸인 것을 알고 무화과나무 잎을 엮어 앞을 가렸다."

의 이름은 유프라테스라고 하였다." (「창세기」 2장, 10~14절)

위 내용이 「창세기」에 기록된 빈약하기 그지없는 유일한 정보, 즉 메소포타미아의 하천인 유프라테스와 티그리스(고대 페르시아어로 '얕은 강'이라는 의미)가 언급되어 있다. 그러나 메소포타미아는 광활하며, 성서에서 언급되는 낙원의 다른 두 강줄기, 즉 '비손'과 '기혼'은 하윌라 땅과 마찬가지로 전혀 알려지지 않았다. 유대인 역사학자인 플라비우스 요세푸스는 비손과 기혼을 약간 대담하게 나일강과 갠지스강으로 간주했다. '구스'는 아프리카의 수단(에티오피아 지역으로 확장)일 수도 있고, 몇몇 연구자의 견해에 따르면 메소포타미아에 있는 수메르의 도시국가 '기스'일 수도 있다. '브돌라'는 옛날에 육류나 생선이 훈제되고 성유가 제작되던 곳이었다. 수많은 유대 전통의 문헌에서 이 브돌라라는 단어는 '광석', '진주', '수정' 등의 의미로 해석된다. 「요한계시록」에 묘사되어 있듯이, 그리스도교의 옛 문헌은 황금, 진주 (혹은 수정), 홍옥수 등의 결합체에서 천상에 있는 예루살렘을 미리 맛보게 해 주며, 그럼으로써 하느님 세계의 시작과 종말을 이어주는 다리로 해석하고 있다.

덧붙여서 말하자면, 낙원의 지리적 위치를 탐구하는 것이 일반적으로 터부시되고 있는 것이 유대 전통이다. 유대인들은 또한 모세의 '시나이산 계시'가 정확히 어디에서 일어났는지도 알려고 하지 않는다. 유대 전통에 따르면 예루살렘 바깥에 있는 신전들의 위치와 순례자들이 가는 목적지를 안다는 것은 여호와 신앙의 순수성을 위협하며 우상화로 가는 유혹을 의미한다는 것이다.

성서의 이야기에 나오는 유프라테스와 티그리스에 대한 그럴듯한 힌트는 이란이라는 생각을 수용한 것으로 이해될 수 있었다. 예언자와 후에 탈무드 학자들이 에덴 정원을 상상했던 그림은 우선 페르시아와 바빌로니아 신화와 관련되어 있었다. (그리고 오늘날 우리가 알고 있는 것처럼, 인도와 시베리아 신화와도 관련되어 있다). 예컨대, 하느님의 정원은 산 높은 곳에 있다는 것이 인기 있는 상상이었다.

고대 페르시아 전설은 '황금빛 대낮日의 지배자'인 이마Yima의 정원이며, '생명의 나무'가 자라고 있는 정원이 신비의 산 위에 있어서, '생명의 물'을 산 위에서 신선하고 투명하게 내려보낸다고 언급한다. 가장 높은 정상에 신이 거주하고 있다는 내용의 전설은 인더스 지역, 수메르, 소아시아, 크레타, 사이프러스 등지에서 입증될 수 있는 태고 시대의 높은 문화에 속한다. 이것은 어머니의 신이 핵심적 위치에 있고, 가나안의 문화가 큰 영향을 미친 고도로 발전된 문화이다. 히브리인들은 이런 오랜 전통을 창조적으로 바꾸었고, 자신들의 신상神像에 맞추었다. 그리고 이렇게 해서 '낙원'이라는 인류의 보편적 신화가 그리스도교로 유입되었다.

고향에 대한 꿈

에덴 정원의 역사적 장소는 발견될 수 없다. 그러나 완벽한 행복과 신과 가까이 있음에 대한 동경은 여전히 남아 있다. 에덴 정원은 불멸성, 잃어버린 순결, 폭력에서 자유로운 삶, 자연과의 조화, 고통이나 갈등이 없는 삶, 그리고 또한 강제 노역과 인간 위에 군림하는 인간 지배의 종말 등에 대한 동경이다.

> "그곳에서는 항상 달콤한 향기를 풍기며 시들지 않는 백합과 장
> 미가 만발해 있다. 그 향기는 영혼 속으로 스며들어 영원한 구원
> 을 속삭인다." (9세기에 오트프리트 폰 바이센부르크[7])

반대되는 세계가 존재해야 하는데, 정신이 아닌 순수 물질로 이해
되고 완벽하게 반대쪽에 위치해야 한다. 낙원을 꿈꾸는 몽상가들은
문화적, 사회적, 경제적, 정치적 대안에 대해서는 전혀 고려하지 않는
다. 그런 유토피아들이 투쟁과 시각적인 형상에 대한 힘을 제공한다.

> "실질적인 창세기는 태초가 아니라 종말에 일어난다. 창세기는
> 뿌리를 내려 고정된 사회와 존재가 급진적으로 되어갈 때 비로
> 소 시작될 수 있다."

에른스트 블로흐[8]의 멋진 유토피아 『희망의 원리』가 위 문장으로
끝나고 있는데, 즉, 낙원이라는 동경의 비전이 사실적인 비전으로 끝
나고 있다.

> "모든 이에겐 유년시절로 돌아간 것처럼 보이는 어떤 것, 그리
> 고 막상 거기엔 아무도 없는 곳, 즉 고향이 세상에 그렇게 존재
> 합니다."

---

[7] (Otfrid von Weißenburg, 790~875), 최초로 알려진 고대고지독일어 시인.
[8] (Ernst Bloch, 1885~1977), 독일의 철학자.

'일하며 성취하고, 주어진 상황을 개선하며 발전하는 인간'이라야 비로소 궁극적으로 이런 고향에 접근할 수 있다고 에른스트 블로흐는 썼다. 그렇지만 모든 이상향은 영혼의 심연에서 생긴다. 심층 심리학자들은 낙원의 꿈을 젖먹이 시절의 놀라운 포근함에 대한 향수와 연결하고 있다. 젖먹이 시절에는 무언가를 요구하고 위협하는 외부 세계가 존재하지 않고 보호하는 어머니와 완벽한 공생 관계만이 존재할 따름이다. 내부적인 것과 외부적인 것, 주체와 객체, 나와 너, 나와 어머니와 세계, 이 모든 것이 하나였으며 모든 것이 좋았다.

실제로 그랬던가? 젖먹이는 겉으로 보기에 자신의 평안만을 위해 봉사하고 있는 위대한 어머니의 손에 전적으로 맡겨져 있다. 낙원이 지옥일 수도 있다. 고전적인 낙원을 생각하면 등장하는 울타리가 쳐진 정원이나 바다로 둘러싸여 깨끗이 씻기며 보호된 섬에는 무언가가 결핍되어 있었다. 거기에는 선이나 악이 존재하지 않았고, 논쟁, 발전, 역사, 성찰, 인식 등도 존재하지 않았다. 그리고 엄청난 지루함이 영원히 계속되었다.

어쨌든 낙원에 대해서는 성서가 구체적으로 묘사하고 있지 않은 한, 은유로만 언급될 수 있을 따름이다. 성서는 하느님이 축복해준 공간과 하느님이 직접 가꾼 정원을 묘사하고 있는데, 이 정원은 하느님의 피조물에 편안함과 행복을 가져다주어야 한다. 풍성한 열매와 넘치는 물, 울타리로 둘러싸인 안전한 에덴 정원은 황량하기 그지없는 모래사막과는 반대되는 그림이라는 사실을 명석한 신학자들은 즐겨 지적하고 있다.

동요나 교육학적인 프로젝트에서 최근 인기 있는 메타퍼 '레벤하우스'Lebenhaus는 성서에 등장하는 낙원에 대한 상상과 일치하고 있으며, 에덴 정원을 다른 - 예컨대 신들이 일반적으로 자신의 이득과 자기만 족을 생각하지, 인간과 동물의 주거지로서는 생각하지 않는- 고대 오리엔트 창조 이야기와는 잘 구분하고 있다.

> "신은 처음에 혼란의 물 덩어리 한가운데 움푹 들어간 공간을 창조한다. 그다음으로 신은 그 공간을 둥근 천장과 같은 형태의 하늘과 바다 같은 땅을 창조함으로써 일종의 집과 같은 형상으로 만든다. (......) 신은 그 집의 지붕에 조명 물체를 달고, 집의 바닥에는 식물을 자라게 하고 동물과 인간에게 개별 공간을 할 당해준다. (베스트팔렌의) 수성水城과 같은 그런 집을 둘러싸고 있는 물에 신은 물고기를 투입한다." (에리히 쳉거9)

고향. 안전함. 풍요. 성서에는 이스라엘인들이 사막을 건넌 후에 정착하게 되는 '약속의 땅' 가나안에 관한 이야기가 서술되고 있는데 (더 자세히 말하자면, 서서히 그리고 대부분 평화롭게 정착하고 있는데, 유혈이 낭자한 기습 전쟁으로 이룬 정복은 물론 다시 일종의 신화에 그치고 있다), 그 묘사나 개념이 낙원의 모습과 아주 유사하다. 즉 가나안이 '젖과 꿀이 흐르는'(「신명기」 26장 9절) 바로 그 낙원이다. 그러나 창조 과정 전반에 걸쳐 일어나고 있는 것처럼 태초의 목가적 풍경도 혼돈의 힘으로 위협받고 있다. 성서에 나오는 첫 부분(「창세기」 1장 2절10)은 "땅은 황폐하고 뒤죽박죽의 상태였다"라는 문장

---

9 (Erich Zenger, 1939~2010), 독일의 가톨릭 신학자이며 대학교수.
10 원문은 "die Erde aber war wüst und wirr"로 되어 있는데, 한글성서에는 "땅은

이다. 세계에 대해 숙명적인 관계일 수도 있고, 성서 신학의 엄격한 변형이 강조하고 있듯이 죄와 계율 위반에 쉽게 다가서는 나약한 인간 본성일 수도 있지만, 행운은 항상 위험한 상황에 이미 처해있다. 그리스도교인의 신약성서에서처럼 후기 유대 전통에서는 창조의 초기에 묘사된 낙원, 죽음 후에 신의 곁에 도달되는 인간의 개인적 미래, 그리고 -세 번째로- 지상의 모든 시간이 끝났을 때 만들어지는 새로운 하늘과 새로운 땅 등으로 서로 뒤섞어 진행되고 있다.

"이 세상은 대기실과 같은데, 이것을 통해 너는 홀로 들어가는
출입문을 찾을 수 있다."

라고 야곱이라 불리는 랍비가 서기 200년경에 설명하고 있다. 유대의 미드라시[11]는 아주 장엄한 우화 형식으로 구세주의 시대를 묘사하고 있다. 즉, 죽음이 더는 존재하지 않으며, 눈물과 근심도 더는 존재하지 않는 세상이다. 태양이 모든 병을 고칠 힘을 갖게 될 것이다. 모든 동물은 평화로이 서로 잘 지낼 것이며 나무는 매 순간 신선한 열매를 생산할 것이다.

아직 모양을 갖추지 않고 아무것도 생기지 않았는데"라고 번역되어 있고, 루터 성서 2017년판에는 땅은 "Und die Erde war wüst und leer"(그리고 땅은 황폐하고 텅 비어 있다)로 표현되어 있다.

11 문자 그대로의 뜻은 '조사', '연구'이다. 히브리어 성서인 타니크를 해석하는 방법을 의미하기도 한다. 이 용어는 구약성서 「역대기하」 13장 22절, 24장 27절, 이렇게 두 번 나온다.

천지 창조는 낙원으로 돌아갈 것이다

교부 이레노이스 폰 리옹[12]이 아주 유사하게 이런 사실을 예언하고 있다.

> "포도 줄기가 자라 줄기마다 1만 개의 송이와 송이마다 1만 개의 포도가 열리는 날이 도래할 것입니다. 그리고 성자들 중 하나가 한 개의 포도를 골라잡으면 다른 포도가 그에게 소리칠 것입니다. 제가 더 나은 포도예요. 저를 맛보시고 저를 통해 하느님을 찬양하세요! (……) 그리고 모든 동물이 평화롭고 서로 신뢰하며 살아갈 것입니다."

그 날이 저물면 신의 창조는 낙원으로 돌아갈 것이다. 성서는 그림과 비전을 통해 형식적으로 계속 등장한다. 신부가 자신의 남편을 위해 깨끗하게 청소해 놓은 것처럼, 새로운 예루살렘이 하늘에서 떨어진다. 신의 왕좌에서 솟아 나온 생명수 물줄기가 열매로 가득 찬 생명의 나무를 감싸고 있다.

> "보라, 하느님의 집은 사람들이 사는 곳에 있다. 하느님은 사람들과 함께 거주하시고 사람들은 하느님의 백성이 될 것이다. 하느님께서는 그들과 함께 계신다. 하느님은 그들의 눈에서 모든 눈물을 씻어주실 것이다. 이제는 죽음이 없고 슬픔도 울부짖음도 고통도 없을 것이다. 이전 것들이 다 사라져버렸기 때문이다." (「요한계시록」 21장 3~4절)

---

12 (Irenäus von Lyon, 135~200), 갈리엔 루그두눔(오늘날 프랑스 리옹)의 주교. 그리스도교 최초의 체계 신학자이다.

"이미 죽은 당신의 백성이 다시 살 것이니라. 그 시체들이 다시 일어 나고 땅속에 누워 있는 자들이 깨어나 기뻐 날뛸 것이니라." (「이사야」 26장 19절)

유대 신학은 오래전에 이미 이런 약속들에 매혹되어 있음을 보여주었다. 플라비우스 요세푸스[13]는 에세네파[14]의 낙원에 관해 이야기하고 있는데, 거기서는 아주 부드러운 정기精氣로 구성된 정의로운 영혼들이 거주하고 있다. (실체가 없는 낙원의 존재는 예외에 속한다). 알레고리를 즐겨 사용했던 철학자 필론[15]은 신이 낙원의 나무를 천상에서 유래한 덕목을 상기시켜주기 위해 인간의 내면에 심었다고 해석한다. 즉, 자신의 낙원을 보호하고 계발하는 사람은 불멸에 도달한다고 주장한다.

탈무드[16] 학자들은 후에 이런 순수하게 정신적인 낙원의 기쁨만으로는 만족하지 않았다. 그들은 신이 자신을 믿는 이들에게 낙원에서

---

13 (Flavius Josephus, 38~100), 로마 유대인 역사서술가.
14 쿰란 공동체라고 불리는 공동체 생활을 하던 유대교의 한 조류이다. 에세네파가 쿰란 공동체라고 불리는 이유는 이들이 금욕생활을 하던 정착지가 쿰란 동굴이 었기 때문이다. 이들은 앞으로 도래할 종말에 대한 기대와 신앙을 갖고 있었기 때문에, 사회와 격리되려는 경향이 강하였다. 유대독립전쟁의 와중에 로마 군에 의해서 궤멸된 것으로 보이며, 이들 공동체의 유적에서 현존하는 구약성서 사본들 중 가장 오래된 사해사본이 발견되기도 했다.
15 (Philon von Alexandria, 기원전 15~서기 40), 유대 철학자이며 신학자. 헬레니즘 유대교에서 가장 유명한 사상가임.
16 탈무드는 모세가 전하였다는 또 다른 율법으로 전 6부 63편으로 구성되었다. 유대인들에게 성서 다음으로 중요시 여겨지는 탈무드는 랍비의 교시를 중심으로 한 현대 유대교의 주요 교파의 경전으로서 인정하며, 유대인의 생활과 신앙의 기반이지만, 어디까지나 히브리어로 작성된 문서만 경전으로서 인정된다.

향연을 베풀어주며, 신이 직접 그들의 한가운데 좌정하며 그들과 함께 산책하는 꿈을 꾸고 있다. 만약 누군가가 신의 모습에 놀라서 시선을 회피한다면 신이 친절하게 다음과 같이 말할 것이다. "똑바로 보아라, 나도 너희들과 같으니라!" 유대인 율법학자들이 낙원에서 휴식을 취할 수는 없을 것이다. 그리고 그들은 아마 휴식을 원하지 않고, 신의 정원 한가운데에서 신이 직접 자신들이 풀지 못한 수수께끼를 해결해 주리라는 근거 있는 희망으로 토라를 열심히 공부하길 원할 것이다.

> "랍비 예호수아 벤 레비는 다음과 같이 말했다. 에덴 정원에서는 보석으로 만들어진 두 개의 문이 있고, 그 문에는 60명의 천사가 일하고 있다. (......) 만약 의인義人이 에덴 정원에 들어오면 천사들은 그가 무덤 속에서 입었던 옷을 벗기고 장엄하기 짝이 없는 구름으로 만들어진 옷을 입히고, 왕관을 씌운다. 천사들은 그를 사방이 샘물로 둘러싸여 있고, 800가지 장미와 미르테가 자라고 있는 지역으로 데려간다. (......)
>   60명의 천사가 의인의 곁에 서서 다음과 같이 말한다. '즐겁게 꿀을 먹어라. 네가 토라를 열심히 읽었기 때문이니라. (......) 그리고 엿새의 창조일 이래로 보관해 두었던 포도로 빚은 포도주를 마셔라. 네가 토라를 열심히 읽었기 때문이니라.' (......) 생명의 나무가 한가운데 있고 그 가지들이 에덴 정원을 전부 덮고 있다. 그 나무는 15,000가지 맛을 지닌 열매를 지니고 있다."
> (『얄큐트 시모니』[17], 프랑크푸르트 암 마인, 13세기)

---

[17] (Yalqut Schimoni), 구약성서의 해설과 설명을 수집 정리한 책.

코란 또한 낙원의 기쁨을 즐겁고 명확하게 묘사하고 있다. 거기에는 포도주, 우유, 꿀이 깨끗한 샘물로 흐르고 있으며 축복받은 자들은 그늘에 몸을 누이고 비단과 금란으로 만든 녹색 옷을 입고 아름답고 큰 눈을 지닌, '히야신스18와 같이' 청초한 처녀(젊은 남자일 수도 있다)를 파트너로 삼고 있다. 이슬람교의 신비주의자들은 이런 낙원의 모습을 통해 정신이나 영혼의 희열이 묘사되고 있는데, 낙원은 속세의 연회 혹은 심지어 오르가슴과는 아무 관련이 없다는 사실을 환기하고 있다.

브렌단19의 항해와 이슬람교도의 낙원

초기 그리스도교 교부들의 작품에는 ─예컨대 쾌적한 기후, 달콤한 열매, 하프 연주, 늙지 않음 등─ 낙원의 기쁨에 대한 육감적이며 구체적이고 외부적인 묘사와 은은한 영적 시선이 균형을 잡고 있다. 또한, 밤은 신이 창조한 새로운 세계에는 절대 존재하지 않을 것이다. 고대인들은 밤을 위험과 상실의 지역으로 두려워했다. 등불은 더는 필요하지 않았는데, 신의 빛은 어디서나 존재하고 있기 때문이다.

"땅의 표면이 유리처럼 투명하며, 물은 수정처럼 맑고, 대기는 하늘과 같고, 불은 하늘에 있는 별과 같음을 의미한다. (......) 원래 어두운색인 땅의 표면은 신의 힘으로 놀라운 빛의 광채로

---

18 식물명.
19 (Brendan der Reisende, 484~577), 아일랜드의 수도승으로 저자 미상의 작품 『성 브렌단의 항해』에 나오는 주인공.

－그것으로 땅의 표면이 손상되지 않으면서－ 장식될 것이다."
(토마스 폰 아퀴나스)

중세의 저명한 신학자인 토마스 폰 아퀴나스[20]에게는 빛의 충만 그리고 독특하게 움직이는 모든 것의 종말이 낙원이 지니는 특징적 요소이다. 왜냐하면, 성스러운 육체는 어떤 움직임도 더는 필요하지 않으며, 신의 관찰로 완전히 해체될 수 있기 때문이라고 주장한다. 토마스는 다가올 세상에는 어떤 동식물도 더는 존재하지 않으리라고 생각했는데, 왜냐하면 완성된 것은 음식이나 옷가지가 필요하지 않기 때문이다. 그러나 로버트 벨라르민[21]과 같은 신학자들은 완전히 다른 견해를 지니고 있다. 즉, 꽃, 나무, 동물들이 인간들이 세속의 삶을 영위하는 동안에 인간에게 많은 기쁨을 준다고 하면 낙원에도 물론 꽃, 나무, 동물이 존재할 것이라는 견해이다. 프로테스탄트 학자들은 후에 낙원에 있는 동물들 또한 영생을 누리는 것이 자명하다고까지 주장하게 된다.

낙원은 인간이 거주하는 세계의 경계에 있는 그 어떤 곳에서 여전히 존재하고 있으며, 우리는 그곳을 반드시 찾아야만 한다는 고정된 생각이 중세 내내 지배하고 있었다. 이미 530년에 아일랜드의 수도승 브렌단은 12명의 동반자와 함께 노아 방주와 유사한 배를 타고 7년 동안 바다를 항해했고, 그런 과정에서 마데이라 혹은 아메리카로 해석되는 '행복한 자들의 섬'을 발견하였다.

---

20 (Thomas von Aquin, 1225~1274), 도미니카 수도회 수도승, 철학자이며 신학자.
21 (Roberto Bellarmin, 1542~1621), 예수회원, 신학자이며 주교.

"그곳에는 인간이 단지 희망할 수만 있었던 그 모든 것, 예컨대 과일, 포도주, 육류, 그리고 노동 없이 취할 수 있는 모든 것이 존재했다. 하지만 브렌단은 형제들이 허약해질 수 있고, 이런 풍요로움을 장악하려는 유혹에 저항할 수 없을 것이라고 걱정했다. 그래서 그들은 다시 바다로 돌아갔고, 그럼으로써 악마는 그들을 추적할 수 없었다." (『성 브렌단의 항해』)

신앙이 급진적 열정을 띠고 있는 아일랜드에서는 신앙심 깊은 여행자들이 중세 내내 백작령 동갈Dongal에 있는 동굴로 순례 여행을 했다. 그 동굴은 기사 오바인Owein이 좁은 구멍을 통해 지옥으로 떨어졌다고 알려진 곳이다. 오바인이 그곳에서 여과 과정이 진행되었던 사자死者들의 중간 단계이지만, 천상의 기쁨에는 아직 미치지 못하는 세속의 낙원을 찾았을 것이라는 추측은 거의 신빙성이 없다. 수도승과 대주교들이 경탄하고 있는 오바인에게 꽃으로 덮인 초원, 달콤한 열매가 달린 나무 그리고 하늘로부터 내려온 광선으로 삶을 누리고 있으며 행복에 겨워 찬가를 부르고 있는 사람들을 보여주었다.

스콜라 학파의 신학자들은 사고체계에서, 더욱더 용의주도했다. 그들은 우주를 큰 인형 속에 작은 인형이 계속 나오는 러시아의 전통 인형 마트료시카와 유사하게 서로 나란히 놓여있는 구球의 조직으로 묘사했다. 구의 중심부에는 바위 조각으로 만들어진 지옥이 있고, 외부에는 세계를 감싸고 있는 창공이 있다. 창공의 건너편에는 우선 천사와 영생을 얻은 자들이 거주하는 '천상의 나라'Empyreum가 있다. '삼위일체의 하늘'인 '코엘룸 트리니타스'colelum Trinitas가 이보다 더 높은 곳에 있는데, 그곳에서는 신만이 상상할 수 없을 정도로 화려하게 거주하고 있다.

르네상스 시대의 사상가와 화가들은 낙원, 하늘, 영생을 얻은 자들의 정원, 신의 관할구역을 한층 더 논리 정연하게 구분하였다. 지오바니 디 파올로[22]는 1440년에 단테의 화려본 『파라디조』Paradizo에 삽화를 그려 넣었는데, 그림에는 영생을 얻은 자들이 —그들은 모두 젊고, 나체로 자연스럽게 행동하고 있는 모습들인데— 꽃으로 덮인 초원에서 춤을 추거나 긴 의자에 앉아 있다. 퉁명스럽기 짝이 없는 마르틴 루터조차도 자신의 아들인 어린 한스에게 보낸 자애로운 편지에서 낙원을 동화의 나라로 묘사하고 있다.

> "나는 정말 예쁜 정원을 알고 있는데, 많은 아이가 그곳으로 간
> 단다. 그들은 황금색 옷을 입고 나무 아래에서 맛있는 사과와
> 배, 버찌와 자두를 줍는단다. 그들은 노래하고 뛰어놀며 행복해
> 한단다. 그들은 또한 황금색 재갈과 은색 안장을 갖춘 예쁜 작은
> 말을 갖고 있단다."

순수한 행복의 나라인 낙원에 대한 동경은 매 세기世紀 충족되지 않은 상태로 머물렀다. 이슬람 스타일의 풍경을 그린 화가나 궁궐을 지은 건축가는 중세에 위안을 주는, 즉 도달될 수 없는 신의 정원을 최소한 속세의 예술 작품에서 부활시켜 사람들에게 위안을 주었다. 무어인이 거주했던 스페인, 인도 무굴제국, 이란 등에 있는 매혹적인 이슬람식 정원은 코란에서 묘사된 것처럼 정사각형 벽으로 둘러싸여

---

22 (Giovanni di Paolo, 1403~1482), 초기 르네상스의 이탈리아 화가이며 15세기 시에나 학파의 대표자.

있고 중앙에서 합쳐지는 4개의 물줄기가 네 부분으로 갈라놓고 있는 낙원을 모델로 조성되어 있다. 휴식을 취하거나 담소나 서양 장기를 두며 시간을 보내기에 안성맞춤인 작은 파빌리온23은 영생을 얻은 자들의 주거지를 상기시키고 있다.

서양에서는 조용하기 그지없는 성당의 주랑이 오래전부터 '낙원'으로 이미 표시되었다. 16, 17세기에는 파도바, 파리, 옥스퍼드 등에 있는 식물원이 에덴 정원을 모방하여 조성되었다는 사실을 강조하였다. 지구상의 모든 나라에서 가져온 꽃, 관목, 나무 등이 환상적이며 균형 잡힌 모형으로 자리잡고 있는데, 그 이유는 신의 완벽한 창조는 한 장소에서 동시에 일어나야 한다는 것이다. 정원의 중앙에서 교차하는 아름답게 조성된 길은 이슬람 전통에서 유래하는 네 가지 '생명의 하천'을 대신하고 있으며, 지형을 그 당시 알려진 4개의 대륙을 상징하는 네 부분으로 나누고 있다.

> "천사가 낙원으로 가는 길을 너에게 안내할 것이며,
> 성스러운 순교자가 너에게 인사할 것이며
> 너를 성스러운 도시 예루살렘으로 인도할 것이다.
> 천사들의 합창이 너를 영접할 것이며,
> 너를 위해 돌아가신 그리스도로 인해
> 영원한 삶이 너를 기쁘게 할 것이다."
> (오늘날에도 장례식에서 불리곤 하는 7세기에 제작된 찬송가)

---

23 사방이 탁 트인 그리스 신전 모양의 건축물로 우리의 정자(亭子) 같은 건물 형태이다.

2. 최초의 인류는 아프리카인이었던가?

**아담과 이브는 세계사에서 최초의 부부였다.
무화과 잎을 지녔던 사과나무. 그리고 죄가 아니었던 원죄.**

"인간이 우리처럼 선과 악을 인식하고 있음을 보라." (「창세기」 3장 22절)

왜 하느님이 태초에 많은 사람을 동시에 창조하시지 않고 단 한 명의 인간만을 창조하셨는지, 탈무드 학자들은 의문을 제시하고 있다. 그리고 다음과 같은 답을 내놓았다.

"우리에게 인간이 모두 평등한 존재임을 가르쳐 주시기 위해. 그 어떤 이도 인간이 다른 인간보다 우월하다고 말할 수는 없다. 왜냐하면, 우리는 모두 같은 조상을 두고 있기 때문이다. (......) 그럼으로써 인간은 자신의 이웃을 조롱하지 않고, 내 아버지가 너의 아버지보다 더 위대하다고 말할 수 없다. 그럼으로써 누구나가 세상 전체에 대한 책임감을 느낀다. 세상이 단 한 명의 인

그림 2 : 〈천지창조〉, 『루터성서』의 삽화, 1534

간을 위해 창조되었기 때문에 한 인간을 죽인 사람은 전 인류를 파괴하는 것이다. 그리고 단 한 명의 인간을 구원한 사람은 그럼으로써 전 인류를 구원한 것이다." (엘리 위젤[1], 『아담 혹은 태초의 비밀』)

아담과 이브의 이야기는 동화처럼 들린다. 그러나 그 이야기는 신화이다. 우리가 민족의 창조 신화, 그리고 호머, 니벨룽겐의 노래, 연극 무대 위의 셰익스피어 작품, 할리우드의 스튜디오 등에서 찾을 수 있는 모든 종류의 신화처럼, 아담과 이브의 이야기는 인간의 위대함, 인간의 불행, 낙원과 낙원을 잃음, 사랑과 비열함, 남성과 여성 사이의 동경, 인간을 옭아매는 죄 등 불멸의 주제들을 담고 있다. 이와 관련하여 아담과 이브 이야기의 상당히 두터워 보이며 그렇게 명확하지도 않은 도덕성이 지난 2000년 동안 성서 원본보다는 해석의 전통에서 유래하고 있다.

왜 하느님이 아담을 즉시 창조하지 않고 여섯 번째 창조일에야 비로소 생명을 부여했는지 유대의 미드라시는 알길 원한다.

"인간이 자신의 창조에 너무 큰 의미를 두지 않게 하기 위해서이다. 만약 인간이 자만하고 부끄러움을 모른다면 다음과 같은 말을 들을 것이다. 너는 무엇 때문에 그렇게 자만에 들떠 있느냐? 심지어 모기조차도 창조의 순서로 보면 인간인 너를 앞서고 있다." (엘리 위젤, 『아담 혹은 태초의 비밀』)

---

1   (Elie Wiesel, 1928~2016), 루마니아 태생 미국의 유대계 작가 겸 교수.

왜 '이브와 아담'으로 불리어야 했는가?

하느님이 성서의 「창세기」(1장 26절~31절)[2]에서 혼란에서 창조된 땅 위에 투입한 것은 한 쌍의 인간이다. 남성이 창조되고 난 후 여성이 보충된 것은 아니었다. 하느님은 인간을 '남성과 여성'(1장 27절)으로 창조했고, 처음부터 남성과 여성에 자신의 모습을 반영한 '복제물'로 창조하였지, 다른 문화권에서 등장하는 창조 신화처럼 암수한몸으로 창조하지는 않았다.

'아담'은 단순히 '인간', '땅의 거주인'Erdling을 의미하는데, 왜냐하면 이 단어가 '찰흙'Lehm에서 유래하고 있기 때문이다. (히브리 단어 'adamāh'는 '농경지'를 의미한다). 이것으로 충분하다. 인간이 최초로 관계를 맺은 이가 하느님이다.

> "신이신 하느님께서 진흙으로 사람을 빚어 만드시고 코에 입김을 불
> 어 넣으시니, 사람이 되어 숨을 쉬었다." (「창세기」 2장 7절)

---

2   하느님께서는 "우리 모습을 닮은 사람을 만들자! 그래서 바다의 고기와 공중의 새, 또 집짐승과 모든 들짐승과 땅 위를 기어 다니는 모든 길짐승을 다스리게 하자!" 하시고, 당신의 모습대로 사람을 지어내셨다. 하느님의 모습대로 사람을 지어내시되 남자와 여자로 지어내시고 하느님께서는 그들에게 복을 내려주시며 말씀하셨다. "자식을 낳고 번성하여 온 땅에 퍼져서 땅을 정복하여라. 바다의 고기와 공중의 새와 땅 위를 돌아다니는 모든 짐승을 부려라!" 하느님께서 다시, "이제 내가 너희에게 온 땅 위에서 낟알을 내는 풀과 씨가 든 과일나무를 준다. 너희는 이것을 양식으로 삼아라. 모든 들짐승과 공중의 모든 새와 땅 위를 기어 다니는 모든 생물에게도 온갖 푸른 풀을 먹이로 준다." 하시자 그대로 되었다. 이렇게 만드신 모든 것을 하느님께서 보시니 참 좋았다. 엿샛날도 밤, 낮 하루가 지났다.

「창세기」의 다른 버전, 아마 좀 더 오래된 버전(「창세기」 2~3장)에서는 인간이 하나의 속屬에서 개인이 되며 피조물들은 제각기 이름을 얻게 된다. 그 이전에 아담은 이미 동물들에게 이름을 부여할 수 있었지만, 자신은 파트너가 없음을 아쉬워한다. 그러자 하느님은 아담의 몸에서 ─바로 여기서 숙명적인 오해가 발전되었는데─ 한 부분을 떼어 사람을 만들고 '생명이 있는 자' 혹은 '모든 생명체의 어머니'라는 의미를 지닌 '하와'chawwāh, 이브라 명명한다. 이 이름은 성서와 수메르의 인안나3, 혹은 이집트의 이지스4보다 더 오래되었다. 원래 사람들은 '이브와 아담'이라 말해야 (혹은 이름 부르기를 단념해야) 했다. 왜냐하면, 성의 구분이 없는 '땅의 거주인'인 아담이 남성과 여성의 이야기를 여전히 모르고 있었기 때문이다. 하느님이 따분하고 외로운 아담에게 파트너를 주려고 했을 때 비로소 그 둘은 한 쌍임을 알게 된다. 그리고 이브가 임신해서 아들 카인을 낳았을 때 비로소 하느님께서 아꼈지만 좌절된 실험 프로젝트라는 최초의 부부는 인류의 시발점이 되었다.

「창세기」는 역사적 사건의 순서가 아니라 인간에 관련된 것에 대한 신화적 진술이 중요하다는 점을 성서 전문가들, 특히 최근에는 페미니즘 신학자들이 명확하게 주장한다. 낙원에 관한 이야기는 여성과 남성 사이의 관계를 신이 원하는 대로 묘사하고 있고, 그 이후에는 실제로 불신, 폭력, 권력투쟁 등으로 점철된 모습으로 묘사되고 있다.

---

3 수메르의 성애, 다산 그리고 전쟁의 여신.
4 고대 이집트 신화에 나오는 여신으로 이집트의 아홉 주신 중의 한 명으로 모성, 마술, 생산의 신이다.

다른 신화에서는 일반적으로 큰 힘을 가진 지배자, 이를테면 초인과 같은 존재가 이야기의 시작 부분에 등장한다는 사실이 흥미롭다. 거기서 신과 대화를 나누는 상대자는 소위 지배 계급에 속한다. 성서는 지배 계급의 상징인 왕을 일반인으로 대중화했다. 비록 아담이 '신의 모습'으로 강조하여 소개되며 왕이라는 임무를 수행하고는 있을지라도, 그는 평범한 사람의 전형으로 중요하지도 않고 눈에 띄지도 않는 일반인 중 하나이다. 아담은 신을 대신해 땅 위에서 인간을 대표하고 자연과 조화를 이루어야 하며, 물고기, 새 그리고 지상의 동물을 품고 돌보며 감시하고 보호해야 한다. 왕조 이데올로기에서 유래하며 보통 '지배하다', '복종하다'라는 의미로 아주 1차원적으로 번역되는 히브리어 단어 'radāh'에 다름 아니다.

이런 일면성, 불명료함, 왜곡된 번역, 부족한 배경 정보 등이 성서의 창조 이야기를 위험한 오해와 혐오의 원천으로 이끈다. 아담의 갈비뼈, 인식의 나무에 열린 사과, 아담을 유혹하는 이브의 능동적 역할 등, 이 모든 것이 가짜 정보이거나 최소한 의문시되는 정보들이다.

신의 두 번째 선택에 불과했던 이브?

성서에서 서로 다른 의도를 지니는 두 가지 다른 창조 이야기가 존재한다는 점을 인식하는 것이 중요하다. 하나는 (「창세기」 1장 26~31절) 인간을 통해 이루려는 신의 놀라운 계획이 기록되어 있다. 신은 인간에게 세상을 맡기며, 인간을 자신의 모습과 똑같이 만들어 대리인으로 삼으며 그가 행복해하는 것을 보려 한다. 일종의 낙원과 같은 풍경이다. 섹스는 인간의 본질과 행복에 속한다. (1장 28절: "자식을 낳고 번성하여라.") 원죄와 징계에 대한 언급은 없으며, 금지 사항도 없다. 신은 인간을 그 어떤 경쟁이나 위험도 존재하지 않은 세상의 왕으로 만든다.

게다가 신은 인간을 채식주의자로 창조했던 것처럼 보이는데, 식물과 과일들이 인간의 양식이라는 것이다 (1장 29절5). 그리고 신은 여러 번에 걸쳐 자신에 대해 언급하고 있는데 (1장 26절: "우리 모습을 닮은 사람을 만들자!"), 이것은 텍스트가 언제 기록되었는지 암시해준다. 일반적으로 알려진 바에 의하면 옛날 히브리인들은 신의와 열정으로 자신들의 신을 모든 민족의 신으로 보았다.

창조의 또 다른 이야기(「창세기」 2장 4~25절)는 세세한 부분까지 묘사된다. 신은 인간을 단순히 자신의 단어를 통해 생명을 불어넣은 것이 아니라, 찰흙으로 빚은 조각 작품처럼 인간을 만들어 그의 코에 입김을 불어 넣는다. 특히 신이 창조한 아름다운 세상이 어떤 과정을 거쳐 현재 우리가 사는 파괴적이고 위협적이며 항상 위험이 곳곳에 도사리는 세상으로 변했는지 설명된다. 이야기(혼돈에서 질서가 생긴다)의 서술 방향은 역으로 진행되고(낙원에서 혼돈의 상태가 된다) 있는데, 이것은 죄, 고통, 죽음이 왜 존재하고 있는지, 인간이 왜 좌절하고 신이 종종 너무 멀리 있는 것처럼 보이는지 등에 대한 질문에 답하기 위해서이다.

더욱 비관적인, 그렇지만 더욱 사실적이기도 한 이런 버전이 간결

---

5 하느님께서 다시, "이제 내가 너희에게 온 땅 위에서 낟알을 내는 풀과 씨가 든 과일나무를 준다. 너희는 이것을 양식으로 삼아라."

하기 짝이 없는 전원적 풍경보다는 더 많은 환상과 그림을 내포하고 있기에 이 버전이 (서양의) 문화사에서 결정적인 요소로 작용했고 그로 인해 한쪽 면만이 두드러지게 주목받고 있다. 유대인 랍비들은 이미 솔리스트 아담의 이야기가 아주 훌륭하지만 지루하다고 생각했다. 신에 의해 만들어진 '인간'은 완벽해야 하며 태양처럼 아름답고 육체적으로는 거인과 같아야 한다는 것이다. 천사가 어떤 경우에는 인간을 창조주로 혼동할 수도 있으며, 인간을 위해 찬송가도 부르길 원한다는 것이다. 그렇지만 부드러운 천사들에 의해 음식을 서비스받고 신과 함께 에덴 정원을 산책하는 것도 결국 아담에게는 재미없는 일로 된다는 주장이다.

"나는 그의 일을 거들 짝을 만들어 주리라." (「창세기」 2장 18절)

선량한 창조주는 결심하고, 아담을 깊은 잠에 빠져들게 해서 그의 갈비뼈로 파트너를 만든다. 잠에서 깨어난 아담은 환호하며 파트너에게 인사한다.

"이는 내 뼈 중의 뼈요 살 중의 살이라." (「창세기」 2장 23절)

없으면 약간 아플 수도 있는 20여 개의 갈비뼈 중 하나, 그리고 그렇게 만들어진 여성은 자신이 남성보다 뭔가 부족한 존재라는 사실을 영원히 숙지하고 있다. 신의 두 번째 선택은 남성이 창조된 후에, 남성으로부터 '남성의 모습에 따라 그리고 남성에 종속되어'(신학자

카를 바르트[6]) 창조된다. 예술가 역할을 하는 신에게 있어 두 번째 시도가 첫 번째보다 예술적으로 더 훌륭하다고 볼 수도 있지만, 그렇게 해석한 학자는 거의 없었다. 중세의 신학자들은 갈비뼈 이야기로 인해 여성을 '마스 오카시오나투스'mas occasionatus[7], 즉 실패한, 천성적으로 부족한 남성으로 규정한다. 그들은 어떻게 신이 아담의 갈비뼈로 여성을 창조했는지 (확대 혹은 축소?) 그리고 그 어떤 소재가 자연에서 첨가되었는지, 왜 성서가 이브가 창조될 때 영혼의 입김에 대해 기록하고 있지 않은지 등을 토론하는 서적으로 도서관 전체를 채웠다.

다행스럽게도 유대의 성서 해석가들은 히브리어 단어 'zella'가 '갈비뼈'가 아니라 '옆구리' 혹은 '측면'을 의미하고 있으며, 넓은 의미로 '어떤 것의 반쪽'을 뜻하는데 이것은 성의 평등을 암시하고 있다는 사실을 주시했다. 이것은 남성이 자신의 부인과 결합하기 위해 아버지와 어머니를 떠나곤 한다는 것인데 (「창세기」 2장 24절[8]), 고대 동양의 상황으로 보면 놀랄 만큼 이상한 정보이다.

또한, 아담의 '조력자'Hilfe로서 이브를 평가하는 것은 루터의 경시적인 번역 '조수'Gehilfin와는 다른 의미로 여겨지며, 성 아우구스티누스는 이런 종류의 동행자가 '아이의 생산과 양육'(이것은 그 자체로 완벽하게 존경할 만한 과제로 볼 수 있지만)을 위해 적합하다는 사실을 불합리하게 논증하고 있다. 그러나 여기서 성서는 그 밖의 다른 곳에서는

6 (Karl Barth, 1886~1968), 스위스의 개신교 개혁교회 신학자.
7 중세의 신학자 토마스 아퀴나스의 대표적 여성관.
8 "이러므로 남자가 부모를 떠나 그의 아내와 합하여 둘이 한 몸을 이룰 지로다."

남을 돕기 좋아하는 신을 위해 이용했던 개념 즉, 아주 소중한 형태로 등장하는 파트너십을 사용하고 있다.

최초의 인간 아담과 이브는 일종의 육신이며, 서로 상하가 없는 관계이며 같은 소재로 창조되어 독특한 방식으로 얽혀져 있고 서로에게 의존하고 있다. 전통적으로 특히 여성에게 우호적이지 않은 랍비들은 자상할 정도로 세세한 애정을 가지고 신이 아담에게 이브를 소개해주어 그가 몹시 기뻐하기 이전에 어떻게 천상의 신부 인도자로서 이브를 몸소 치장시켜주었으며, 그녀의 머리카락을 땋았는지를 묘사한다. 그리고 신의 미용술('binyata'는 '머리카락을 땋은 것', '꼬아서 만든 것'을 의미한다)과 '이성'理性을 의미하는 히브리어 단어 'binah' 사이의 언어적 유사함은 그들이 심지어 여성이 남성보다 좀 더 지적으로 창조되었다는 사실을 입증하고 있다고까지 주장하는 근거로 사용된다.

영리한 뱀과 욕망

'생명체의 어머니' 이브가 '원죄'라고 부르는 것에 대한 책임을 영원히 지고 있다는 사실은 전혀 변하지 않는다. 그렇지만 도대체 에덴 정원에서 정확히 무슨 일이 벌어졌던가? 신은 거기서 자라고 있는 나무에 풍요롭게 열려있는 과일을 먹으라고 인간을 초대했다.

> "선악을 알게 하는 나무의 열매는 먹지 말라. 네가 먹는 날에는 반드시 죽으리라 하시니라." (「창세기」 2장 17절)

이런 금지가 성서 독자들에게는 오늘날까지 신의 전횡으로 여겨진다. 왜냐하면, 이 나무의 열매가 어떤 이유로 인간에게 금기시되어야 하는지 설명도 하지 않을뿐더러, 이 나무가 대체 어떤 나무인지도 밝히고 있지 않기 때문이다. (이 나무의 주변에서 우리는 동화나 신화에서 잘 등장하곤 하는 '생명의 나무'를 발견하는 반면, '인식의 나무'에 대해서는 다른 문화에서 이와 유사한 사례가 존재하지 않는다). '선과 악에 대한 인식' 그리고 인간이 죽어야만 하는 운명 사이의 관계 또한 불명확하다. 그리고 선과 악을 구분할 수 있다는 것이 좋은 일이 아닌가? 왜 하필이면 이런 구분 능력이 인간에게 금지되어야 하는가?

어쨌든 갑자기 뱀 한 마리가 넝쿨에서 기어 나와 아담과 이브에게 말을 건다. 룻 라피데[9]가 유대 신비주의와 카발라[10]를 참조하여 추측한 것처럼 이 뱀이 '수컷'인가? 뱀은 분명 동물의 형상을 한 사탄은 아니며, 어떤 유대 전설이 주장하는 것처럼 시기심이 많은 천사가 보낸 악령도 아니다. 뱀은 그냥 꾀가 아주 많고 교활한 동물이며, 아마도 알고자 하는 충동, 지식의 갈증, 무언가를 금지하기에는 부족한 준비 상태 등을 상징하는 동물일 것이다.

뱀은 신이 과일을 먹으라고 초대하면서 하나의 금지 조항(인간이 실제로 '정원에 있는 나무의 과일'을 먹을 수 있게 허락을 받았는지 아니면 받지 못했는지 모르겠다. 「창세기」 3장 1절[11])을 두는 조그만 제한 사항을 왜곡시키고 있으며, 마치 신이 시기심으로 행동하고 있

---

9 (Ruth Lapide, 1929~), 유대 종교학자이며 역사가.
10 중세 유대의 비교(秘敎).
11 그 뱀이 여자에게 물었다. "하느님이 너희더러 이 동산에 있는 나무 열매는 하나도 따먹지 말라고 하셨다는데 그것이 정말이냐?"

는 것처럼 꾸민다. 너희들이 그 열매를 먹으면, "너희들의 눈이 밝아지고, 신과 같이 될 것이다."(「창세기」 3장 5절).

이것으로 인간이, 이브가 꼬임에 넘어갔는가? 인간은 방자하게도 자신들의 창조주처럼 힘이 있고 모든 것을 알길 원하는가? 무엇이 일어날지 궁금해서 그런가? 욕망이 인간을 유혹하는가? 아니면 이브가 결과에 대한 생각 없이 순간적인 재미로 열매를 먹는가?

아담은 곁에 서 있고 뱀과 이브의 논쟁에 귀를 기울이지만 한마디도 하지 않는다. 그 때문에 그는 후에 유혹당한 불쌍한 자이며 사기당한 자로서 사건에 비교적 무관하게 등장한다. 여성들을 자연스럽게 자극하고 있는 것은 다음과 같은 사실이다. "당신은 겁쟁이 아담을 알고 있습니까?"라고 영리한 유대 신학자 룻 라피데는 질문하는데, 이것은 아담이 원죄 이야기에서 '둔하고 항변할 줄 모르는 지루한 식객'처럼 행동한다는 것을 의미한다. 그래서 우리는 그런 남성을 유혹할 필요가 전혀 없다는 것이다!

이와는 다른 해석을 시도한 성서 전문가들은 여성 라피데가 소위 인류의 선조인 아담을 매우 부당하게 평가하고 있다고 주장한다. 아담에게는 선택의 여지가 없었다는 것이다. 고대 동양에서는 음식을 준비하고 배분하는 일은 항상 여성들이 담당했고, '인식의 나무'에 열린 과일을 먹지 말라는 금지 사항도 아담은 어쩔 수 없이 수동의 역할에 머물렀던 반면에, 그의 반려자인 이브는 식사의 경우 주도적 역할을 담당했고 능변의 뱀과 대화를 나눌 수밖에는 없었다는 주장이다.

혹은 초기의 어떤 유대 해석 전통이 주장하고 있듯이, 아담이 뱀과 이브가 운명적인 대화를 나누는 동안 산책하러 갔다는 말인가? 아담이 자신들의 아내가 누군가와 수다를 떨기 시작할 때마다 슬쩍 도망치는 부류의 남자인가?

> "월요일. 긴 머리를 지닌 이 새로운 피조물은 아주 귀찮은 존재이다. 여기서 견실하지 않은 생활을 지속하며 어디서나 나를 따라 다닌다. 나는 그것이 정말 마음에 들지 않으며, 그 피조물과 함께 살지 않는다. 그 피조물이 다른 동물들과 함께 있었으면 좋겠다. 오늘은 구름이 많고 바람이 동쪽에서 불고 있다. 우리는 비를 영접할 것이다[12]. '우리'라고? 나는 이 단어를 어디서 가져오는가? 그 새로운 피조물이 이 단어를 사용했다는 생각이 지금 우연히 떠올랐다." (마크 트웨인[13], 『아담과 이브의 일기책』)

아니다. 우리는 아담에게 이렇게 평범한 역할을 주지 않았다. 비록 이브가 대담한 어휘로 안내했다고 할지라도 둘은 유혹당했으며 금지된 사과를 베어 물었다. 잠깐! 다시 잘못된 정보! (동양에서는 19세기에 비로소 알게 되는) 사과에 대해서는 성서에 단 한 마디도 없다. 라틴어 성서 『불가타』는 '말룸'Malum이란 단어로 멋있는 언어유희를 표현하고 있는데, 이 단어는 '사과'를 의미할 뿐만 아니라, '나쁜, 사악한'이란 의미도 있다.

'인식의 나무'가 일종의 무화과나무를 의미한다는 추측이 훨씬 더 진실에 가깝다. 물방울같이 가련한 두 존재가 금지 과일을 맛보고 자신들의 벌거벗음을 인식하게 되었을 때, 그들은 무화과 나뭇잎으로

---

12 "비가 올 것 같다"라는 의미로 원문은 "Wir werden Regen bekommen"이다.
13 (Mark Twain, 1835~1910), 미국의 소설가.

자신들을 가린다(「창세기」, 3장 7절[14]). 전설에 따르면 그 당시 무화과나무가 특히 큰 잎들을 지녔다고 하는데 그것은 그 나무가 죄책감을 느꼈기 때문이라는 것이다. 후에 교부들이 최음제로 여겼던 석류일 수도 있고, 레몬 축제에서 움막을 꾸미는 데 중요한 역할을 담당했던 레몬일 수도 있다. 혹은 술에 취한 상태가 간혹 인식에 영향을 미치며 취한 사람이 진실을 이야기한다는 주장도 있으므로 그 '나무'가 포도나무였던가?

죄 없는 '원죄'?

최초의 부부가 도대체 무슨 죄를 범했는가? 교부나 설교자들은 신에 순종하지 않았다거나 신뢰에 대한 배신이라고 말한다. (여기서 순종 요구와 신뢰는 자주 나쁜 의미와 결부되어 있다). 오늘날 인간은 자신의 뿌리를 보존한다고 태아를 복제하여 인간의 한계를 넘어서서 신과 동일하다는 오만불손함을 보인다. 아마도 성서에 나오는 '선과 악의 인식'은 창조주와 피조물 사이에 존재하는 그 어떤 차이점이라는 섬광처럼 스치는 통찰을 의미할 것이다.

그러나 아담과 이브는 자신들이 무슨 일을 했는지 도대체 알고는 있었을까? 우리가 그들을 실제로 죄인, 정말이지 세계사에서 가장 나쁜 짓을 범한 죄인이라 부를 수 있을까? '죄'라는 어휘는 흥미롭게도 「창세기」에 한 번도 언급되어 있지 않다. 창조 이야기가 단지 인간의

---

14 "그러자 두 사람은 눈이 밝아져 자기들이 알몸인 것을 알고 무화과나무 잎을 엮어 앞을 가렸다."

양면적 존재 조건, 인간 삶의 비극과 모순을 설명하고 있는가? 창조 이야기는 깨우치게는 하지만, 특별한 것이 없이 도덕적이며 절대 무자비하지는 않은 방식으로 왜 지상이 (더는) 낙원이 아니냐는 질문에 대한 응답인가? 여기서 성서가 특히 팔레스타인 농부의 일상과 그들의 가부장적 가계를 주목했다는 사실은 논리적인 전개이다.

그 당시 신이 에덴 정원의 입구에 인간의 출입을 저지하기 위해 불칼을 들고 있는 천사를 세운 것(「창세기」 3장 24절[15])은 정당하다. 그러나 그것이 형벌이었던가? 혹은 너희들의 자리가 더는 여기가 아니며, 너희는 성인이 되었다는 일종의 신호를 보낸 것은 아니었을까?

> "프리드리히 실러는 원죄Sündenfall를 세계사에서 가장 행복한 순간으로 이해했다. 성서 텍스트에는 '죄'Sünde와 '떨어짐'Fall이라는 어휘는 등장하지 않고 'vertreiben'(추방하다)라는 어휘가 등장한다. 추방은 분만 과정의 한 단계에 속한다. 즉, 태아는 자신을 위한 모든 것이 존재했으며 심지어는 호흡과 영양분조차 자동으로 해결되었던 모체에서 추방된다. 이제 노동, 수고, 성욕이 존재하는 삶이 시작된다.
> 아담과 이브는 배움의 기쁨, 아름다움에서 느끼는 행복, 인식을 발견한다. 이브가 없었더라면 우리는 모두 지금도 여전히 몽상적인 순결함을 지닌 채 나무 아래 앉아 있을 것이다." (도로테 죌레, 『신의 강인한 딸들』)

---

15 "이렇게 아담을 쫓아내신 다음 하느님은 동쪽에 거룹들을 세우시고 돌아가는 불칼을 장치하여 생명 나무에 이르는 길목을 지키게 하셨다."

삶은 피곤하고 아플 수 있다. 경작지의 돌과 분만할 때의 고통이 여기에 속하며, 환멸, 패배, 배신. 야비함, 폭력, 전쟁, 약탈 등도 이에 속한다. 그리고 어떤 사람도 피할 수 없는 죽음도 마찬가지다. (그리고 대부분 신화와 마찬가지로 여기서도 죽음은 그 어떤 식으로든 에로스와 연관되어 있다). 이것은 신이 인간을 낙원에서 추방할 때 주었던 저주이다. 그러나 인간은 인식에 대한 열망, 자율, 개성, 약간의 자유 등 많은 것을 얻기도 했다. 그런 가능성을 소유하고 나쁘게 행동하고 있음을 인식하고 있는 사람만이 정말 좋을 수 있다. 그 때문에 신은 그 어떤 파기하는 판단도 내리지 않는다. 신은 죄를 말하지 않고, 단지 중립적인 입장만을 고수한다.

"인간이 우리처럼 선과 악을 알게 되었음을 보라." (「창세기」 3장 22절)

그리고 인간은 이제 이런 능력을 지니고 살아야만 했다 ─ 혹은 살도록 허용되었다. 미드라시 설교자들은 신이 금지된 열매를 먹어서가 아니라, 인간의 비겁한 변명─아담은 이브가 자기에게 먹으라고 했다고 말했으며, 이브는 뱀이 나를 유혹했다고 말함─, 복종에 대한 거부, 자신의 행동에 대한 책임을 전가하려는 행위 등에 대해 벌을 내린 것이라고 해석한다.

성서 이후에 나온 유대 문학은 어쨌든 아담과 이브의 노고를 덜어주려고 노력한다. 그들은 영생을 누리지는 못하지만, 주거하고 있는 동굴에서 에덴 정원에서 흘러나오는 천사의 노래를 들으며 그 언젠가는 신께서 강조하신 용서를 얻으려고 노력한다. 아담이 죽었을 때 신은 그에게 부활을 약속하고 자신이 창조했고 항상 사랑했던 최초의 인간 아담의 무덤을 자신의 손으로 직접 봉인한다.

그리스 정교회가 이런 생각을 넘겨받는다. 동방교회도 유대교처럼 죄의 대물림을 인정하지 않는다. 그리스 정교의 성상聖像에는 부활한 예수 그리스도가 지하 세계의 문을 부수고 강력한 손으로 아담과 이브를 새 생명의 빛으로 인도하고 있다. 많은 죽은 자들이 저승에서 아담과 이브를 따라 나오고 있다. 뱀 대신에 사탄을 유혹자로 간주하며 아담과 이브 모두에게 동일한 책임을 전가하는 코란도 인간에게 새로운 시작을 가능하게 하는 완벽할 정도로 자비로운 신을 서술하고 있다.

서구 그리스도교의 인간상만이 최초의 '원죄' 이래 치유 불능으로 의기소침하게 각인된 것처럼 보인다.

> "한 사람으로 말미암아 죄가 세상에 들어오고 죄로 말미암아 사망이
> 들어왔나니, 이처럼 모든 사람이 죄를 지었으므로 사망이 모든 사람
> 에게 이르렀느니라." (「로마서」 5장 12절)

바울은 우울하게 단언하고 있으며, 죄와 율법, 잘못과 자비의 관계에 대해 오랫동안 그리고 널리 퍼뜨린다. 여기서 이 모든 불쌍한 관찰이 구원의 힘에 이른다는 바울의 주장을 참작해야만 한다.

> "사망이 한 사람으로 말미암았으니 죽은 자의 부활도 한 사람으로
> 말미암도다. 아담 안에서 모든 사람이 죽은 것 같이 그리스도 안에서
> 모든 사람이 삶을 얻으리라. (......) 맨 나중에 멸망 받을 원수는 사망이

니라." (「고린도전서」 15장, 21-22, 26절)

이와 반대되는 움직임은 서구에서도, 특히 신학과 예술에 존재했다. 클레르몽페랑Clermont-Ferrand에서 12세기에 건축된 한 기둥의 윗부분에는 아담이 신으로부터 경험한 폭력을 -아담이 바로 직전에 게루빔16이 문을 잠가버린 낙원에서 추방된 것처럼 보이는데, 게루빔이 아담의 수염을 움켜잡고 있다- 바닥에 넘어져 있는 가련한 이브에게 행사하고 있다. 아담은 난폭하게 이브의 머리카락을 잡아당기며 발로 차고 있다. 그러나 힐데스하임의 수도원 교회 성 미카엘의 천장 그림에서는 아담과 이브가 몇 년 후에 낙원에서 금지된 열매를 아무 일도 없는 듯이 태연하게 먹고 있는 절대 군주 모습으로 등장한다. 그들은 심지어 공식적으로 성인 반열에까지 오르는데, 자세히 말하자면 과일 농부를 보호하는 것이 아니라 재단사 조합을 보호하는 성인에 오른다. 그들이 신이 직접 만든 의복을 걸친 최초의 인간이라는 점이 반영되었다. 그리스도교의 성인 달력도 그들에게 정말 좋은 날인 그리스도 탄생 전날 밤인 크리스마스이브를 기념일로 제공하고 있다는 사실은 두 가지 성향을 보여준다. 즉, 첫째는 낙원을 잃어버린 그래서 구원해야 하는 전형적인 사례로서 최초의 부부라는 것과 둘째는 그리스도를 통한 화해의 수평선에서 늦으나마 그들이 높게 평가받는다는 점이다. 바로크 시대의 시인이었던 안드레아스 그리피우스17의 시를 인용해 보자.

---

16 성서에 나오는, 동물의 발과 날개가 있는 천사.
17 (Andreas Gryphius, 1616~1664), 바로크 시대를 대표하는 독일 시인이며 극작가.

인간은 신의 형상이었다.
이런 형상을 잃어버렸기 때문에
인간 형상으로서 신이
이날 밤 태어났다.

유대교나 그리스도교의 이론가들은 아담을 그리스도 사후 초기 수백 년 동안 예언자나 신의 비밀을 품고 있는 자와 같은 위치에 배열하였다. 탈무드에서 아담은 신에게 제물을 바친 최초의 신도로 등장하며, 프로메테우스 같은, 그렇지만 그처럼 끔찍한 운명은 겪지 않는 불의 발견자로 등장한다. 외경인 「니고데모 복음서」는 죽어가는 아담이 아들에게 골고다의 언덕에 자신을 묻어달라고 부탁하는데, 거기에 묻힘으로써 후에 십자가에 매달린 그리스도의 피가 자신의 해골을 적셔주어 자신을 제사장과 선지자로 만들어준다는 내용을 담고 있다.

처녀이며 신의 어머니인 마리아는 제2의 새로운 이브가 될 것이다. 그리고 그럼으로써 이브는 한편으로는 죄를 범한 여자로 낙인찍히지만, 다른 한편으로는 구원의 영역으로 이동해갈 것이다. 이런 세계관은 인간이 아담과 이브 때문에 절망적 상황에 부닥쳐진 것이 아니라, 아담과 이브가 얼마나 나약하며, 유혹에 빠지기 쉽고 죄책감에 사로잡혀 있는지를 보여주는 기본적 토대에서 이루어진 것이며, 이것이 아주 중요한 차이를 가져온다.

"'이브 마리아'라는 이중 이름을 지닌 여성들이 있는데, 그것은 아마 독자적 인간이 되려는 인식과 소망에 대해 흥미를 느끼는 존재인 동시에 자기 자신에 헌신하는 능력이 좌절되지 않아야 한다는 사실을 상기시키기 위해서일 것이다. 우리는 부드러운 소녀 마리아와 한계를 인정하지 않는 태초의 여성 이브, 둘 중 하나를 반드시 선택할 필요는 없다. 우리는 그 둘일 수도 있다."

(도로테 죌레, 『신의 강한 딸들』)

중세 유대민족의 비교秘教인 카발라는 아담을 그가 행했던 것을 근거로 나쁘게 생각했다. 예컨대 「조하르」[18]는 죽은 사람은 누구나가 자신의 죄에 대한 동일한 질문을 아담에게 제기하고 "너의 죄로 인해 나는 죽어야만 한다"라는 동일한 비난을 퍼붓는다고 기록하고 있다. 그러나 아담의 부담을 강조해서 덜어주는 랍비도 존재한다. 아담과 그의 뒤를 잇는 세대들이 죽음에 직면해야만 하는 운명은 낙원 에피소드 때문이 아니고, 자신을 우상으로서 섬기게 한 페니키아의 히람 혹은 바빌론의 네부카드네자르[19]처럼 오만불손한 지배자 때문이라는 것이다.

---

18 카발라의 가장 중요한 경전이다. 토라(모세의 다섯 책)에 대한 신비주의적인 해설서이며, 중세 아람어와 중세 히브리어로 쓰였다. 신의 성품에 대한 신비주의적인 내용, 우주의 기원과 구조, 영혼, 죄, 선악의 성격 등과 이에 관련된 주제가 담겨 있다.
19 (Nebuchadnezzar, 기원전 630~562), 신바빌로니아 칼데아 왕조의 2대 왕(재위: 기원전 604~562). 수도 바빌론에 기념 건축물 바빌론의 공중 정원을 세웠고 구약성서 「다니엘서」에서는 유대와 예루살렘을 정복한 '느부갓네살'로 기록되어 있다.

'아프리카 출신' 설과 미토콘드리아[20]

아담과 이브, 그들은 물론 최초의 부부는 아니었다. 성서의 「창세기」는 물론 아주 다른 질문을 제기하고 거기에 응답하고 있다. 누가 우리 인간을 창조했는가? 우리는 왜 그리고 무엇을 위해 살아야 하고, 우리 존재는 어디를 향해 가고 있는가? 누가 우리를 원했는가? 우리는 세계와 다른 생명체와는 어떤 관계에 있는가? 우리가 지구상에서 의무적으로 무엇을 해야 하고, 무엇을 하도록 허용받았는가?

언젠가 이런 일이 시작되었음은 틀림없다. 그 언젠가 역사의 특정 순간에 동물에서 인간으로의 아주 작고 거의 관찰될 수 없는 도약이 존재했음은 분명하다. 그리고 훨씬 후에 이 존재에서 서서히 의식이 움트기 시작했다. 나는 사람이며, 살아 있다. 나는 어디론가 가는 중이다. 누군가가 아니면 그 무언가가 나를 세상에 내놓았다.

학자들은 오랫동안 인간의 탄생이 아프리카에서 이루어졌다고 확신했다. 아프리카에서 750만 년 전에 기후가 추워지고 열대 우림들이 많은 곳에서 사바나[21] 같은 지역으로 변하고 점차 나무에서 나무로 밧줄을 타고 가는 것을 그만두고, 아마 수만 년간 지속하였을 하나의 과정인 직립보행을 배웠다는 사실을 학자들은 확신하고 있다. 그리고 유인원과 오스트랄로피테쿠스[22]라는 두 가지 새로운 갈래의 생명체

---

[20] 진핵 세포 속에 들어 있는 소시지 모양의 알갱이로 세포의 발전소와 같은 역할을 하는 작은 기관. ATP를 합성하고, DNA와 RNA를 함유하고 있어 세포질 유전에 관여한다.
[21] 건기가 뚜렷한 열대와 아열대 지방에서 발달하는 초원.
[22] 신생대 제3기 마이오세부터 제4기 플라이스토세에 살던 유인원과 인류의 중간

45

가 창조되었다. 오스트랄로피테쿠스는 후에 호모 에렉투스[23]가 되며, 훨씬 더 후에 유럽에서 네안데르탈인과 남부 동아시아에서 자바인, 북아시아에서 북경인으로 각각 발전되었다. 호모 에렉투스는 말하는 것을 배우기 이전에 이미 불을 지피고 도구를 사용할 수 있었다. 50년 전에 아프리카에서 다시 장래성을 갖춘 경쟁자가 마침내 등장하기 시작했다. 즉, 발 빠르고 좀 더 큰 두뇌를 통해 인류의 선배 모델로 재능을 갖춘 호모 사피엔스의 등장이 그것이다.

이런 '아프리카 출신' 설을 해마다 도그마처럼 대변하며 두개골이나 뼈를 그 근거로 내세우는 고인류학자들은 20세기 말에 분자 생물학자들의 후원까지 얻게 되었다. 그들은 소위 미토콘드리아에서 이미 오랫동안 유전 정보를 연구했다. 미토콘드리아는 인간의 근육 세포, 신경 세포, 난 세포를 조정하고 있는데, 그곳에서 또한 철-유황-클러스터가 만들어지는 데 영향을 미치고 이 모든 것이 모태를 통해 유전된다. 남성 유전자가 불시의 교정으로 빠지기 때문에 핵 DNA에서보다 미토콘드리아 DNA에서 더욱 많은 돌연변이가 나타나는데, 바로 이런 사실이 흥미로운 비교 연구를 가능하게 만든다. 아프리카 여성의 경우 유전학적인 다양성이 아주 크다는 ─ 다른 지역의 사람들보다 2배 정도─ 사실이 밝혀졌고, 그 결과 아프리카 종족이 지상에서 가장 오래된 인류임이 분명하다는 결론에 도달했다. 이것을 근거로 낙원은 아프리카에 있었다고 말할 수 있다. 그리고 전 인류는 끝없이 뻗어진

형태를 가진 멸종된 화석인류로 500만 년 전에서 50만 년 전에 아프리카 대륙에서 서식했음.
23 신생대 제4기 플라이스토세에 살던 멸종된 화석인류.

연결고리를 따라 올라가면 아프리카의 이브와 친척 관계에 있다.

그러나 1998년 프랑스의 고인류학자 장 쟈크 예거Jean-Jacques Jaeger가 이런 멋진 이론을 뿌리째 흔들어 놓았다. 예전에 버마라 불렸던 아시아의 미얀마에서 그의 팀이 원시 이라바디의 하천 계곡에서 화석화되어 있는 원시의 진흙 속에서 화석화된 두개골 일부와 치아를 발견하였는데, 이것은 3천 7백만 년이나 된 난쟁이처럼 작은 인간인 안트로포이드Anthropoid의 것이었다. 전 세계 학자들 사이에서 경고의 종소리가 세차게 울렸다. 인간이 검은 대륙인 아프리카가 아니라 아시아에서 유래했는가? 최소한 아시아에서도 인간이 유래했는가?

현대의 인간은 여러 대륙에서 서로 자주적으로 자신들의 조상에서 발전되었다고 항상 주장했던 '다多지역 진화론'은 지금까지 거의 수용되지 않았다. 아웃사이더에 지나지 않던 이 이론이 이제 갑자기 많이 언급되기 시작했다. 그리고 수백만 년 전 인간의 DNA 줄기에서 아시아의 유전자와 유럽의 유전자를 발견했던 -만약 모든 인간이 단 한 명의 아프리카 어머니를 가졌다면 이것은 불가능하다!- 분자 생물학자가 다시 등장했다.

모든 것이 연구 진행 중이며 자연과학자들이 당분간 확실한 것으로 간주하는 것이 아무것도 없다는 사실을 다시 한번 배운다.

인간이 진화의 큰 도약도 없이 단 한 쌍의 부부에서 유래되지 않았느냐는 오래전에 이미 해결된 질문에서 교황이 갑자기 옳았음을 인정받을 수도 있었을지라도 그는 더는 그것을 거론하지 않는다. 그루지아 국립박물관 관장인 다윗 로르트키파니제[24]는 -그는 비잔틴 제국

---

[24] (Dawit O. Lortkipanidse, 1963~), 그루지아의 고인류학자.

의 황제 가문 팔레오로그 가문 출신이기도 한데— 1991년에서 2005년 사이에 카프카스 산맥의 드만니시Dmanissi에서 다섯 개의 인간 두개골을 발견했는데, 그것은 1백 8십만 년 전에 생존했던 인간으로 모두 동일한 종족에 속하는 것이지만, 다른 호미니데[25]의 특징을 소유하고 있었다. 달리 표현하자면, 변이형이 많음에도 불구하고 호모 에렉투스 종에 속하는 모든 두개골은 아주 이른 시기에 이미 단 하나의 인성이 존재하며 여러 가지 초기 인간과科(호모 하빌리스, 호모 에르가스테르, 호모 에렉투스 등등)에 있는 일반적인 세분화 요소는 중요하지 않다는 사실을 보여준다는 것이다.

이것은 교황 비오 12세의 견해와 유사한 것처럼 보인다. 자연과학과 진화론에 관심이 아주 많았던 비오 12세는 1950년 자신의 교서 「후마니 게네리스」Humani generis에 "아담의 뒤를 이어 여기 지상에서 그로부터가 아니라 모든 인간의 조상에게서 자연스럽게 파생되는 실제 인간이 존재했거나, 아니면 이런 견해가 어떻게 하면 계시의 원전이 말하고 있는 것에 부합할 수 있는가가 어떤 식으로든 분명하지 않기 때문에 아담이 수많은 조상을 대변하고 있다"라는 견해에 대해 엄중히 경고했다.

---

25 사람, 고릴라, 침팬지, 오랑우탄 등의 대형 유인원을 포함하는 영장류의 한 과(科).

3. 노아의 방주 선실에는 누가 있었는가?

물에 떠다니는 상자, 거대한 동물원, 실망했지만 학습 능력을
갖춘 신. 그리고 인류 역사에서 유일한 보편적 신화.
추측건대 노아는 실제로 존재하지 않았을 것이다.

"땅 위에 사람 지으셨음을 한탄하사 (......) 포악함이 땅에 가득한지라."
(「창세기」 6장, 6절, 11절)

2004년 12월 26일 7시 58분에 지옥문이 열린다. 100㎞ 길이의 해일
이 수마트라와 타일랜드의 해안을 덮친다. 30m까지 치솟은 파도는
인간들의 눈앞에서 가옥, 호텔 시설물, 마을, 숲을 삼켜버리고 순식간
에 자연의 낙원과 문명을 파괴한다. 수마트라 앞바다에서 발생한 지
진은 7백만 개의 히로시마 원자폭탄과 비슷한 파괴력을 지닌 상상할
수 없는 에너지를 방출했다. 결국, 지축이 8㎝ 이동하였고, 쓰나미로
인해 인도네시아, 스리랑카, 태국, 인도에서 23만 명이 사망했으며
170만 명이 집을 잃었다.

그림 3 : 노아가 방주를 만들고 있다, 프랑스 화가의 유화, 1675

노아의 홍수, 엄청난 홍수로 인한 세계의 종말, 떠다니는 집 모양의 뗏목으로 단 하나의 인간 가족의 구조, 이런 것들이 단지 하나의 신화에 지나지 않는가, 아니면 인류에게 닥친 대재앙에 대한 지울 수 없는 기억인가? 대홍수와 방주方舟의 이야기, 이것은 실제 있었던 사건의 흔적인가, 아니면 집단 공포와 동경이 형상으로 나타난 것인가? 성서에 기록된 홍수와 방주, 이것은 경건한 굴복인가, 아니면 기분에 따라 인간을 창조하고서는 인간이 자신의 기대에 부응하지 않기 때문에 가차 없이 죽여 버리는 부당하며 잔혹한 신에 대항하는 저항인가? 창조주 신이 도대체 무엇을 원하고 있는지 그렇게 명백히 알고 있지도 못하는, 문제가 많은 전언傳言이 아니었는가?

노아와 비둘기, 죽음을 부르는 엄청난 물세례와 산꼭대기에 도착한 구조선, 이런 것들은 분명 고대의 긴장감 넘치는 모험담 이상일 것이라는 사실은 확실하다. 최초의 자비 이면에는 철학적, 종교적, 존재론적 질문들이 제기된다. 왜 세계가 존재하는가? 창조주가 존재하고 있다면 그는 자신이 창조한 것을 어떻게 생각하고 있는가? 전혀 이상적이지 못한 세계도 신에 의해 원해졌고, 수용되었고 사랑받았는가? 우리는 두려움과 끔찍함을 느끼며 몰락에 직면해야 하는가, 아니면 이 모든 것에도 불구하고 보호받고 있다고 느껴도 되는가?

모든 동물 각각 한 쌍

'노아의 대홍수'Sintflut는 옛날 사람들이 추측했던 것처럼 '죄로 인한 홍수'Sündflut와는 아무 상관이 없다. 고대고지독일어 'sinvlout'는 단순히 '모든 지역의 홍수', '전체 홍수', '끊임없는 범람'을 의미한다. 히브리어 단어 'mabul'은 특히 멋진 표현인데, 이 단어는 '천상의 바서크루크'[1]를 의미한다.

「창세기」에 나오는 대홍수 이야기는 누구나 알고 있다. 신은 자신의 창조물에 대해 매우 진노하여 다음과 같이 결정하게 된다.

> "내가 창조한 사람을 내가 지면에서 쓸어버리되 사람으로부터 가축과 기는 것과 공중의 새까지 그리하리니, 이는 내가 그것들을 지었음을 한탄함이니라 하시니라. 그러나 노아는 여호와께 은혜를 입었더라."
> (「창세기」 6장 6~7절)

그 때문에 노아와 그의 가족은 지상의 모든 삶을 파멸시킬 대홍수에도 살아남는다. 이미 알려져 있듯이 노아는 솜씨 있는 가내 수공업자이다. 그는 자신이 떠다니는 성城, 즉 방주를 어떻게 건축해야 하는지 하늘의 지시를 정확하게 받는다. 그리고 그가 새, 파충류, 포유동물 중에서 각각 한 쌍씩 구조선인 방주에 싣도록 지시받는다. 신이 노아와 그의 보호 판정을 받은 동물들이 승선하고 난 뒤에 방주의 문을 닫자마자 대재앙은 시작된다.

> "바로 그 날 땅 밑에 있는 큰 물줄기가 모두 터지고 하늘은 구멍이 뚫렸다. 그래서 사십 일 동안 밤낮으로 땅 위에 폭우가 쏟아졌다."
> (「창세기」 7장 11~12절)

---

1 'Wasserkrug'는 물을 뜻하는 'Wasser'와 뚜껑과 손잡이가 있는 컵을 뜻하는 'Krug'의 합성어이다.

이야기의 결말도 알려져 있다. 150일 후 신은 황량한 땅 위로 바람을 불게 했고 물이 빠졌다. 방주는 산에 좌초한다. 노아는 실험적으로 까마귀 그리고 좀 더 후에 비둘기를 방주에서 날려 보낸다. 마침내 비둘기가 올리버 가지를 주둥이에 물고 돌아온다. 노아, 그의 가족, 모든 동물은 방주를 떠나며 신은 놀라운 것을 약속한다.

> "다시는 사람 때문에 땅을 저주하지 않으리라." – "다시는 홍수로 땅을 멸하지 않으리라." (「창세기」 8장 21절; 9장 11절)

이런 신화가 어떻게 사실일 수 있는가? 얼마나 많은 경험, 두려움, 동경이 거기에 숨겨져 있는가? 최근 200년 동안 72개 언어권에서 8만 건의 연구가 노아의 대홍수를 연구하였다. '압력 균형'Druckausgleich[2] 이론과 같은 엉뚱한 아이디어도 있었다. 즉, 신이 하늘과 땅을 분리했을 때 물이 땅속으로 스며들었고, 엄청난 압력이 셀 수 없이 많은 용암 분출로 빠져나가게 되어 지구를 범람하게 했다는 것이다. 물론 그런 땅 밑의 물 덩어리는 존재하지 않는다. 좀 더 진지한 것은 불가리아의 해양학자 페트코 디미트로프Petko Dimitrov 혹은 미국의 해양 지질학자 월터 피트맨Walter Pitman과 윌리엄 라이언William Ryan과 같은 전문가들이 초안을 그렸던 흑해 시나리오이다. 즉, 9천 년 전에 지구 극지방의 빙하가 녹기 시작했고 대양의 수위가 어디서나 상승하였는데 특히 흑해에 파괴적인 결과를 가져왔다. 지중해에서 엄청나게 많은 물이 그

---

[2] '압력 균형'은 동일한 매개물을 통해 분리된 두 개 혹은 그 이상의 공간에서는 동일한 압력이 생성되는 것을 의미한다.

당시 유럽과 아시아를 연결했던 보스포루스 근처 평평한 땅을 삼켜버렸고 무시무시한 힘을 가지고 12개월 동안 흑해를 100m 더 깊게 만들었다. 생존자들은 해안가 지역을 탈출하였고, 그런 대재앙의 트라우마가 수천 년 동안 암울한 신화를 만들기도 했지만, 그 지역을 탈출했던 이주자들은 발칸과 도나우에서 근동에까지 이르는 지역에서 획기적인 기술적 혁신을 발전시켜 나갔다.

흑해 퇴적물에서는 강에서 사는 조개와 바다에서 사는 조개가 실제로 같이 발견되었다. 그 당시 생태계의 대재앙은 흑해를 오늘날 황화수소를 세계에서 가장 많이 저장하고 있는 지역으로 만들었다. 왜냐하면, 지중해로부터 유입되는 많은 양의 소금물이 갑작스럽게 유입되어 담수가 아래로 가라앉아서 오늘날까지 산소를 더는 용해할 수 없기 때문이다. 흑해의 심연에는 모든 생명체가 오랫동안 소멸한 상태이다. 간혹 폭풍이 물을 아래에서 수면으로 올라오게 하기도 하는데, 그곳을 지나가는 배는 선체가 새까만 칠흑으로 도배된다.

최근의 연구는 이런 범람이 항상 존재해 왔고 흑해의 수위水位가 이런 범람으로 인해 1백 년 동안 몇 센티미터 상승했다는 사실을 밝혀냈다.

대화재와 피의 비

거의 만 년 전에 지구 전역에 걸친 홍수를 가져왔던 원인으로 추정되는 혜성이나 유성과의 충돌 이론은 좀 더 큰 소동을 일으켰던 것처럼 보인다. 오스트리아 빈의 지질학자 알렉산더 톨만3은 다음과 같이 주장했다.

"지름이 아마 수 킬로미터는 되는 큰 유성이 최소한 며칠 동안 하늘에 있었음이 틀림없다. 그 유성은 지구와 충돌하는 과정에서 7개 부분으로 부서져서 바닷속으로 잠겼을 것으로 추정되었다. 신화들이 서술하는 지진, 대화재, 대홍수, 재와 피가 섞인 비, '영원히 지속하는 밤', '영원히 지속하는 추위' 등은 충돌로 인해 발생한 파도, 더위, 폭발로 인해 발생한 강력한 -수천 시간 동안 지구를 여러 바퀴 돌고 있는- 바람 등으로 인해 발생하였다."

톨만과 1995년 사망한 그의 부인 -그와 마찬가지로 지질학자이며 고생물학자인- 에디트는 퇴적암에서 발견된 갑작스러운 떼죽음의 흔적을 그 증거로 제시한다. 수많은 화석이 수 천 년에 걸쳐 진행된 변화무쌍한 생명체의 흔적을 알려주고 있으나, 이런 퇴적물들은 대부분 아주 갑작스럽게 없어졌다. 호주나 멕시코 원주민의 고대 신화에 등장하는 대홍수와 대화재, 추위와 더위 등이 혼란스러울 정도로 동시에 발생하는 것은 이런 우주적인 대재앙이 낳은 결과를 암시하고 있다.

톨만 부부는 지질학자 동료들로부터 호응을 받지 못했는데, 이것은 캘리포니아 출신의 물리학자이며 노벨상 수상자이기도 한 루이스 발

3　(Alexander Tollmann, 1928~2007), 오스트리아의 지질학자, 정치가. 그와 오스트리아 녹색당이 끈질기게 주장했던 츠벤텐도르프 원자력 발전소 해체는 끝내 수용되지 않았다.

터 알바레즈[4]도 마찬가지였다. 알바레즈는 공룡의 멸종이 수백만 년 전에 발생했던 작은 유성과의 충돌에 기인한다고 주장했다. 다른 이론들은 대홍수 신화를 지역에서 발생한 홍수의 트라우마, 예컨대 유프라테스강과 티그리스강 사이의 지역에서 발생한 대홍수의 트라우마에 근거를 두고 있다고 본다.

영리한 심리 분석가들도 언급되어야 하는데, 그들은 대홍수에 관한 전설에서 모성의 안전한 품속으로 회귀하려는 성인의 미숙한 동경이 작동하고 있음을 주시한다. 대홍수 이야기의 경우 유일하게 실제로 보편적인 신화가 다루어지고 있다는 사실은 물론 의심할 바 없다. 비록 이런 신화가 지구의 어떤 지역에는 등장하지 않거나 많은 지역에서 아마 그리스도교의 선교사들에 의해 전달되었을지라도, 이것은 지구상에 존재하는 민족 대부분이 공유하고 있으며 인류의 문화적 기억에 속한다.

인도의 성스러운 문서에서 자비심이 많은 물고기의 형상으로 인간을 대홍수로부터 구조하는 신이 바로 창조의 부양자인 신 비슈누[5]이다. 호주 원주민도 엄청나게 큰 캥거루가 홍수를 저지했다고 생각한다. 스페인의 바스크족은 대재앙이 일어났을 때 산꼭대기에 있어 살아남았지만, 자연의 광폭함에 대해 너무 놀라서 자신의 모국어를 잊어버린 한 남자에 관해 이야기하고 있다. 그는 후에 바스크족의 언어가 되는 새로운 언어를 발명했다. 라플란드인[6]의 대홍수 이야기에는

4　(Luis Walter Alvarez, 1911~1988), 미국의 물리학자, 발명가.
5　커다란 금시조(金翅鳥)를 타고 다니며 악을 제거하고 정의를 추구하는 신으로서 힌두교 3대 신의 하나로 평화의 신이다.
6　노르웨이, 스웨덴, 핀란드 및 러시아 일부에 사는 소수 민족.

신이 자신의 팔로 산꼭대기까지 안고 간 한 명의 소녀와 한 명의 소년을 제외하고 세계의 모든 인간이 익사하는데, 그 소년 소녀가 후에 새로운 인류를 낳게 된다. 중국 서부 지역에 거주하는 롤로족은 대홍수가 발생했을 때 구멍 난 나무 둥치 속에서 자기 아들들과 함께 살아남을 수 있었던 자비심 많은 한 부인에 관해 이야기하고 있다. 그녀의 아들들로부터 교양있는 중국인이 유래하는 데 반해 그 부인이 따분해서 조각했던 나무 인형으로부터 무식한 민족이 뻗어 나오게 된다. 마야족이나 아즈텍족의 경우 모든 인간을 삼켜 먹어버렸다는 뱀이 바로 물을 내뿜는 천상天上의 뱀이다.

"신 스스로 두려움에 사로잡혔다!"

여러 가지 대홍수 신화에서 일치하고 있는 부분들이 있다는 것은 신기한 일이다. 1872년 젊은 고대동양학자 조지 스미스[7]가 런던의 대영 박물관에서 니네베 왕립도서관의 폐허에 묻혀있었던 도자기 조각에 새겨진 설형문자 일부를 해독했을 때, 그것은 분명 학문의 발전을 위한 획기적인 전기가 되었다. 거기에는 엄청난 범람과 일종의 구조선이 있었다는 사실이 해독될 수 있었다. 후에 스미스는 다음과 같이 보고하고 있다.

---

7 (George Smith, 1840~1876), 영국의 아시리아학 연구자. 인류가 남긴 가장 오래된 전승문학인 「길가메시 서사시」를 발견하여 최초로 번역하였다.

"나의 시선은 배가 니치르산에 상륙하였고, 비둘기가 파견되었
고, 비둘기가 착륙할 장소를 찾지 못했으며, 다시 돌아왔다는 보
고에 주목하였다."

물론 이것은 대홍수 이야기다! 스미스는 복도로 뛰어나갔고 흥분으
로 소리 질렀으며 망연자실한 박물관 동료들이 보는 앞에서 자신의
옷을 찢었다.

조지 스미스가 환호를 지르며 첫 줄을 해독했던 텍스트는 오늘날
바빌로니아의 「길가메시 서사시」[8]로 알려져 있다. 거기에는 기원전
10세기경에 (최종본은 12세기에 제작되었다) 영생을 찾아 나선 영웅
들의 이야기가 서술되어 있다. 또한, 신들이 모인 집회에서 대홍수를
통한 인류의 멸망이라는 안건을 결정하는 과정, 방주 제작을 허락받
은 정직한 우트나피슈팀[9]의 생존 그리고 신들의 후회 등도 언급된다.

"아침놀이 비치기 시작하자마자 하늘에서 검은 구름이 솟아올랐
다. (......) 전쟁에서의 대학살과 같이 무시무시한 홍수가 인간
을 휩쓸어 버린다."

---

8 고대 메소포타미아의 서사시로 수메르 남부의 도시국가 우루크의 전설적인 왕
길가메시를 노래하였다. 19세기 서남아시아 지방을 탐사하던 고고학자들이 수
메르의 고대 도시들을 발굴하는 과정에서 발견되었다. 「길가메시 서사시」는 호
메로스의 서사시보다 1500년가량 앞선 것으로 평가된다.
9 고대 동양 메소포타미아의 수메르 바빌론 문화에 등장하는 인물로, 성서의 '노
아'와 같은 역할을 담당하는 인물이다.

"신들조차도 대홍수로 두려움에 휩싸였다! (......) 그들은 개처럼 서로를 껴안고 웅크리고 있다. 여신이 원을 그리는 것처럼 돌며 큰소리로 비명을 지른다. (......) 내가 어떻게 인간을 멸망시키기 위해 선전포고를 할 수 있었던가? 내가 인간을 태어나게 한 장본인인데 말이다!"

"어디서나 침묵이 지배했다. 그리고 모든 인간은 다시 찰흙이 되었다." (「길가메시 서사시」, 9번째 판, 기원전 12세기)

고대 동양 전체에서 그동안 우리가 알고 있는 그런 신화가 존재했다. 유명한 「길가메시 서사시」보다 수백 년 빠른 초기 버전에서는 대홍수 영웅이 아트람카시스 혹은 치우수드라라 불리며, 신의 세계에서의 갈등과 인간이 만든 소음에 대한 신들의 노여움이 다루어진다. 그렇지만 신들의 하늘에는 우호적인 아웃사이더도 대개는 존재하고 있는데, 그는 그 어떤 정직한 인간에게 다가올 대재앙을 은밀히 이야기해주며 구조 계획도 이미 준비해 놓고 있다.

구약성서에 기록된 대홍수 보고는 500년에서 1000년 정도 더 이른 시기에 일어난 사건이고, 상이한 사회 계층의 전통이나 서술 궤도를 섞어놓은 혼합물을 이루고 있다. 역사적인 기록으로 보기에는 너무 분명하지 않다. 비록 미국의 근본주의자들이 오늘날에도 여전히 그렇게 보는 것을 좋아할지라도, 이것은 믿음의 경험, 인간의 죄와 위협적인 자연과의 다툼, 자신의 창조물에 대한 신의 신뢰 등을 다룬 것에 지나지 않는다.

초창기 성서 작가들에 의해 대홍수 보고는 좌절된 시도로 묘사된다. 신은 자신의 피조물과 함께 많은 것을 하려고 계획했지만, 그들은 신을 모든 면에 있어서 실망하게 했다. 「창세기」에 나온 내용을 인용해 보자.

> "여호와께서는 세상이 사람의 죄악으로 가득 차고 사람마다 못된 생각만 하는 것을 보시고, 왜 사람을 만들었던가 싶으시어 마음이 아프셨다." (「창세기」 6장 5~6절)

유대인 소설가이며 탈무드 학자인 엘리 위젤은 '신의 우주적인 슬픔'이란 표현을 사용했다. 하여튼 그는 이런 슬프고 환멸을 느끼게 되는 세상 창조자인 신이 급진적인 해결책에 경도되었다는 사실을 이해할 수 있다. 그렇지만 동시에 그는 오늘날에 이르기까지 수많은 신학자와 성서의 독자들이 제기한 것과 같은 비판적 질문들을 제기한다.

인간이 자신의 약점으로 인해 신의 이상에 못 미치고 있음을 전지전능한 신은 도대체 예견하지 못했을까? 신이 인간에게 좀 더 안정적인 성격을 부여할 수도 있지 않았을까? 신의 호의와 자비는 어디에 있는가? 모든 인간이 죽어야만 함으로써 한순간에 인간이 멸종하고, 어떤 이성이나 선택의 자유도 갖지 않은 동물들도 인간과 함께 진정 멸종의 길을 가야만 하는가? 바빌론 망명지에서 작성된 소위 제사장 서한에 속하는 최근의 이야기 버전은 이미 세분되어 있다. 이 버전은 더는 독립적으로 죄와 책임에 대해 보고하지 않는다. 지상에 거주하는 주민들 사이에 일어나는 폭력은 이제 제 나름대로 굴러가는 것처럼 보인다. 숙명의 소용돌이에 있는 것처럼 증오가 복수를 낳고 다시 증오를 낳는다. 피를 보는 행위와 폭력이 끝없이 대를 이어 지속한다. 대홍수는 인간 스스로가 준비한 절망적 운명을 완성한 것처럼 보인다.

그러나 두 가지 서술 방향은 하나의 희망적인 마지막 화음에 귀결되고 있다. 지상의 대륙들이 대홍수로 황폐해지고 주민들이 모두 죽기 때문에 해피엔드라고는 거의 말할 수 없다. 그러나 실망해서 슬픔에 잠긴 신이 일종의 학습 과정을 수료했다. 인간에게 자신이 접근하기 어려운 존재라는 사실을 알려준 신은 이제 현실주의자가 되었고, ㅡ이제 신이 지상에서 인간의 시쳇더미만을 바라보고 있을 때ㅡ 신은 인간이 어떻게 행동하는지 상관없이 인간을 단순히 사랑하고 있다는 사실을 깨닫게 된다. 그것은 유대교-그리스도교의 신의 형상이 오랫동안 지속해서 인상을 남겼으며 예언자 호세아에서 유사한 것을 찾을 수 있는 충격적인 사건이다. 호세아에서는 신이 기만당한 구애자로 출현하며 절망하는 민족에게 자기 뜻을 표명하고 있다.

> "에브라임이여 내가 어찌 너를 놓겠느냐. 이스라엘이여 내가 어찌 너를 버리겠느냐. 내가 어찌 너를 아드마 같이 놓겠느냐. 어찌 너를 스보임 같이 두겠느냐. 내 마음이 내 속에서 돌이키어 나의 긍휼이 온전히 불붙듯 하도다. 내가 나의 맹렬한 진노를 나타내지 아니하며, 내가 다시는 에브라임을 멸하지 아니하리니, 이는 내가 하나님이요 사람이 아님이라. 네 가운데 있는 거룩한 이니, 진노함으로 네게 임하지 아니하리라." (「호세아」 11장 8~9절)

성서의 대홍수는 모든 판본에서 똑같이 끝나고 있다. 신이 인간에게 존재를 보장해 주며, 지상에서 인간을 절대 파멸시키지는 않을 것이다. 신은 이런 약속을 잊지 않도록 자신의 활을 새로운 우호 동맹의 표시로 구름에 새긴다. 목가적인 색채의 무지개는 원래 눈에 띄게 옆으로 비켜 있으며, 자연적인 굴곡으로 팽팽해지지 않은 활의 모습인데, 이것은 무장 해제와 폭력을 포기한다는 표시로써 오늘날 평화 운동을 상징하는 로고로 사용되고 있다.

이기주의자이며 공범자인 노아

신의 내적 선회를 상징하는 인물이 노아이다. 신은 대홍수가 일어나기 전에 안전한 방주를 이용해 노아, 그의 부인, 아들, 며느리 그리고 작은 동물들을 구해주었고, 대홍수가 끝난 후에는 그와 격식을 갖춘 동맹을 맺게 된다. '노아'라는 이름은 - 정확한 히브리어 발음은 노아Noah 혹은 노에Noe인데 - 명확하게 번역될 수 없다. 이 단어에는 '은총', '후회', '평안을 찾다' 등의 의미가 담겨 있다. 왜 신이 그를 대홍수에서 구해주고 새로운 인류의 조상으로 만들었는지 정확히 알 수는 없다. 신과 함께 자신의 길을 가고 있는 그는 '정의로운 자'였다고 하며, 「창세기」에 더는 등장하지 않는다.

정의로운 자? 그는 어지간한 이기주의자였으며, 구원을 받을 정도로 가치 있는 인물은 아니었다고 비판적인 랍비들은 말하고 있으며, 탈무드 학자인 엘리 위젤도 아브라함과 모세에 비교하면서 같은 견해를 밝힌다. 즉, 아브라함과 모세는 신이 이스라엘 민족을 파멸시키고 소돔과 고모라를 없애려고 했을 때 신과 다투었다는 주장이다. 엘리 위젤이 노아에 대해 말한 것을 인용해 보자.

> "그가 신에게 연민을 애원했던가? 또한, 그가 단 한마디라도 저
> 항이나 기도를 언급했던가? 그가 전혀 알지도 못하면서 저주받
> 은 무수한 사람들을 위해 노력했던가? 그 자신은 위험에서 안전
> 하다는 사실을 듣자마자 그는 어떤 질문도 더는 제기하지 않았
> 으며 그 어떤 근심도 하지 않았다." (엘리 위젤:『노아 혹은 새로운
> 출발』)

그는 인간의 친구라기보다는 신의 '공범자'였다고 위젤은 너무나 순
종적인 노아를 비난한다. 그리고 또한 그는 마지막까지 신의 말을 의
심하면서 이미 물이 발목까지 차올랐을 때 비로소 방주에 승선했다.
'방주'Arca는 라틴어이며 상자를 의미하는데, 히브리어 'tewa'와 일치
하는 단어이다. 우리가 보통 생각하고 있는 배에 대해선 전혀 언급이
없다. 성서에 따르면 그것은 가로 130m 세로 33m에 이르는 엄청나
게 큰 상자였고, 실측백나무 목재로 제작되어 자료를 연구하는 기술
자가 입증하고 현대의 모조품이 보여주고 있듯이 바다에서도 쓸모가
있었다. 예를 들면 네덜란드에서는 성서를 신뢰하는 그리스도 교인인
백만장자 요한 후이버스Johan Huibers는 「창세기」에 기록된 집 모양의
뗏목을 2분의 1로 재구성하여 제작했는데, 70m 길이에 1200개의 나
무 둥치가 재료로 사용되었다.
후이버스와 같은 사람들은 고집스럽게 성서에 있는 단어를 그대로
수용하여 방주를 제작하는 데 재정적으로 후원하였다. 물론 어떤 문제들
이 등장하고 있는지 살펴보면 재미있다. 수백만 종 이상의 동물 종류가

오늘날 알려져 있다. 이 동물들이 어떻게 방주에 모두 들어갈 수 있었던 가? 물고기는 아마 홍수가 일어났을 때 방주에 타지 않았을 것이다.

> "성서를 절대적으로 신봉하는 취미 연구가들은 방주의 승선 능력이 9천 제곱미터에 달한다고 계산하고 있는데, 이것은 독일 철도 288량의 화물차량과 일치한다. 철도청에 따르면 한 량의 이런 화물차량에는 '털을 깎지 않은' 121마리의 양을 실을 수 있으며, 이것은 정확히 34,606마리의 동물들이 방주에 탈 수 있다는 결론이 나온다. 노아는 각 한 쌍의 동물 종만을 방주에 실어야만 했고, 이것은 대략 21,000종으로 계산될 수 있을 정도로 그 숫자가 감소한다."

어떻게 사자와 영양이 평화롭게 함께 탈 수 있었을까? 150일 동안 이 모든 동물의 사료는 어떻게 공급되었고, 배설물은 어떻게 처리되었는가? 하루살이는 여기서 하루보다 오래 살았던가? 노아는 짚신벌레라든지 단세포 생물들을 어디서 찾아내었는가?

그러나 성서는 모든 신화가 그러는 것처럼 추상적으로 이야기한다. 중요한 것은 방주의 기술적 데이터 혹은 동물을 수용할 수 있는 공간 계산 등이 아니라 구조 상자의 상징적 가치이다. 신은 갈대와 송진으로 엮어진 떠다니는 작은 상자 '테와'tewa로 파라오의 살해 명령으로부터 아기 모세도 보호하였다. 마찬가지로 신은 인류가 완전히 멸망하지는 않도록 노아를 구조한다. 혼돈에 맞서는 일종의 생활관인 방주. 그 때문에 방주를 의미하는 '아르케'Arche라는 단어는 위험에 처한 자들의 자구自求 그룹, 장애인과 비장애인의 공동 주거 프로젝트, 공동 주택과

무공해 상품 판매점 등을 의미하는 용어로 곧잘 사용된다. 수많은 유대인을 구한 오스카 쉰들러의 이야기를 다룬 스티븐 스필버그의 영화 〈쉰들러 리스트〉도 원래 제목이 '쉰들러의 방주'Schindlers Ark이다.

아라라트의 충격적인 위성사진

성서는 추상적으로 이야기한다. 그 때문에 최근 수십 년과 수백 년 동안 아라라트에서 무모한 탐험을 감행했던 수많은 모험가, 아마추어 고고학자, 고대 연구자 등은 아마도 많은 것을 기대했을 것이다. 7천 년 혹은 9천 5백 년 전에 노아의 방주가 터키의 가장 높은 산인 아라라트에 좌초했을 것이다. 이것을 입증해 줄 자료는 없고 성서의 지역 정보도 정확하지 않다. 아라라트는 (아시리아의) 우라르투, 즉 오늘날의 터키-이란-아르메니아와 접한 국경 지역이다. 거기서 아라라트는 또한 두 개의 장엄한 산을 의미하기도 한다. 그중 하나가 전통적으로 '노아의 산'이라 칭하는데, 이것은 옛날에 이 산이 지상에서 가장 높은 산으로 여겨졌기 때문이다. 「길가메시 서사시」에 언급된 니치르Nizir 산 혹은 니무쉬Nimusch 산은 다른 곳, 즉 이라크지역에 있다.

탐험대들은 19세기에 이미 소위 '대大 아라라트'(터키어로 '뷔위크 아그리 닥', 아르메니아어로 '마식')를 집중적으로 수색했다. 에스토니아 교수 프리드리히 파롯Friedrich Parrot은 다른 그 누구보다도 열심히 노아 이야기를 입증해 보이려 노력했다. 그는 러시아 황제의 지시를 받아 세 번에 걸쳐 그 산의 정상에 오르려고 시도했다. 세 번째 시도에서 그는 드디어 그 산의 정상에 오르는 데 성공했다. 1829년 9월 그는 다섯 명의 동반자와 함께 정상에 도달했다. 그들은 십자가를 만들어 정상에 세웠으며, 성서에 기록되어 있듯이 모든 포도 재배자의 조상인 노아를 기리며 포도주 한 병을 마셨다.

파룻은 '대 아라라트'에서 꽤 많은 양의 얼음을 집으로 가져갔다. 그는 이 얼음을 후에 '노아의 산에서 가져온 성스러운 물'로 판매하였다. 모험을 즐기는 그의 후계자들은 ─ 예컨대 1916년 러시아 조종사 혹은 1955년 프랑스의 사업가 등은─ 더 많은 행운을 누렸다. 그들은 산에서 나무가 자랄 수 있는 한계선보다 훨씬 더 위에서 목재를 발견했는데, 이것은 인간들이 작업한 명백한 흔적을 보여주는 증거였다. 다른 연구자들은 방주의 선실 붙박이 침대제작에 소재로 사용되었던 강철 막대기들을 가지고 돌아왔다.

그러나 방사성 탄소 함량에 의한 연대 측정은 발견물 중 그 어떤 것도 노아 시대의 것이라는 사실을 입증해 주지 못했다. 노아라는 실존 인물이 존재했다고 할지라도 그가 철 못으로 방주를 제작하지는 않았을 것이다. 아마도 중세 시대에 아라라트로 순례 여행을 가서 정상까지 가는 등반에 성공하지 못한 수도승들이 여기에 방주의 성스러운 모형을 남겨두었을 것이다. 노아의 떠다니는 성城인 방주가 장엄한 바윗덩어리에 상륙했다는 이야기는 방주의 존재만큼이나 입증될 수 없다.

이런 고고학적 탐사는 언제부터인가 가능하지 않게 되었는데, 터키 정부가 불안정한 정치적 상황으로 인해 탐사를 허용하지 않기 때문이다. 그 때문에 연구가들은 항공 촬영으로 만족해야만 한다. 하와이에 거주하는 미국인 백만장자 다니엘 맥거번은 2004년 이런 위성사진 촬영작업을 재정적으로 후원하였다. 위성사진에는 대 아라라트의 북동쪽 빙하 지역에 실제로 배의 모습과는 동떨어진 담배 모양의 물체가 인식될 수 있다. 촬영 당시에 그 지역은 수백 년 이래 가장 더운 여름을 보내고 있었고, 90m 두께의 얼음이 녹아서 화석화된 노아의 방주 일부가 노출될 수 있었다고 맥거번은 주장한다. 터키 정부는 이 대담한 이론을 현장에서 직접 입증하려는 탐사를 여전히 허용하지 않고 있는데, 이러한 조처는 아마 미국의 비밀기관 CIA의 위성 공격에 대한 분노로 야기되었을 것이다.

이제는 화석으로 변한 '노아의 방주' 잔재는 물론 관객들에게도 전시되었다. 1985년 미국의 해군 장교인 데이비드 페솔드는 이런 암석 지층을 조사했고 나무로 제작된 노아의 요새인 방주의 방과 구조에 대한 정확한 설계도를 작성하였다. 얼마 지나지 않아 아주 냉정한 사건이 터졌다. 호주의 지질학 교수 이안 플리머는 화석의 이런 형상이 진흙 사태로 생성되었다고 주장하였다. 즉 '산 밑으로 무너져 내린 쓰레기 더미'라는 것이다.

대 아라라트의 발굴에 대한 최신 보도는 홍콩에서 나왔다. 터키 정부의 금지 정책에도 불구하고 터키와 중국 공동 연구팀은 한 그리스 도교 단체로부터 프로젝트를 수임받아 2010년에 4000m 높이에서 배와 유사한 형태의 목재 구조물을 발굴했다고 주장했는데, 그것은 4800년 전에 제작되었고 내부는 조그만 방으로 나누어져 있었다고 했다. 연구자들은 나무 조각과 기둥을 전시용으로 제시했고 정확한 발굴지는 그들이 터키 정부와 합의할 때까지 비밀에 부치길 원한다는 보도였다. 이것으로 그동안 아라라트에서 방주에 대한 새로운 소식이 존재하지 않았다는 사실이 해명될 수 있었다.

또한, 반드시 그래야 할 필요는 없다. 아라라트는 방주와 인간 노아처럼 신화로 남을 수 있는데, 대혼돈 속에서도 희망, 안전함, 살아남음에 대한 신호일 수 있다. 그러나 이것은 일종의 도전이기도 하다. 신은 노아에게 일을 나누어줌으로써 인류를 구원했다. 미래는 하늘로부터 오는 것이 아니며, 살아남음은 행동을 요구한다. 2007년 모두가 만족하는 대비책을 모색하지 못해 절망에 빠졌던 G8 정상 바로 앞에서 전투적인 환경단체 그린피스는 2500m의 대 아라라트에서 노아 방주의 모형을 세웠는데, 이것은 위협적인 기후 붕괴를 경고하기 위해서였다. 지상에 존재하는 모든 정부에 대해 지구를 구원하고 기후 보존을 위한 수많은 주장이 마침내 행동으로 이어지게 해달라는 호소는 노아의 산에서 출발했다.

대략 비슷한 시각에 전통에 입각한 그리스도교인의 대변인으로 즐겨 등장하곤 하는 글로리아 폰 투른 운트 탁시 후작 부인은 자신의 레겐스부르크 성에 모인 기민당 정치가, 교회 종사자, 경제 지도자들 앞에서 녹색 대안 정당의 '전면적인 사이비 종교'를 돌연 언급하며 '지구 온난화에 대한 헛소리'에 대해 조롱하였다. 고상한 청중들은 갈채를 보냈다.

4. 바벨탑은 누가 지었는가?

하늘을 정복하여 신을 권좌에서 폐위시키길 원했던 미친 왕?
아니면 신을 지상으로 데려오려고 노력했던 경건한 제사장?
이것은 불멸의 신화이며 오해가 낳은 장엄한 이야기이다.

"나는 지상의 민족들을 위해 그것을 기적으로 만들었다." (네부카드네자르 2세)

그는 함무라비와 네부카드네자르 대왕처럼 동양에서 가장 강력한 지배자가 되길 원했다. 1979년 이라크의 독재자 사담 후세인은 고대 바빌론을 재건하기 시작했다. 수천 명의 일꾼이 숙련된 고대 연구자들의 지휘 아래 폐허로 변한 장소의 잔재를 정리하고 왕의 궁궐을 새로 건축하였고, 세 개의 거대한 사원, 푸른 니스가 칠해진 벽돌과 당당한 사자들이 새겨진 경이로운 이쉬타르 문門을 제작하였다.

그는 궁궐의 알현실에 새겨진 각명刻銘에 다음과 같은 문구를 새겨 넣었다. "나, 사담 후세인, 이라크 공화국의 대통령은 이라크 민족에

그림 4 : 〈바벨의 거대한 탑 건축〉, 피터르 브뤼헐 시니어, 1563

게 영광스러운 과거에 자부심을 느끼게 하려고 바빌론을 다시 건설했다." 곳곳에 화려하고 거대한 유화가 걸려 있는데, 거기에는 후세인이 제복을 입고 고대 군주들과 함께 한때 세계에서 가장 화려했던 도시를 내려다보고 있는 모습이 그려져 있다.

몇 년 후, 후세인이 쿠웨이트의 유전 지역을 차지하려 했을 때, 미국이 독재자 후세인이 과거 이란과 싸웠던 (그때도 기름, 권력, 돈이 문제였다) 옛 전우라는 사실을 잊어버렸을 때, 그리고 소위 쿠웨이트를 해방하고 독재자의 핵무기 제조를 저지하기 위해 유엔의 위임 없이 그 나라에 폭격을 감행했을 때, 미국과 영국의 탱크가 옛 바빌론 영토를 짓밟았을 때, 메소포타미아 역사에서 유래된 가장 가치 있는 보물들을 소장하고 있는 바그다드 박물관이 약탈당하고 설형문자가 새겨진 화판을 소장한 국립도서관이 화염에 휩싸였을 때, 옛날의 불길한 예언들이 전율을 느끼며 상기되었고 설교, 수업, 사설 등에서 바벨탑 건설의 우울한 이야기가 새롭게 언급되었다. 즉, 인간의 오만과 방자한 자기 과대평가는 대재앙으로 이어진다.

해석가들은 재차 오류에 빠졌다. 해석이 맞지 않는다. 바벨탑 건설 이야기에 등장하는 시대를 초월한 도덕성을 찾아서 폭군, 터보 자본주의자, 세계화 수혜자 등에게 신의 심판장 넘겨주지 않고 예술가와 문학가들의 목소리에 귀 기울일 수 있었으면 좋았을 것이다. 예술가와 문학가들은 수백 년 이래 바벨탑 신화를 여러 각도에서 해석하였고, 바벨탑이 주는 메시지를 그렇게 진지하게 받아들이지 않았고, 그럼으로써 새로운 해석도 가능하게 만들었다.

스위스의 극작가 프리드리히 뒤렌마트[1]를 예로 들어보자. 그는 탑 건설에 대한 연극 작품을 썼는데, 거기서는 극의 공연자가 장이 계속되면 될수록 점점 더 높은 곳으로 기어 올라가야 하고, 그들이 산소마스크를 해야만 공연할 수 있을 때까지 계속 올라간다. 뒤렌마트의 작품에서도 네부카드네자르 왕이 천상으로 돌진하여 신을 권좌에서 끌어내리려 한다. 그러나 탑의 가장 높은 플랫폼에서 그는 신이 아니라 수천 년 전에 자신과 같은 아이디어를 지녔고 거기서 무료함으로 원자들을 쓸고 있는 자신의 선배 왕 중 한 명을 발견한다. 그는 마음이 가벼워져서 네부카드네자르의 손에 빗자루를 쥐여 주고는 거기서 도망쳤다.

납처럼 무거운 신화를 경쾌한 동화처럼 이야기하는 것이 원래 성서에 아주 잘 어울린다.

카프카의 실낙원

우둔한 인간들은 자신을 창조주와 동급에 세우길 원했고, 하늘까지 이르는 높은 탑을 건설하려고 해서 신이 그들의 언어를 섞어버림으로써 그들을 벌했다. 성서 「창세기」(11장 1~9절)에 등장하는 이런 줄거리를 9개의 간단한 구절이 담고 있다. 그런데도 바벨탑 건설 이야기는 인류가 남긴 불멸의 신화에 속하는데, 아마도 이야기가 매우 꼼꼼하게 구성되어 있기 때문일 것이다.

구절 자체는 계단처럼 차례로 ("자, 성읍과 탑을 건설하여 그 탑 꼭대기를 하늘에 닿게 하여 우리 이름을 내고 온 지면에 흩어짐을

---

1   (Friedrich Reinhold Dürrenmatt, 1921~1990), 스위스의 극작가이며 화가.

면하자 하였더니", 4절) 정상까지 올라가고 있다. ("여호와께서 사람들이 건설하는 그 성읍과 탑을 보려고 내려오셨더라", 5절). 그 후 언어적으로 완벽하게 대칭적으로 내려가는 동작으로 다시 출구에 다다른다. ("자, 우리가 내려가서 거기서 그들의 언어를 혼잡하게 하여 그들이 서로 알아듣지 못하게 하자 하시고, 여호와께서 거기서 그들을 온 지면에 흩으셨으므로 그들이 그 도시를 건설하기를 그쳤더라", 7~8장). 이것은 어쨌든 위대한 문학 작품이다.

텍스트가 두 가지 다른 자료, 즉 언어 혼란이란 주제를 지닌 '도시 이야기'와 분산이란 주제를 지닌 '탑 건설 이야기'가 결합되어 있는지, 하나의 독자적인 이야기를 다루고 있는 것인지 아니면 성서 원 이야기의 극적인 결말을 다루고 있는지 등은 그리 중요하지 않다. 성서의 첫 부분에는 인간 고유의 본질, 지상에서 인간의 임무, 안전과 미래 등에 대한 인간의 존재론적 질문이 다루어지고 있다. 성서에서 인간이 실낙원을 도로 찾으려 시도하고 있는가? 프란츠 카프카[2]만이 이런 아이디어에 접근하고 있다.

> "언젠가 인간의 위대함에 적재되어 있었던 그 생각은 더는 사라
> 질 수 없다. 즉, 인간이 존재하는 한 바벨탑을 끝까지 건설하고
> 자 하는 강한 소망도 존재할 것이다."

모든 신화가 그러는 것처럼 탑 건설 이야기도 여러 문화에 등장한다. 어떤 부지런한 수집가는 탑 건설 이야기가 나오는 60개 이상의

---

2 (Franz Kafka, 1883~1924), 프라하 출신의 독일 작가.

전설을 수집하였다. 바빌론의 설형문자 기록에서 시작하여 그리스 시불라[3] 예언서들을 거쳐서 엄청난 목재 비계飛階를 다룬 아프리카 이야기와 '무너져서 여러 민족이 생성되게 되는 높은 집'을 다룬 브라질 성담에 이르기까지 수많은 전설에 탑 건설 이야기가 등장한다. 인간은 (그리고 특히 탑을 즐겨 건설하는 악령이나 거인까지도) 하늘에 도달하려는 시도에서 단 한 번도 성공하지 못했다. 항상 반복하게 되는 신들의 모티브가 흥미롭다. "너희는 흩어져서 지상의 모든 지역에 거주해야만 한다. 그 때문에 나는 너희들 사이에 불화의 씨앗을 뿌렸고 너희들은 서로 적이 되어야 한다!"라고 볼리비아 천상의 군주 티리Tiri는 말하고 있다.

그러나 탑 건설 신화는 뚜렷하게 구분되는 문화권, 즉 오늘날의 이라크인 메소포타미아에서 생성되었다. 그곳에는 옛날 어디서나 진흙 벽돌로 만들어진 계단 모양의 탑인 '지구라트'Zikkurat가 존재했다. '신들의 산'이 존재해야만 하는데, 왜냐하면 고대의 많은 지역에서처럼 산은 신성의 본거지로 여겨졌기 때문이다. 그러나 메소포타미아가 상당히 평평한 지역이기에 사람들은 인위적인 언덕을 쌓아 올리고 높은 탑을 건설하기 시작했다. 탑의 지붕에서 제사장은 신과 가까이 있음을 느낄 수 있었다. 그리고 밤에는 별과 가까이 있음을 느꼈다. 노련한 천문학자와 경건한 점성술사는 하늘로 치솟은 곳에서 신의 의지에 대한 정보를 주었던 별을 꾸준히 관찰했다. 그들은 놀라울 정도로 정확한 예측과 오늘날에도 통상적으로 사용되는 점성술의 별자리[4]를 남

---

3   아폴론의 신탁을 받은 고대 지중해 세계의 여성 예언자.
4   점성술의 별자리는 서양 점성술에서 양자리의 시작점이라고도 알려진 춘분점

겼다. 전사로서 행동에 목말라하는 것과 똑같이 건축주로서도 열정적이었던 네부카드네자르는 이런 마천루를 좋아했다. 물론 그는 간단한 실험을 하고 난 후에 비로소 '바벨 탑' 건설을 감행했다. 그는 바빌론 남쪽으로 15㎞ 떨어진 곳에 있는 보르시파에서 옛날 선배들이 지은 건축물 위에 지구라트를 짓도록 했는데, 이것은 유프라테스강과 티그리스강 사이의 지역인 메소포타미아에 있는 일곱 가지 다채로운 색상의 계단을 지닌 아주 독창적인 신의 산에 속한다.

(천구 적도와 황도의 교차점)에서 시작하는 황도의 30º 씩의 열두 개의 구간이다. 점성술의 별자리의 순서는 양자리, 황소자리, 쌍둥이자리, 게자리, 사자자리, 처녀자리, 천칭자리, 전갈자리, 사수자리, 염소자리, 물병자리, 물고기자리이다.

세계에서 가장 오래된 메트로폴리스

바빌론, '모든 도시의 어머니'이며 기적의 도시이고, '신에 의해 건설되어 주거지로 선택된 곳'이며, 동시대 연대기 기술자가 열광적인 찬사를 보내고 있듯이 '성스러운 도시, 생명과 지혜의 원천'이다. 토착민의 언어로는 신들의 문門을 의미하는 'Bab-ili', 히브리어로는 'Babel', 그리스어로는 'Babylon'이다. 최초의 진정한 메트로폴리스, 세계 모든 도시의 전형이다. 대략 16㎢ 크기의 이 기적의 도시는 황제 시대의 로마를 능가했다. 오늘날 메소포타미아의 중심에 있는 바그다드의 남쪽으로 80㎞ 지점에 있는 바빌론은 서부 터키와 남서부 이란 사이를 관통하는 '왕도'王途와 크테시폰에서 엑바타나로 가는 '코라산 도로'라는 고대 세계에서 가장 중요했던 두 도로를 통제하고 있었다. (5천 년 전부터) 수메르인과 (3천 년 전) 아카드인이 메소포타미아를 지배하고 있었을 때는 마리, 우르, 우룩과 같은 도시들이 번성하였고 바빌론에 대해선 언급이 없었다. 왕이며 법률 제정자였던 함무라비의 통치하에서(기원전 17세기) 바빌론은 처음으로 세계 제국으로 발돋움하지만, 후에 히타이트인, 엘람인, 아시리아인에 의해 정복당하여 억압받는다. 이런 전쟁 군주 중 한 명의 배우자로 아시리아 출신 세미라미스라는 부인이 있었다. 그녀는 바빌론에 거주하며 여기에 유명한 '공중 정원'을 건설하였다.

2백 년 후 바빌론 왕 네부폴라사르는 아수르와 니네베를 파괴했고, 그의 아들 네부카드네자르 2세(기원전 602-562)는 바빌론을 마침내 세계 정치의 무대로 복귀시켰다. 신에게 순종하며 다른 민족에게 힘을 과시한 그는 이집트를 지나 레바논까지 이르는 제국을 건설했다. 그는 기원전 587/86년에 이집트와 동맹을 맺은 유다를 쳐부수었으며 유대의 사원이 있는 예루살렘을 불태워 버렸고 수천 명의 유대인을 '바빌론에 잡아두기' 위해 데려갔다.

그러나 그는 자신의 수도를 세계에서 가장 아름다운 도시로 만들었다. 24개의 주도로에는 궁전들이 줄지어 늘어서 있고 유프라테스강을 따라서 항상 활기에 넘치는 항구로 여유롭게 산책할 수 있었다. 오늘날 학자들의 확신에 따르면 '공중 정원'도 네부카드네자르가 고향의 산악 지형을 그리워했던 이란 출신의 부인을 위해 처음 고안했다.

18km 길이의 도시 성벽을 따라서 네 마리 말이 이끄는 두 대의 전차가 나란히 달릴 수 있었다. 주요 신들을 모신 43개의 사원과 도로 모퉁이에 자리 잡은 수많은 제단에는 거의 매시간 제물이 제공되었다. 가장 중요한 성전은 도시의 신인 마르둑을 모신 곳이었고, '에사길라'(Esagila, '자신의 군주를 높이 숭배하는 집'이라는 의미)라는 이름을 지녔다.

> "은, 금, 값비싼 보석, 동, 히말라야 삼나무 목재, 생각할 수 있는 값비싼 모든 것, 산의 소유물, 바다의 재화, 풍성한 선물 등을 나는 나의 도시 바빌론으로 가져갔고, 도시의 지배자가 거주하는 궁궐인 에사길라에 엄청난 양을 보관시켰다. 나는 신들의 주군인 마르둑의 방을 태양처럼 빛나게 만들었다. 나는 방의 벽을 많은 양의 금으로, 사원의 방을 돌과 설화석고로 치장시켰다."
> (네부카드네자르 2세)

바빌론에서 한 해의 절정은 11일간 지속하는 새해 축제였다. 에사길라 사원에서부터 24m 넓이의 축제 행렬 도로를 지나서 지상에서 가장 아름다운 문으로 간주할 수 있는 화려한 문을 통과해서 도시 외곽에서 벌어지는 즐겁고 열광적인 향연으로 이어지는 길에 마르둑 신의 장엄한 돌 조각상들이 늘어서 있었다. 푸른색으로 니스가 칠해진 벽돌에는 우아하게 발돋움하는 사자, 빠른 걸음으로 내딛는 황소, 위험스럽게 혀를 날름거리는 비늘이 달린 용, 성스러운 동물들이 신들을 향해 반짝이고 있었다. 에나멜 색으로 그려진 총 575점의 그림들이 빛나고 있었다. 독일의 고고학자 로베르트 콜데바이[5]가 사막의 모래에서 가져와 수많은 벽돌 조각으로 원래 모습 그대로 다시 제작된 '이시타르-문'은 오늘날 베를린 페르가몬 박물관의 화려한 전시물이다.

> "1897년 6월 3일과 4일 바빌론에서의 나의 첫 번째 체류 그리고 1897년 12월 29일에서 31일까지 두 번째 방문에서 나는 에나멜 색의 많은 벽돌 부조물 파편을 보았는데, 그중 몇 개를 베를린으로 가지고 왔다. 이 벽돌들의 독특한 아름다움은 세계 제국의 수도 바빌론을 발굴하는 데 결정적으로 이바지했다." (로베르트 콜데바이)

---

5   (Robert Koldewey, 1855~1925), 독일의 건축가, 건축 연구가, 근동지역 고고학자. 현대 고고학 건축연구의 창시자.

탑 플래토에서 행해지는 매춘

마르둑 사원은 네부카드네자르에 의해 복구되고 완성된 수도 바빌론의 첫 번째 상징물이었다. 두 번째 상징물은 마찬가지로 사원 구역에 있는데, 지구라트[6] '에테메난키'(하늘과 땅을 건설하기 위한 초석으로 이루어진 집), 즉 바벨탑이었다. 탑은 90m 높이로 점토를 구워 지었는데 1천 7백만 개의 벽돌을 사용하였다고 한다. 전면에 한 개의 계단과 측면에 두 개의 계단이 가장 높은 층에 있는 마르둑의 신혼집으로 인도했다. 이 집은 황금과 푸른색 니스가 칠해진 벽돌로 만들어졌는데 순례자나 사업차 여행하는 사람들이 멀리서도 볼 수 있었다.

> "바빌론의 성역 가운데 견고한 탑이 건설되는데, 탑 위에 또 하나의 탑이 세워지고, 총 8개의 탑이 이런 식으로 층층이 세워진다."

> "가장 높은 탑 위에는 휴식용 침대가 있는 사원이 있다. 거기서 바빌론에서 온 어떤 부인이 밤을 보내는데, 신이 그 부인을 바빌론의 모든 부인 중에서 선택했었다. 제사장이 이야기하길, 신이 직접 사원으로 오셔서 휴식용 침대에서 그녀와 동침하였다. 그러나 그것은 그렇게 믿을 만한 이야기는 아니라고 생각한다."
> (헤로도토스: 『역사』)

그리스의 역사 서술가 헤로도토스[7]의 말이 옳다. 어지러울 정도로

---

6   진흙 벽돌로 만들어진 계단 모양의 탑.

높은 바벨탑의 꼭대기에서 고대 동양 문화에서 많이 알려진 지상의 여인과 신의 '성스러운 결혼식'이 정말 거행되었는지, 바빌론 사원에서 매춘이 존재했는지, 혹은 바빌론의 여성이면 누구나가 ㅡ헤로도토스가 그리스의 아프로디테로 재인식했던 번식의 여신 밀리타의 이름으로ㅡ 인생에서 한 번은 낯선 자와 잠자리를 가져야 한다는 주장을 헤로도토스가 다른 지역으로 무책임하게 퍼뜨렸는지, 그리고 예쁘지 않은 여성들은 수년 동안 한 명의 경건한 구혼자를 기다려야만 하는지, 이 모든 것이 아주 불확실하다. 헤로도토스는 고원高原의 숫자에 대한 잘못된 정보에서 알 수 있듯이 많은 것을 단지 들어서 알게 된 것으로 보인다.

천재 고고학자 콜데바이가 20세기 초에 기념비적인 탑의 옹색하기 그지없는 잔재만을 찾아내었다는 사실은, 대형 하천이 보통 그러듯이, 고대에 이미 여러 번 강줄기의 진로를 바꾸었던 유프라테스강의 봄 홍수에 기인했을 것이다. 기원전 6세기 혹은 5세기 페르시아 왕조 시대 그 언젠가 유프라테스강은 강둑을 넘어 견고한 도시 성벽도 파괴할 정도로 범람했을 것이다. 이것이 아마 탑을 흔들리게 했고, 최소한 탑의 견고함에 지속해서 영향을 주었을 것이다.

홍수와 같이 퍼붓는 비가 ㅡ이런 비는 수백 년 동안 반복되어 나타나는 기후 현상이다ㅡ 내린 후 땅속으로 스며드는 물은 남아 있던 탑의 점토를 서서히 파괴했다. 기원전 482년에 페르시아인 크세르크세스[8]는 ㅡ정확히 알려진 것은 없는데ㅡ 저항하는 바빌론 사람들을

---

7   (Herodot, 기원전 490/480~430/420), 고대 그리스 역사 서술가,
8   (Xerxes I. 기원전 519~465), 페르시아 제국 아케메네스 왕조의 황제로 기원전

굴복시키기 위해 마르둑 사원과 지구라트를 완전히 파괴했다. 기원전 330년경 알렉산더 대왕이 바빌론으로 왔을 때 그는 어쨌든 산더미같이 쌓인 쓰레기더미에서 마천루 바벨탑의 잔재를 찾아내었다.

알렉산더는 재건을 위해 전군을 동원했는데, 왜냐하면 바빌론을 자신이 정복한 동양 지역과 그리스를 통합하는 세계 제국의 수도로 만들려고 했기 때문이었다. 그러나 알렉산더는 죽었고, 바빌론은 지방 도시로 몰락하였으며 바벨탑은 계속 붕괴하였다. 바벨탑 주변에 거주하는 마을 주민들은 집 건축을 위해 탑의 벽돌을 사용하였다. 이런 사실은 로베르트 콜데바이가 네부카드네자르의 이름이 새겨진 벽돌을 주민의 집에서 발견한 데 기인한 것이었다. 또한, 현대의 유프라테스강 제방은 많은 부분이 전설적인 탑의 잔재로 건설되었다.

'바빌론 창녀'의 교만

바벨탑 이야기가 인간의 오만과 출세욕을 경고하기 위해서 기록되었다는 널리 유포된 견해는 회의에 찬 신의 언급 "이후로는 그 하고자 하는 일을 막을 수 없으리로다"(「창세기」 11장 6절)에 기인한다. 조롱하는 듯한 언어 유희가 성서에 이어져 기록되어 있다.

485년부터 기원전 465년까지 페르시아를 통치했다. '크세르크세스'라는 이름은 고대 페르시아의 왕위를 그리스식으로 표현한 것으로 그 뜻은 '영웅들의 지배자'라는 뜻이다.

"그러므로 그 이름을 '바벨'Babel이라 하니 이는 여호와께서 거기서
'온 땅의 언어를 혼잡하게'balal 하셨음이니라." (『창세기』 11장 9절)

홍수라는 의미를 지닌 히브리어 단어 '마불'mabul을 추가로 끌어들이
는 것은 단순히 의심스러운 어원에 기인한다. 왜냐하면, 도시의 아카
드 이름인 '밥-일리'Bab-ili는 우리가 이미 알고 있듯이, '신들의 문'을 의
미하지 '혼란'을 의미하지는 않기 때문이다. 그러나 여기서 이런 파생
이 100% 확실하지는 않다.

유대의 미드라시는 오만을 보이면 벌을 받게 된다는 전통을 권력자
이며 훌륭한 사냥꾼인 님로드Nimrod 이야기와 결합했다. 그는 바빌론
제국의 건국자로 알려져 있으며 무모한 탑 건설을 처음으로 기획한
자이기도 했다. 님로드가 신에 대항하는 전쟁을 치르기 위해 결국에
는 하늘로까지 올라갔다는 것이다! 이슬람 전설들도 그의 승천을 기
록하고 있지만, 아브라함 신에 대한 경건한 호기심이 승천의 이유라
고 설명한다.

탑 건설 이야기를 인간의 오만과 죄로 연결한 것은 어쨌든 성서의
해석이나 신학사에서 의심할 바 없는 명백한 사실로 보였다. 탑 건설
이야기는 낙원의 금지된 과일을 따 먹은 것에서 시작하여 아벨의 형
제 살인을 거치고 대홍수에 이르기까지 세계사에서 증가하는 죄의 힘
을 인식하게 하였고 신의 처벌을 요구하는, 소위 '여호와의 태초 이야
기'의 종점으로 여겨졌다. 여기에 정신적이며 종교적 사항에 심취한
인간의 경우, 기술에 대한 혐오감 그리고 부도덕과 단정치 못한 행실,
신앙이 없음, 자유로운 탈선 등의 본고장으로서 도시에 대한 적개심

이 추가된다. 그들 모두는 '바빌론 창녀'(「요한계시록」 17장 5절)에게 저주를 퍼부었다. 그럼으로써 「요한계시록」은 세계권력 로마가 -사보나롤라[9]와 루터에게는- 교황의 로마를 의미하며, 알브레히트 되블린[10](『베를린 알렉산더플라츠』)과 같은 문학가에게는 현대의 대도시를 의미하고 있음을 보여준다.

그러나 많은 질문이 여전히 해결되지 않은 채 남아 있었다. 분노의 신이 주지하다시피 어떤 경계도 알려고 하지 않은 자신의 피조물을 보호한다면 결국 인간의 자비로운 친구로 그 정체가 밝혀지는가? 신은 낙원에서 추방된 죄인이 추위에 떨지 않도록 자상한 보살핌으로 직접 모피 옷을 만들어주지 않았던가? 그리고 형제 살인자 카인을 피의 복수로부터 보호할 목적으로 그의 이마에 징표를 남기지 않았던가? 그리고 대홍수 후에 노아가 지상에서 더는 벌을 받지 않도록 그에게 약속하지 않았던가?

바벨탑 이야기에서는 왜 신의 형벌 혹은 보호 조처가 '다른 사람의 언어를 더는 이해하지 못하도록'(「창세기」 11장 7절) 인간의 언어를 혼란에 빠지게 만든다는 것으로 구성되어 있는가? 언어가 '이성의 소리'에 귀 기울이고 영리한 의사소통으로 조심스럽게 순종으로 나아가게 인간을 도울 수는 없었던가? 나라와 문화의 경계를 넘어서는 인간 공동의 '태초 언어'가 그렇지 않아도 전문 학자들 사이에서 격렬한 논쟁의 대상이다.

따라서 바빌론의 탑 건설자의 죄는 무엇이었던가? 아니면 죄는 질

---

9 (Savonarola, 1452~1498), 이탈리아의 도미니쿠스회 수도사, 설교가, 종교개혁가.
10 (Alfred Döblin, 1878~1957), 독일의 작가.

투심 많고 독재적인 성격으로 비교적 진부한 것으로 이해되는 신에게 있었던가?

아주 다르게 해석할 수는 없는 걸까? 신의 탄식 '이후로는 그 하고 자 하는 일을 막을 수 없으리로다'(11장 6절)가 기쁨에 찬 경탄으로도 해석될 수는 없는가? 신이 자신이 만든 피조물의 독창적인 에너지에 대해, 아버지가 아들을 대하는 것처럼, 경탄하고 있는가? 유대의 신비 주의는 신이 영리한 신학자들의 논쟁을 따라가는 즐거움에 관해 서술 하고 있다. 어쨌든 종국에는 즐겁기 그지없는 고백이 간혹 등장한다. "내 자식이 나를 이겼구나!"

우아한 바빌론 사람들의 자의식은 그 나름의 좋은 근거를 지녔다. 그들의 사치스러운 삶, 도시 문화, 평지에서 하늘과 같이 높은 탑을 쌓아 올리려는 아이디어 등이 그 근거이다. 하늘에 닿을 것 같이 높은 탑을 건설하는 것은 신이 자신들 곁에서 거주할 수 있도록 하기 위함 이었다. 이 모든 것이 시기심과 유목민의 놀라움을 자극했음이 틀림 없었다. 벽돌을 발명하고 벽과 지붕을 타르로 메우는 것이 도대체 무 슨 죄였던가? 종래 사용했던 진흙 벽돌이 천둥 번개와 억수 같은 비에 오래 유지될 수 없었기에 오늘날 이런 기술이 생태학적으로 모범이 되는데도 말이다. 자연으로부터 해방되려 시도하는 것이 항상 죄인 가, 아니면 최소한 죄짓기를 유혹하는 것인가?

오만함이었던가, 아니면 '그 꼭대기가 하늘에 닿는'(「창세기」 11장 4절) 탑을 건설하는 것이 신에 대한 공격이었던가? 동양의 상형문자 를 이용한 언어에서 단순히 '힘차게 높이, 아주 높이'라는 표현이 도대 체 무슨 의미를 지니는가? 여기서 천상의 권력과 결탁하려는 갈망,

의사소통의 시도, 그리고 그리스도교의 교회 탑과 하늘로 치솟은 대성당처럼 돌처럼 냉정한 기도를 엿볼 수는 없는가? '신들의 문'은 아카드어의 이름 '바빌론'으로 번역되는데, 거기에는 매우 신학적인 요소가 숨어 있다. 그렇다면 심판으로 가는 출발 신호로 이해되는 신의 출현도 ―'여호와께서 내려가신다'라고 루터가 극적으로 표현하고 있다― 흥미로운 검열 여행으로 해석될 수 있다.

> "여호와께서 사람들이 건설하는 그 성읍과 탑을 보려고 내려오셨더라." (『창세기』 11장 5절)

호기심, 인정, 연대감, 도움 제공 등이 여기서 관찰될 수 있다. 신이 자기 민족에게 간다면 성서적 이해에 따라 행동할 것인데, 왜냐하면 신은 도움의 외침을 듣거나 아니면 벌을 내리지 않기 위해 혹은 멸망시키지 않으려고 그들과 언약을 맺으려 하기 때문이다.

다양성이 중심주의보다 낮다

텍스트와 그 안에 담긴 이야기를 자세히 살펴본다면 아마도 바빌론의 언어 혼란보다는 성서의 언어 혼란으로 해석하는 것이 가능할 것이다. 성서뿐만 아니라 고대의 많은 신화에서는 바벨탑 이야기에서도 전래 버전과 해석의 실마리들이 여러 갈래로 나누어질 수 있다. 가장 오래된 버전은 단순히 좌절된 건설 프로젝트를 반영하고 있다. 어떤 대왕은 (아마 722년 북부제국 이스라엘의 수도 사마리아를 정복했던 아시리아의 사르곤 2세일 것이다) 이런 건설 프로젝트로 자신의 '이름을 알리고자'(『창세기』 11장 4절) 했고, 자신에 의해 정복당한 민족을 노예와 섞어 하나의 민족으로 묶길 원했다.

100년이 지난 뒤 '바빌론 유수' 시기의 유대인 제사장과 연대기 작가들은 눈앞에 펼쳐져 있는 승자의 지구라트에 관한 글을 썼으며, 정복자에게 복수하고 자신의 정체성을 지키며 고집스럽게 신이 힘없는 자와 함께 하며 지배자의 오만한 계획을 좌절시킬 것이라는 소식을 알리기 위해 계속 역사를 기술했다. 이제 바빌론과 메소포타미아의 문화국에서 '시나이 평지'(『창세기』 11장 2절)가 집중적으로 언급되었다. 그리고 사르곤의 건설 프로젝트에 대한 역사적 정치적 정보는 신화적 이야기가 되었다.

> "우리는 바벨론의 여러 강변에 앉아서 시온을 기억하며 울었도다. 그 중의 버드나무에 우리가 우리의 수금을 걸었나니."
> "딸 바벨론, 멸망할 자여! 네가 우리에게 행한 대로 네게 갚는 자가 복이 있으리로다." (『시편』 137장 1~2절, 8절)

기원전 5세기 페르시아 지배 시기에 성립된 세 번째 버전은 온 세상으로 '흩어지는 것'에 대한 두려움은 인간의 오만이라는 모티브로 발전했다. 망명자 일부는 예루살렘으로 돌아갔고, 다른 일부는 바빌론에 남아서 상업에 종사했고 낯선 문화에 적응하였다. 그리고 이제 탑 이야기의 마지막 작가 혹은 편집자는 언어와 민족의 다양성이라는 긍정적인 면을 찾게 되었고 이런 평가를 신에게 전달했다. 다양성은 편협한 (민족적인?) 중심주의보다 신의 마음에 더 들며 의사소통을 위한 노력은 (종교적인?) 특수 언어에 대한 고집보다도 더 많은 기쁨을 신에게 준다.

그렇게 본다면 '언어 혼란'은 해방을 의미하는 소식을 내포할 수 있을 것이며, 신은 탑 이야기에 나타나는 -기술적 발전에 인간의 척도를 매기는- 의사소통의 문화를 선호하게 될 것이다.

문화사에서 이런 식의 해석은 거의 나타나지 않았다. 바빌론에서 우리는 계속해서 신에게 불경한 몰록[11]과 인간의 오만함을 상징하는 암호를 보았다. 20세기에도 그 옛날 망명지의 이스라엘인처럼 끌려간 노예의 후손인 자메이카의 라스타파리안[12]들은 〈바빌론의 강〉Rivers of Babylon이란 제목의 노래를 불렀는데, 여기서는 신이 없는 바빌론을 백인으로, 그리고 무솔리니가 에티오피아를 식민지로 만들고 라스타파리안의 구세주인 하일레 셀라시에 황제[13]를 내쫓았을 때 그에게 저항하지 않았던 교황으로 생각했다. 후에 팝 그룹 보니 엠[14]은 이 저항의 노래를 대수롭지 않게 여기며 디스코 유행가로 만들었다.

화가와 그래픽 예술가들은 수 세기 동안 6백 번 이상 바벨탑 건설을

---

11 고대 암몬인의 신이다. 몰록은 가나안과 페니키아에서 숭배되었으며, 북아프리카 및 레반트 문화와 연관이 있다. 소의 머리를 가지고 있으며, 어린아이를 불태워 바치는 인신 공양 제의가 행해졌다고 한다. 「신명기」와 「레위기」에서 몰록이 언급되며, 유대교 및 그리스도교에서는 악마로 취급되었다.
12 (Rastafaris), 1930년대에 자메이카에서 시작된 신흥 종교 운동을 믿는 사람이다. 그들은 머리털을 꼬아서 길게 늘어뜨린 드레들록(dreadlock)의 모습으로 알아볼 수 있고, 대마초(그들의 말로는 간자(ganja))의 사용과 레게 음악의 창시자로 알려져 있다.
13 (Haile Selassie, 1892-1975), 에티오피아의 마지막 황제
14 (Boney M.), 1970년대 국제적으로 성공한 독일의 팝 그룹, 〈바빌론의 강〉 등 많은 인기곡을 발표함.

묘사했다. 오만한 프로젝트가 좌절된 것으로 보이는 건설 공사 현장의 묘사가 대부분이다. 오늘날 빈에 있는 피터르 브뤼헐 시니어15의 기념비적인 유화(1563)가 가장 많이 알려져 있다. 이것은 위험스럽게 기울어진 탑을 묘사하고 있는데 구석에는 몇 명의 건설 노동자와 쳇바퀴를 돌고 있는 햄스터도 보여주고 있다. 예술가들이 프라하의 벨리스바브Welislaw 성서(1340)의 장인처럼 노골적으로 그 메시지를 전달하려고 시도하는 경우는 드물다. 신이 직접 엄청나게 큰 집게를 이용하여 탑의 벽을 흔들고 있고, 천사의 강력한 손이 10여 명의 노동자를 건물 구조물로부터 떼어내고 있다.

문학가들은 일반적으로 신화를 독창적으로 기술한다. 베르트 브레히트16는 고삐 풀린 자본주의로 인해 오염된 도시 마하고니에 바빌론(그리고 베를린)의 특징들을 부여하고 그 도시가 모욕을 받은 신이 아니라 자살한 인간에 의해 파괴되게 만든다. 로제 아우스렌더는 언어의 다양성인 동시에 무無언어성으로 인해 파괴된 대도시를 경악스럽게 그리고 있다. 크리스타 볼프17는 인간이 우주로 쏘아 올린 로켓 발사, 연구용 인공위성, 무기 공장, 핵발전소 등 그 기술이 더는 통제될 수 없는 것들을 새로운 종류의 바벨탑으로 간주하고 있다.

뮌헨의 지방법원 판사이며 작가인 헤르베르트 로젠도르프18는 탑을 올리기 위해 ─ 그리고 결국 하늘에 도달해서 신에게 '인간은 자신

---

15 (Pieter Bruegel der Ältere, 1525/1530~1569), 네덜란드 르네상스의 화가.
16 (Bertolt Brecht, 1898~1956), 독일의 극작가, 시인.
17 (Christa Wolf, 1929~2011), 독일의 작가.
18 (Herbert Rosendorfer, 1934~2012), 독일의 법조인, 작가.

이 만들 수 있는 모든 것을 만들 필요는 없다'라는 교훈적인 쪽지를 받기 위해 3주라는 시간이 필요했던 네부카드네자르 왕에 대해 익살스럽게 서술하고 있다. 네부카드네자르는 이 쪽지를 받고 바벨탑을 다시 허물게 한다. 그러나 세계사의 흐름에서 알 수 있듯이 이 쪽지는 분실되었다는 내용이다.

미래는 열려있다. 바빌론의 언어 혼란이 압도적인 그림 문화에 직면하여 더는 존재하지 않는 과거라면 그림, 상연, 인상 등은 어느 경우에나 단어로 대체할 수는 없는가? 혹은 이미 언어라면, 다양성, 자유, 창조적 의사소통이 궁극적으로 연대감과 착취라는 완전히 새로운 차원으로 지구를 연결하고 있는 PC와 인터넷의 전자적 통일언어에서 벗어나야만 하는가?

혹은 탑 건설에 대한 반反역사를 여전히 예루살렘 오순절의 기적으로 간주하는가? 신을 향한 동경으로 인간의 마음속에 자리 잡고 다른 이가 말하는 것을 누구나가 이해하도록 애쓰는 '불의 혀와 같은 혀'(「사도행전」 2장 3절)인가? 의사소통, 이해, 그리고 분산이나 강권 정책 대신에 공감하는 능력인가? 자신들의 경험과 비전을 공유하는 인간은 통일된 언어가 필요한 것이 아니라 상호 간 솔직함이 필요했는가?

> "하나님이 말씀하시기를 말세에 내가 내 영을 모든 육체에 부어 주리니 너희의 자녀들은 예언할 것이요 너희의 젊은이들은 환상을 보고 너희의 늙은이들은 꿈을 꾸리라." (「사도행전」 2장 17절, 베드로의 오순절 설교)

5. 모세가 십계명을 썼는가?

히틀러는 '시나이 저주로부터의 해방'을 약속했고, 토마스 만은
'인간 행동의 ABC'를 선전하였다. 작은 유목민 부족의
캠프파이어에서 시작되었던 것이 세계의 윤리가 되었다.

"나는 너를 애굽 땅, 종 되었던 집에서 인도하여 낸 네 하나님 여호와니라."
(「출애굽기」 20장 2절)

세실 B. 드 밀러의 할리우드 졸작 〈십계〉를 본 사람은 (학생으로 경외심을 품고 감격하며 관람했든지, 아니면 후에 성인이 되어서 1956년 그런 하잘것없는 표로 영화 관람객에게 깊은 인상을 줄 수 있었던 것에 대해 놀라움을 금치 못했든 간에) 그 누구도 엄청난 물량(14,000명의 엑스트라, 15,000종의 동물)이 투입된 과장된 장면과 연극적인 대사를 잊지 못할 것이다.

이집트 군대가 홍해에서 패배하는 것만 봐도 놀랍기 그지없다. 단지 밀물의 갈라짐을 극적으로 화면에 옮기기 위해 3십만 리터의 물을

그림 5 : 데칼로그, 스위스 리게르츠 교회

담을 탱크를 만들어야만 했다. 그리고 또 한 장면이 머리를 떠나지 않는데, 시나이산에서 모세(찰턴 헤스턴)와 신 (오프 상태에서 울리는 베이스 음성) 사이에 아주 사적으로 대화하는 장면이다. 귀를 마비시키는 굉음 속에서 불타는 혜성 꼬리가 어두운 하늘에서 바위로 떨어진다. 십계명이 손에 잡을 수 있을 정도의 크기인 두 개의 판에 깨끗하게 새겨진다.

물론 그것은 그렇게 간단하지는 않았다. 모세에게 오늘날 우리가 알고 있고 외울 수도 있을 정도로 익숙한 10개의 문장을 정확하게 말해 주었던 하늘의 천둥 음성은 없었다.

'이스라엘 민족' 또한 아직 존재하지 않았다. 성서가 호언장담하게 언급한 것은 기껏해야 건축에 종사하는 작은 히브리인 무리에 지나지 않았다. 그들은 힘든 피라미드 건설에 염증을 느껴 비밀리 이집트에서 도망가길 원했다. 그리고 사막을 가로질러 방랑하는 모든 유목민은 어떤 부족이라도 자신만의 신을 가지고 있었다는 사실은 아주 보편적인 것으로 보인다. 유일한 창조자이며 모든 인간의 아버지에 대한 믿음은 후에 서서히 형성되었다.

유목민 부족들에서 공동생활을 유지하고 종교적인 신앙고백을 정립하기 위한 규칙은, 예컨대 전체 이스라엘 민족의 율법 그리고 후에 세계 종교의 윤리적 기본 프로그램이 생성될 때까지 서서히 그리고 점진적으로 발전되었다. 이것은 아주 매력적인 이야기이다. 오늘날 세계 윤리의 기본 문안으로 간주하는 것이 작은 유목민 부족의 캠프파이어와 텐트에서 시작되었다.

"이 어리석은 사막의 신이여!"

"내가 계명에 새로운 법률 표를 제시할 날이 올 것이다. 그리고 역사는 어느 날 우리의 운동을 인류의 해방을 위한 위대한 전쟁으로, 그리고 시나이산 저주로부터의 해방으로 인정하게 될 것이다. (......) 그 때문에 우리는 강자로부터 약자를 보호하라고 요구하는 소위 도덕의 저주 (......), 소위 계율에 대항하여 싸운다."

"아, 사막의 신, 이런 미치고 어리석으며 복수심에 가득 찬 폭군이여 (......)! 이런 악마적인 명령 '너는 ~ 해야 한다, 너는 ~ 해야 한다'라니. 그러면 이런 어리석은 명령 '너는 하지 말아야 한다!' 우리의 피에서 이런 시나이산의 저주가 궁극적으로는 사라져야만 한다!"

위와 같이 히틀러는 지지자 모임에서 언급했다. 히틀러의 연설을 직접 청취한 이가 그의 선동을 다음과 같이 기록했다.

"적은 수의 기호로 어떻게 민족의 모든 언어가 지닌 어휘가 필요할 때마다 쓸 수 있는지, 그리고 여호와가 어떻게 모든 곳에서 세계의 신이 되었는지, 모세에 의해 쓰였다고 생각되는 것은 지상의 민족들 간에 어디서나 인간이 지녀야 할 예의범절의 기본 사항이며 표석으로 사용해야 한다는 식으로 또한 요약된 것이었다."

토마스 만은 10년 후 미국 망명 시절에 십계명의 탄생과 인간 존엄성의 선언으로서의 그 의미를 소설식으로 장황하게 다음과 같이 서술하고 있다. 모세가 십계명을 돌판에 새기고 아무도 그것을 간과할 수 없도록 자신의 피로 십계명을 채색한다. 성서와는 달리 토마스 만의 작품에서는 모세가 '인간 행동의 ABC'를 밝힌 십계명의 타당성에 이의를 제기하는 이들에게 몹시 화를 낸다. 이것을 독일에 적용해 보면 히틀러에 대항하는 것으로 비유될 수 있다.

> "그때 일어서서 '그것은 더는 유효하지 않다'라고 말하는 사람을 저주하라. 너희들에게 '일어서라, 그리고 십계명을 지키지 마라! 거짓말하고, 살인하고, 약탈하며 간음하고 모독하며 네 부모를 배신하라. 왜냐하면, 그것이 인간에게 어울리기 때문이다. 너희는 자유라고 내가 선언했기 때문에 너희는 나의 이름을 칭송해야 한다'라고 가르치는 사람을 저주하라.
> (......) 신과 인간 사이에 맺은 언약에 대해 그는 아무것도 모른다. 그 언약은 아무도, 즉 인간과 마찬가지로 신도 깨트릴 수 없는데, 왜냐하면 그 언약은 범할 수 없기 때문이다. 인간의 어리석음으로 인해 피가 내처럼 흐를 것이다. 홍조가 어쩔 수 없이 인간의 뺨에서 사라지게 되는 피가 악당의 마음에 들었음이 틀림없다."

히틀러와 같은 폭군은 십계명과 싸워야 했으며, 토마스 만과 같은 인권의 옹호자는 십계명을 지지한다. 십계명은 태초부터 존재하고 있는 인간의 도덕적 의식이다. 십계명은 대혼란이 발생하지 않도록 인간이 어떻게 다른 인간, 자연, 낯선 생명체에 대해 처신해야 하는지를 밝힌 시대를 초월한 표식이다. 「슈피겔」지가 규정집으로서의 십계명을 부활시켰다.

"십계명은 인간이 남긴 문화적 기념물에서 가장 값비싼 보석에 속한다. 솔직하게 요구하는 메시지를 지닌 태초의 이야기 십계명은 어느 날 우주에서 내려온 혜성처럼 인류에게 왔고 계속 찬란하게 반짝이고 있다."

성서학자와 철학가들은 십계명을 '데칼로그'라고 말한다. 이것은 그리스어 'deka logoi'인데 '열 개의 단어'를 의미한다. 열 개의 문장이 정확한 의미일 것이다. 구약성서에는 이 문장들이 신과 자기 민족 간에 맺은 언약을 거듭 확인해 주고 있으며, 언약의 규정을 요약하고 있다.

십계명이 어떻게 인간에게 왔는지에 대해서 성서는 매우 극적인 배경으로 서술하고 있다. 모세는 이스라엘 민족을 수십 년에 걸친 이집트에서의 노예 생활에서 끄집어내어, 언약의 땅을 향해 사막을 가로질러 인도했다. 처음에 구름기둥 내지는 불기둥으로 자기 민족을 선도했던 신은 3개월 후 다시 나타날 것을 예고한다. 즉, 그는 시나이 산으로 내려와 모세와 이야기해서 이스라엘 민족에게 자신의 계율을 알릴 것이다. 「출애굽기」에 나오는 그 부분을 인용해 보자.

"아침에 우레와 번개와 빽빽한 구름이 산 위에 있고 나팔 소리가 매우 크게 들리니 진중에 있는 모든 백성이 다 떨더라. 모세가 하나님을 맞으려고 백성을 거느리고 나왔다. (......) 시나이산에 연기가 자욱하니 여호와께서 불 가운데서 거기 강림하심이라. (......) 모세가 말한즉

하나님이 천둥의 음성으로 대답하시더라." (『출애굽기』 19장 16~18절)

위험하기 짝이 없는 장면이다. 산이 움직이며 연기가 솟아오르고 신이 불 속에서 내려오셔서 천둥소리로 변덕스러운 민족을 인도하고 있는 모세와 이야기한다. 신이 이 민족을 선택했고 그들을 고집스러울 정도로 충실히 지켜준다.

"나는 너를 애굽 땅, 종 되었던 집에서 인도하여 낸 네 하나님 여호와니라. 너는 나 외에는 다른 신들을 네게 두지 말라. 너를 위하여 새긴 우상을 만들지 말라. (......) 너는 네 하나님 여호와의 이름을 망령되게 부르지 말라. (......) 여호와는 그의 이름을 망령되게 부르는 자를 죄 없다 하지 아니하리라. 안식일을 기억하여 거룩하게 지키라. (......) 네 부모를 공경하라. (......) 살인하지 말라. 간음하지 말라. 도둑질하지 말라. 네 이웃에 대하여 거짓 증거가 되지 말라." (『출애굽기』 20장 2~16절)

"여호와께서 모세에게 이르시되 너는 산에 올라 내게로 와서 거기 있으라 네가 그들을 가르치도록 내가 율법과 계명을 친히 기록한 돌판을 네게 주리라." (『출애굽기』 24장 12절)

수백 년 동안 이어져 온 전승의 얼개

십계명이 시대를 초월해 적용되는 인간 윤리로 하늘에서 떨어진 것이 아니라 아주 분명한 역사적 문맥에서 생성되었다는 사실은 이것이 다수의 변형된 형태로 전승됐다는 사실에서 이미 알아챌 수 있다.

내용이 완전히 일치할 수도 있고 많은 부분을 공유할 수도 있지만, 이야기의 구조는 다양하다.

위에 인용된 「출애굽기」 버전에는 십계명이 시나이산에서 여호와의 출현이라는 공적인 신 체험에 삽입되어 있다. 「신명기」에 기록된 다른 버전은 계율 텍스트를 모세가 후에 자신의 이스라엘 민족 앞에서 행하는, 교육적으로 표현된 연설에 첨부한다. 여기서는 시나이산이 아니라 호렙산이 언급되어 있다.

> "이스라엘아 오늘 내가 너희의 귀에 말하는 규례와 법도를 듣고 그것을 배우며 지켜 행하라. 우리 하나님 여호와께서 호렙산에서 우리와 언약을 세우셨나니. 이 언약은 여호와께서 우리 조상들과 세우신 것이 아니요, 오늘 여기 살아 있는 우리, 곧 우리와 세우신 것이라. 여호와께서 산 위 불 가운데에서 너희와 대면하여 말씀하시매, 그때 너희가 불을 두려워하여 산에 오르지 못하므로 내가 여호와와 너희 중간에 서서 여호와의 말씀을 너희에게 전하였노라. 여호와께서 이르시되, 나는 너를 애굽 땅, 종 되었던 집에서 인도하여 낸 네 하나님 여호와라." (「신명기」 5장 1~6절)

그리고 등등. 어떤 버전이 더 오래되었느냐는 전문가들의 논쟁은 오랫동안 결론을 짓지 못했다. 오늘날 성서해석학자들은 각각의 문학적 문맥과 추후의 성서적 계율 수집과의 관계로 데칼로그를 삽입하는 데 흥미를 두고 있다. 오랫동안 모든 문제가 여전히 해결되지 않고 있다. 텍스트의 많은 부분, 예컨대 '그가 그들에게 말했다'라는 문장에서 그는 모세인가 아니면 신인가? 등과 같이 불명확하게 전승된 점이 문제를 양산하고 있다. 그리고 오랜 기간에 걸쳐 전승된 또 다른 계율의 순서가 성서에 존재한다는 점도 문제를 만든다.

모세 5경인 '펜타토이히'Pentateuch의 비판적 연구가 시작되기 이전에 이미 다방면에 관심이 많았던 괴테[1]에게 「출애굽기」 34장에 나오는 네 가지 금지와 여섯 가지 계명의 데칼로그 순서가 눈에 띄었다. 그는 즉시 "언약의 판에는 무슨 글이 기록되어 있었던가?"라는 도전적 질문을 주제로 논문을 썼다. 오늘날 이런 십계명의 순서는 '문화적 데칼로그'라고 불리며, 그것을 「출애굽기」와 「신명기」에서 등장하는 두 가지 친숙한 버전과는 다른 원전에서 기인하고 있다고 간주한다.

오랫동안 성서의 십계명과 고대 동양적 환경에서 등장하는 덕성 카탈로그, 군신 간의 계약, 동맹의 형식적 표현 사이에는 흥미 있는 유사성이 발견된다. 그러나 일반적으로 내용이 아니라 형태에서만 일치하고 있다.

현재의 연구 상황은 다음과 같다. 우리가 오늘날 알고 있는 십계명은 백 년 정도의 기간에 성립되어 발전되었다. 가장 오래된 텍스트는 유목민의 부족 전승에서 유래한다. 왕들이 이스라엘과 유다를 지배했을 시기에는 십계명이 오늘날 알려진 형태로 결합하고 요약되었지만, 여러 가지 변형된 형태로 전해 내려왔다. 이 시기가 기원전 10세기에서 7세기 사이의 기간이었다. 기원전 2세기에 제작되어 데칼로그를 담고 있는 자료 중 가장 오래된 것으로 알려진 성서 필사본 '나쉬 파피루스'[2]도 가장 널리 유포된 두 가지 버전을 혼합하고 있다.

---

1 (Johann Wolfgang Goethe, 1749~1832), 독일의 시인.
2 대략 기원전 200-100년 사이에 제작된 파피루스. 히브리어로 「출애굽기」 20장 2절 이하와 「신명기」 5장 6절 이하, 그리고 슈마 이스라엘의 첫 부분 (「신명기」 6장 4~5절)이 기록되어 있다. 나쉬 필사본은 1947년 사해문서가 발견되기 전까

데칼로그는 예루살렘의 신전 예배에서 낭송되었으며 율법학자들에 의해 해석되었고 종교적 삶에서는 항상 존재했다. 사람들이 자부심을 가질 수도 있는 자유가 자신의 능력으로 성취한 것이 아니라 오로지 신의 선물이었음을 언약의 땅에서 집을 짓고 배부르고 편안했던 이스라엘 민족은 기억해야 한다는 점을 성서의 저자와 편집자들은 강조했다. 그 때문에 십계명의 계시는 이스라엘 역사를 좀 더 무게감 있게 하려고 역사의 시작 부분에 서술적으로 제시되었다.

고대 근동이라는 환경에서 등장하는 법률 판과 비교해 보면 몇 가지 특이한 점이 눈에 띈다. 예컨대, 이집트나 히타이트인[3]의 경우 가능한 모든 세부 규정들이 대부분 나열되어 있지만, 십계명은 몇 가지 기본 계율에 집중되어 있다. 혹은 단어 그대로 번역하면 원래 'Du wirst'(너는 ~ 일 것이다)가 원본 표현 형태인 'Du sollst'(너는 ~ 해야 한다)로 기록되어 있다.

고대 근동에서 일반적으로 법률 제정은 인과因果를 꼼꼼히 따지고 있다. 예컨대, '만약' 네가 이런 혹은 저런 범죄를 저지른다면, '그러면' 너는 다음과 같은 형벌을 고려해야만 한다는 식이다. 바빌론 '함무라비 법전'[4]에 나오는 것을 예로 들어보자.

지 가장 오래된 성서 필사본이었다.
3 기원전 1700-1200년에 소아시아에 살았던 문화 민족.
4 기원전 1792년에서 1750년에 바빌론을 통치한 함무라비 왕이 반포한 고대 바빌로니아의 법전. 아카드어가 사용되어 설형문자로 기록되어 있다. 우르남무 법전 등 100여 년 이상 앞선 수메르 법전이 발견되기 전까지 세계에서 가장 오래된 성문법으로 알려져 있었다.

"만약 누군가가 다른 사람의 딸을 때려 낙태가 된다면, 그는 태아의 대가로 10세겔[5]의 은화를 지급해야 한다. 그러나 그 딸이 죽는다면 그도 자기 딸을 죽여야 한다.

만약 노예가 아닌 자유인이 노예의 눈을 못 쓰게 하거나 뼈를 부러뜨렸다면, 그는 1미나[6]의 은화를 지급한다. 만약 그가 다른 시민의 소유인 노예의 눈을 못 쓰게 하거나 그의 뼈를 부러뜨렸다면 그는 노예를 사들인 대금의 절반을 지급한다."

이렇게 인과적으로 생각해 낸 법률 텍스트는 구약성서, 예컨대 「출애굽기」 20장에서도 찾을 수 있다. 그러나 데칼로그는 아주 다르게 표현되어 있다. 전문가들이 말하고 있듯이 그것은 인과적 설명이 필요 없을 정도로 확실한 것을 표현한다.

"안식일을 기억하여 거룩하게 지키라! (……) 살인하지 말라. 간음하지 말라. 도둑질하지 말라. 네 이웃에 대하여 거짓 증거가 되지 말라."
(「출애굽기」 20장 8절, 13~16절)

마음의 종교

이것은 윤리의 언어이지 율법의 언어는 아니다. 이것은 법정이 아니라 유목민 가정에서 사용되는 언어이다. 십계명으로 일하길 원하는 재판관은 실망할 수밖에 없는데, 왜냐하면 그 어디에도 형량에 대한

---

5   고대 근동에서 사용되었던 통화.
6   고대 근동에서 사용되었던 통화.

정보가 없기 때문이다. 여기서는 과거에 있었던 그 어떤 정확히 정의된 잘못에 대한 속죄가 아니라 미래를 향한 지침이 중요하다. '네가 믿는다면, 너는 이렇게 해야 하며 이렇게 해도 된다'라는 식의 지침 말이다. 네가 신과 연결되어 있다면 그런 힘이 너의 내면에서 성장할 것이다. 너는 더는 거짓말 하지 않을 것이며, 더는 도둑질도 하지 않으며, 더는 살인하지도 않을 것이다. 너는 더는 우상을 필요로 하지 않을 것이다. 스페인의 탈무드 학자는 12세기에 다음과 같이 서술하고 있다.

> "첫 번째 계율은 '나는 주님이신 너의 신이다'. 모든 계율은 두 가지 길로 우리에게 오고 있음을 알라. 첫 번째 길은 신에 의해 지적인 모든 사람의 마음속에 뿌리를 내리고 있는 계율을 포괄한다. (......) 두 번째 길은 계율이 왜 정해졌는지 그 근거가 은폐되어 있고 그것에 관해 설명되지도 않은 계율을 포괄한다."
> "그러나 마음의 계율은 기본 원칙이다. 그것은 다른 어떤 것보다 더 중요하다." (아브라함 이븐 에스라[7])

그렇다면 물론 평범한 틀을 벗어나는 데칼로그의 도입부가 두드러진다. 신의 위엄있는 자기소개로 십계명은 시작된다.

> "나는 너를 애굽 땅, 종 되었던 집에서 인도하여 낸 너의 신 여호와니라." (「출애굽기」 20장 2절 = 「신명기」 5장 6절)

---

7 (Abraham ibn Esra, 1092~1167), 유대 학자이며 작가.

여호와는 자기 사람의 행운을 기원하고 역사에서 행동하는 해방의 신으로 자신을 소개한다. 그는 폭군처럼 명령하는 것이 아니라 감사, 신뢰, 사랑에 대한 보답으로서의 사랑을 열망한다. 하시딤[8]의 옛이야기에 나오는 것처럼 동東유대의 현자 마르틴 부버[9]가 이런 것들을 모았다.

> "사람들은 랍비 부남에게 질문했다. '나는 너를 애굽 땅에서 데려왔던 너의 신 주님이라고 기록되어 있습니다. 그런데 왜 내가 하늘과 땅을 창조했던 너의 신 주님이라고 기록되지 않았나요?' 랍비 부남은 다음과 같이 설명했다. '하늘과 땅이라 말했으면, 인간은 다음과 같이 말했을 것입니다. 신이 하신 일이 너무나 큰 일이기에 저는 구체적으로 신뢰하지 않습니다. 그래서 신은 내가 너를 그 어려운 상황에서 구출해 주었던 바로 그 신이니라. 자 이리로 와서 나의 말을 들어라!'라고 말했습니다."

여기서는 강압적 요구로 인간의 자유를 제한하려는 하늘의 군주가 아니라 인간에게 삶의 가능성을 열어주는 선량한 창조의 신이 말하고 있음을 의미한다. 신이 자기 민족에게 ―이것 또한 이스라엘이라는 고대 동양적 환경에서는 독특하다― 엄격한 유일신 숭배를 요구하고 있다는 사실은 첫눈에 너그럽지 못해 보이지만 시종일관 확고하다. 신과 그의 민족 사이에는 군신 관계가 아니라 사랑의 관계가 존재해야 한다. 그리고 사랑하는 사람은 항상 질투가 심하다.

---

8   유대인 종교모임.
9   (Martin Buber, 1878~1965), 오스트리아-이스라엘 출신의 유대인 종교철학자.

십계명을 의미하는 표현으로 즐겨 사용하는 '판'板은 유대인에게는 수백 년 동안 계시의 핵심이었다. '판'은 사원에서 큰 축제 모임이 있으면 사원 앞에 세워졌고 후에 유대인의 교회당인 시나고그에서 낭송되었다. 그리고 그리스도교라는 작은 그룹이 유대교에서 분리되고 자신만의 성스러운 책을 썼을 때 새로이 엄하게 훈계 되었다. 유대인 예수는 십계명을 결코 소홀히 하지 않았고, 예언자들이 천박하게 변해 버린 종교에 대해 비판하는 장면에서 알 수 있듯이 십계명의 핵심을 끌어들이고 과격하게 실천하고 있다.

> "사람아, 주께서 선한 것이 무엇임을 네게 보이셨나니 여호와께서 네게 구하시는 것은 오직 정의를 행하며 선과 신뢰를 사랑하고 겸손하게 네 신과 함께 행하는 것이니라." (「미가」 6장 8절)

예언자 미가는 예루살렘 근교에 있는 마을 모레쉐트-가트 출신의 농부로 추정되는데, 기원전 8세기 말에 그곳의 상류층인 레위족[10]에게 설교를 했다. 후에 랍비 예수가 친구들에게 설명해주고자 했을 때 여호와의 열정적 추종자인 미가를 증인으로 내세우고 있다.

> "내가 율법이나 선지자를 폐하러 온 줄로 생각하지 말라. 폐하러 온 것이 아니요 완전하게 하려 함이라." (「마태복음」 5장 17절)

---

10 구약에 따르면 야곱의 아들에서 유래한 이스라엘 12 부족 중 하나이다.

교부 아우구스티누스[11]는 '판'의 시작 부분, 즉 해방의 신으로 자신을 소개하는 부분을 지워버리고 계율의 수를 바꾸었다. 그러나 데칼로그는 신앙의 가르침을 위해서는 너무나 중요했는데, 특히 언어구사력이 뛰어난 마르틴 루터[12]의 번역으로 잘 드러난다.

> "너는 너의 신이신 주의 이름을 유용하지 않게 사용하면 안 된다. (......) 너는 네가 잘되기를 기원하며 네가 지상에 오래 살도록 해주신 네 아버지와 어머니를 공경해야 한다. (......) 너는 네 이웃을 배신하려고 증거를 잘못 말해서는 안 된다." (마르틴 루터, 『대大교리문답서』)

무신론자에게도 기본 규범?

여태까지 십계명은 그리스도인과 유대인에게만 관련된 사항이 아니었다. 코란에는 데칼로그와 유사한 계율 나열이 두 곳에 나타난다. 그러나 성서와는 달리 여기서는 실천적 행동보다는 내면적인 성향이 더 강한 것처럼 보인다. 계율 또한 항상 그렇게 과격하게 표현되지는 않는다.

> "신을 다른 신 옆에 두지 말라. 그리고 너의 주는 너희들이 주에게만 충실해야 하며, 부모를 잘 모셔야 함을 규정하셨다. 그리고

---

[11] (Augustinus, 354~430), 4세기 북아프리카인 알제리 및 이탈리아에서 활동한 그리스도교 신학자이자 주교로, 개신교, 로마 가톨릭교회 등 서방 그리스도교에서 교부로 존경받는 인물.

[12] (Martin Luther, 1483~1546), 종교개혁가.

간음하지 말라. 그리고 신이 침해할 수 없는 것으로 선언했던 인간을 죽이지 말라 (……).” (「수레」 17장, 알-이스라)

십계명의 의미는 종교 간의 대화를 넘어서고 있다. 예수가 죽은 지 3백 년이 흐른 뒤 그리스도교를 배척했던 것으로 유명한 로마 황제 율리안[13]은 다음과 같은 질문을 제기했다.

"신들과 함께하라! '안식일을 기억하라'라는 계율은 제외하고, 다른 계율을 지켜야만 한다고 믿지 않는 민족이 존재하는가?"

최소한 계몽주의 시대 이래로 데칼로그는 귀중한 문화유산이며 아주 독자적인 '세속' 윤리의 토대로 여겨졌다. 스페인의 인기 있는 철학자이며 무신론 신봉자인 페르난도 사바터[14]는 『21세기 십계명』이란 책을 저술하였다. 그는 민주주의에서도 의견의 경쟁이 도덕적 기본 규범 없이는 존재할 수 없으며, 십계명이 없었다면 자유, 평등, 박애라는 이상이 인권 혹은 현대 법치국가로 발전할 수 없었을 것이라고 주장한다.

십계명이 '오클라호마의 가치'를 대표하고 있으므로 미연방 정부는 2012년 오클라호마시의 주의회 의사당 근처에 데칼로그의 원문을 새긴 인상적인 기념비를 세웠다. 그것에 대해 시민단체인 '미국 시민자유연합'은 기념비가 교회와 국가의 분리라는 헌

---

13 (Julian, 331/332~363).
14 (Fernando Savater, 1947~), 스페인의 작가, 번역가, 철학과 교수.

법 원칙에 어긋난다고 소송을 제기했다.

법정 투쟁이 진행되는 중인 2014년에 '사탄의 사원'이라는 이름의 또 다른 단체는 마찬가지로 오클라호마시의 주의회 의사당 근처에 3m 높이의 사탄 입상을 세우려 한다고 공지했다. 염소 머리를 하고 뿔이 하나인 입상이 좌우로 두 개의 어린이 입상의 호위를 받으며 펜타그램[15] 앞에 세워진다는 것이었다. 격렬한 논쟁을 치른 이 조각상은, 그들의 주장에 따르면 악마 숭배를 위해서 세워지는 것이 아니라 ㅡ'사탄의 사원'이라는 단체가 사탄을 이성의 관심하에 있는 문학적 구조물로 이해하고 있으므로ㅡ 십계명 기념비를 '보충해주고 두드러져 보이게' 한다는 것이다.

윤리학자, 국제법학자, 인권활동가, 문학가, 연극작가, 영화감독 등이 인도주의적인 요구를 이야기할 경우 항상 십계명을 끌어들이고 있다는 사실은 놀라운 일이 아니다. 그들 중 매우 신중한 이들은, 비록 자신들이 종교를 믿고 있지는 않을지라도, 권력 관계, 유행 철학, 정치적 다수 등과는 무관하게 인권의 기본적 존립을 보장하기 위해서는 소위 자연법으로의 후퇴가 적합하냐는 질문을 때때로 제기한다. 모든 토론과 투표를 주관하고 내일 다시 문제가 제기될 수 없는 가치를 보장할 수 있는 주무 관청이 필요한가? 신의 계율이라는 절대적 효력이 (다시) 그 어떤 인간의 지배가 절대적으로 되는 것을 방해할 수는 없는 것인가?

1979년에 독일 가톨릭 주교회와 개신교 위원회는 기본 가치에 관한

---

15 펜타그램은 다각성의 일종으로 5개의 선분이 교차하는 도형이다. 원래는 성스러움을 상징하지만 사타니즘에서는 역오각성이라 하여 별을 뒤집어 사악함을 상징하는 의미가 되기도 한다.

공동 선언을 의결하였다.

> "기본 가치는 (......) 사회에서 단지 다수가 실제로 원한다고만
> 해서 그 가치가 지니는 근거를 가질 수는 없다. 그 가치가 지니
> 는 효력을 위해 가능한 한 포괄적인 개입 또한 중요하다. 기본
> 가치에서 적절한 조화는 오직 기본적인 윤리적 요구라는, 문제
> 로 제기되지 않은 신념에서만 나올 수 있다."

사회가 십계명의 좁은 해석을 ─그런 좁은 해석이 제한된 역사 시
대를 각인시켰듯이─ 목표로 해야만 한다는 것이 아니다. 그리스도교
의 전통적 해석은 시대를 초월한 핵심과 이 문장들의 심층 차원을
끄집어내려 노력하며 중심적인 사랑의 계율 아래에서 전체적인 개별
요구들을 나열한다. 완전히 다른 역사적 상황에서 제시된 "간음하면
안 된다"라는 구약의 계율이 수백 년 전과 같이 오늘날에도 여전히
동일하게 해석될 수 있는가?

> "상당히 높아진 평균 수명, 여성의 경제적 독립과 그럼으로써
> 가능해진 여성 해방, 피임, 핵가족의 과대한 요구 등은 남녀 공동
> 체의 새로운 형태와 정절에 대한 다른 생각을 낳게 했을 것이다."

위 인용문은 '인도주의 연맹'의 토론장이 아니라 가톨릭 성서 단체
에 의해 출판된 데칼로그 연구에서 따온 것이다.

6. 언약궤는 어디에 있는가?

신의 계율 판 혹은 왕의 계약. 아론의 목자 지팡이와 사막의 만나.
죽음의 전기 에너지, 혹은 황금 거룹[1]에 의해 보호된 궤는
비어 있었던가?

"내가 네게 줄 언약의 문서를 궤 속에 넣어라." (「출애굽기」 25장 21절)

작고 그림같이 아름다운 노란색 옷을 입은 수도승인 아바 테쿨루
Abba Tekkulu는 서양 해학의 척도에 따르면 측은한 인간이다. 수년 전부
터 그는 고대 에티오피아 왕의 도시 악숨Aksum에 있는 입방체 형태로
장식이 거의 안 되어 있고 울타리를 통해 안전하게 된 예배당에서

---

1 지천사(智天使)로 번역되며, 타나크와 「요한계시록」에 등장하는 초자연적인
   존재의 이름이다. 가톨릭 신학에서는 치천사 다음인 두 번째 계급의 천사이다.
   성서에서의 거룹의 묘사는 여러 가지가 있지만, 일반적으로 사람과 짐승이 합쳐
   진 형태의 날개 달린 생물로 묘사되어 있다. 「창세기」 3장 24절에는 하느님이
   사람을 에덴동산에서 쫓아낸 후에 에덴동산 동쪽에 거룹과 불칼을 두어 생명나
   무로 가는 길을 지키게 하였다고 적혀 있다.

그림 6 : 프랑스 오슈 생트마리 성당에 새겨진 언약궤가 운반되는 모습을 담은 부조물

고독하게 살고 있다. 그는 신의 집을 떠나서는 안 된다. 그가 죽어서야 비로소 사람들은 울타리를 열고 그를 무덤으로 옮길 것이다. 그는 울타리 막대기 사이로 자신에게 질문하는 관광객 혹은 순례자를 퉁명스럽고 아주 불신에 가득 찬 표정으로 대한다.

그러나 사람들은 아바 테쿨루를 지상에서 가장 행복한 사람 중 한 명으로 간주할 수 있다. 왜냐하면, 그가 소박한 예배당에서 감시하고 있으며, 악숨에서 호기심을 가진 자 중 누구도 볼 수 없었던 것은, 5천 8백만 에티오피아 신앙인의 강철같은 확신에 따르면 종교사에서 가장 성스러운 가구이기 때문이다. 그것은 오랫동안 행방불명되었던 것으로 히브리어로 '아론 하브리트'Aron Habrit, 즉 비밀의 궤라는 의미를 지닌 언약궤이다. 언약궤는 성서 시대에 신이 인간 사회에 존재하고 있음을 증명해 주었다.

늦어도 바빌론 왕 네부카드네자르 2세의 군대가 기원전 586년에 예루살렘에 불을 지르고 사원을 파괴하고 주민을 '바빌론 유수'로 끌고 간 이래로 언약궤는 지상에서 사라졌다. 여호와의 충실한 제사장들이 정복자들에 의해 학살되기 이전에 언약궤를 안전한 곳에 숨겼던가? 아시리아의 순종하는 신하인 메나쉐[2]왕이 성직자들을 놀라게 하려고 시리아-가나안의 수확의 여신 아세라[3]의 조각 입상을 사원에 세웠을 때보다도 심지어는 1백 년이나 일찍 이런 보존 작업이 일어났던가?

---

[2] (Manasse), 분열 유다 왕국의 14대 왕(재위 기원전 687~642).

[3] (Aschera), 우가리트 신화에 등장하는 서아시아의 여신. 성서에서는 수확의 신 바알의 아내로 여겨진다. 초기의 히브리인들은 이 여성 신을 적대시했지만, 가나안의 땅에 이주하면서 숭배하기 시작하였고, 예배소에 모셨다.

신의 궤가 허물어진 사원 아래 바위로 형성된 미로에, 혹은 사해死海 근처 네보Nebo산에 있는 지하동굴에 숨겨져 있다는 소문이 그치지 않았다. 그렇다면 에티오피아의 그 궤는 어떻게 된 것인가? 국제 역사학회와 신학자연맹이 거기에 대해 많은 의구심을 제기하지만, 에티오피아의 그리스도교인들은 자신들의 민족적, 종교적 정체성의 토대로서 자신들의 보물이 진짜 언약궤라 주장한다. 황금 비단으로 제작된 여러 겹의 두꺼운 천으로 덮힌 성스러운 궤를 왜 아무도 심지어 그 궤를 지키는 경비원까지도 볼 수 없는가? 신이 호기심으로 그 궤를 만지거나 도난당하는 것으로부터 보호하기 위해 그것에 위험한 방어장치를 설치해 두었기 때문이라고 그리스 정교의 주교 요하네스 폰 악숨Johannes von Aksum이 말한다. 그러나 "이스라엘의 적이 성서 시대에 이미 언약궤를 파괴했다."

사막 유목민이 숭배하는 전쟁의 신

오늘날 그리스도교를 믿는 나라의 관광객을 위한 가게에는 인기상품이 하나 있다. 그것은 황금빛으로 반짝이는 작은 상자인데, 그 안에는 금사로 세공된 날개 달린 파수꾼이 들어 있다. 이것은 여호수아의 정찰병이 약속의 땅에서 가지고 왔다고 하는 거대한 포도송이처럼 인기가 많은 상품이다. 그러나 황금 궤와 게으름뱅이의 천국을 상기시키는 포도송이라는 두 가지 보물을 아무도 보지 못했다. 성서는 「출애굽기」 25장에서 성스러운 궤를 정확히 묘사하고 있지만, 그것은 상당히 늦은 시기에 제작되었다.

「민수기」와 「신명기」에 기록된 언약궤와 '만남의 천막'에 대한 첫 번째 언급은 훨씬 더 오래전으로 거슬러 올라간다. 모세에 의해 인도된 이스라엘 민족이 시나이산에서 요르단까지 방랑하고 있을 때인 전쟁 전의 시기에 유래한 고대의 전설이 어떻게 기록하고 있는지 살펴보자.

> "그들이 여호와의 산에서 떠나 삼 일 길을 갈 때, 여호와의 언약궤가 그들의 쉴 곳을 찾기 위해 앞서갔다. 그들이 진영을 떠날 때, 낮에는 여호와의 구름이 그 위에 덮였었더라. 궤가 떠날 때, 모세가 말한다. '여호와여 일어나사, 주의 대적들을 흩으시고 주를 미워하는 자가 주 앞에서 도망하게 하소서.' 궤가 쉴 때, 그는 말하되 '여호와여 이스라엘 종족들에게로 돌아오소서' 하였더라." (「민수기」 10장 33~36절)

전쟁의 신을 상징하는 군기로 사용된 언약궤는 사람들이 여호와를 이 세상 전체의 주가 아니라 유목민 무리의 조상신으로 여전히 간주하고 있을 때인 옛 시대를 암시하고 있다. 그들은 낯선 나라로 갈 때도 자신의 신을 수호성자로 여기며 데려갔다. 다른 민족들도 그렇게 했는데, 예컨대 아시리아인들은 자신들의 군기에 하늘의 신 아수르가 활과 화살을 지니고 적진으로 돌진하고 있는 모습을, 페르시아인들은 자신의 신을 아름다우면서도 강력한 새의 형상으로 그려놓았다. 사막을 방랑하는 두세 명의 모습이 과장되어 거대한 민족으로 묘사되었다는 사실 또한 그 당시 이스라엘 민족의 경우에만 한정되지 않고 일상적인 일이었다.

그들이 모래사막에서 언약궤를 밤이나 휴식 중에도 설치하고 감시했는가? 성서의 초기 전승에서는 이동 사원으로 이용되고 방랑시에 가지고 갈 수 있는 해체될 수 있는 천막이 언급된다. 성서에서 언급되는 이런 '계시 천막'에서 여호와는 여호수아를 모세의 후계자로 지명했다.

> "여호와께서 모세에게 말씀하셨다. '보라, 너의 시간은 흘러갔다. 너는 죽을 것이다.' (......) 모세와 여호수아가 나아가서 계시 천막으로 들어갔다. 여호와께서 구름 기둥 가운데 천막에 있는 그들 앞에 나타나셨다. 구름 기둥은 천막 입구에 머물러 있었다." (「신명기」 31장 14~15절)

이스라엘 민족이 가나안에 정착했을 때, 그들은 그 땅의 중심부에 있는 실로Schilo에 오랫동안 언약궤가 들어 있는 천막(적절한 번역으로는 '기둥 움막')을 쳤다. 다윗왕이 신의 궤를 자신이 정한 새로운 수도 예루살렘으로 옮겼다고 전해지는데, 그곳에서 그 궤는 다윗의 아들 솔로몬의 사원에 최종적으로 자리를 잡았다.

물론 현대의 성서학자들은 유목민의 성스러운 시대에 ─볼 수 없는 신과 만나는 장소─ 궤와 같은 것이 존재했다는 사실에 의구심을 갖는다. 솔로몬도 여호와의 주거지로서 자신의 화려한 사원을 건축했지만, 언약궤를 보관하는 장소로 건축한 것은 아니었다. 주변 세계의 종교적 표상과 대비해 진보한 것은 이스라엘 민족이 황금이나 청동으로 만든 과장된 우상을 숭배하지 않았다는 데 있다. 아주 모호한 의미의 문장 "나는 스스로 있는 자이니라"4, 혹은 "나는 너희들을 위해 존

---

4   「출애굽기」 3장 14절에 나오는 표현으로 독일어 원문은 "Ich bin der 'ich bin'"이다.

재한다" 등을 언급했던 그들의 신은 모든 형상을 거부했다. 그들의 신은 잡을 수 있는 존재도 아니고 조종될 수도 없으며, 사람들은 그를 체험할 수는 있지만 소유할 수는 없다. 사람들은 이 신을 완전히 믿을 수 없었다. 대단히 성숙한 종교를 지녔던 용감한 선구자 이스라엘 민족은 텅 빈 곳과 '가장 성스러운 곳'을 자신의 신이 임하는 장소로 만들었다. 엄청나게 큰 날개가 달려있고 인간과 동물의 혼종인 2명의 지천사(거룹)만이 ─ 지천사는 찬송가에서 천사로 잘못 묘사되고 있으며 사원에서는 보이지 않는 왕관을 썼다─ 거슬리지 않을 정도로 수수하게 신의 상징으로 허용되어 있다.

황금 상자에는 무엇이 들어 있는가?

성서의 후기 버전이 서술하고 있듯이 '궤'가 가장 성스러운 곳에 있을 가능성도 이런 조사에서 변하지 않는다. 왜냐하면, 신에 관한 서술이 아니라 함, 궤, 불경스럽게 말하면 황금 상자라는 아주 추상적인 상징이 문제가 되기 때문이다. 많은 성서 해석가들이 생각하고 있는 텅 빈 상자, 혹은 다른 이들이 추정하고 있는 '왕조의 예언', '왕위 계승에 관한 계약이 숨겨져 있는 함凾이다. 예컨대, 이스라엘 부족을 민족의 대표로 보장해 준다, 혹은 왕의 등극에 권한이 있는 제사장이 다윗과 그의 후손들에게 지배권을 보장해 준다는 문서가 들어 있다는 것이다. 이같이 언약궤는 정치적 의미로 이해될 수 있다.

성서학이 명명하고 있는 소위 '궤 서술자'는 기원전 700년경 다음과 같은 사항을 끝까지 마무리하려고 결심했다. 즉, '다윗의 도시' 예루살렘을 궁극적으로 제국의 중심부로 만들고, 제식으로 거행된 숭배를 여호와 종교에서 유일하게 올바른 행사로 확정하기 위해, 그들은 궤가 적절한 고향을 발견하게 되는 곳인 사원으로 들어가는 과정에 이르기까지 궤의 제작과 운명에 관한 극적이고 자세한 이야기를 창조해 내었다. 그리고 전체 전승에서 마지막 초석으로 마침내 '언약궤'에 관한 서술이 － 성서 독자들은 이 부분을 「출애굽기」에서 알 수 있는데 － 성립되었다.

> "여호와께서 모세에게 말씀하셨다. (......) '아카시아 목재로 궤를 짜라. 길이는 두 엘레[5] 반, 너비는 한 엘레 반, 높이는 한 엘레 반이 되게 하라. 너는 순금으로 궤의 안팎을 싸라. (......) 아카시아 목재로 막대기를 제작하고 금으로 싸라. 궤를 손쉽게 운반할 수 있도록 막대기를 고리로 궤의 양쪽에 끼워 넣어라. 막대기를 궤의 고리에 꿴 대로 두고 빼내지 말아라. 사람들이 막대기를 뽑아내지 못하게 하라. 내가 네게 줄 언약의 증서를 궤 속에 넣어라. 뚜껑도 순금으로 만들어라. (......) 금을 세공하여 두 개의 지천사 형상을 만들어라. (......) 지천사는 날개를 위로 펼쳐야 한다. 그 날개로 뚜껑을 보호할 것이니라. 그리고 그 두 명의 지천사는 서로 마주 보아야 한다.'" (「출애굽기」 25장 1절, 10~20절)

　여기서 두 가지 진술이 중요하다. 임무 부여자로서 신이 말하는 세세한 규정이 모세에게만 향해있을지라도 처음에 '너희는 궤를 만들라'로 시작되고 있다. 랍비의 고전적 해석에 따르면 모든 이가 언약궤의

5　성서 시대에 도량을 나타내는 어휘로 대략 66㎝에 해당한다.

제작에 전념해야 한다는 것인데, 왜냐하면 모두가 계율이 실천되도록 노력해야 하기 때문이다. 어떤 개인도 토라의 613개 계율 모두를 항상 암기할 수는 없다. 그러나 유대 민족은 전체 계율을 암기할 수 있다.

두 번째 중요한 메시지는, 언약궤에 이스라엘 부족에 대한 어떤 정치적 합의가 있는 것이 아니라 돌로 새겨진 신의 말씀인 시나이산의 계율이 있다는 사실이다. 십계명은 인간 존엄성의 선언이며 ㅡ토마스 만[6]이 미국 라디오 방송에서 한 히틀러에 대항한 그의 투쟁 연설에서 명명했듯이ㅡ '인간이 지켜야 할 예의범절의 기본 수칙'이다.

바스락거리는 소리와 함께 탕 터지며 흩날리는 불꽃이 어떻게 하늘로부터 내려와 황금 문자로 신의 계율을 망치질로 돌에 새기고 있는 장면을 연출하고 있는 할리우드의 저질 영화는 얼마나 아름다운가! 언약궤에는 ㅡ실제로 존재해서 그 속에 무엇인가가 들어 있었다면ㅡ 여호와에 의해 강력한 손짓으로 쓰인 원판이 들어 있지 않았음은 분명하다. 모세가 시나이산을 내려온 후에 자신의 동족이 가나안 수확의 여신의 복제인 황금 송아지를 중앙에 두고 방탕하기 그지없는 광란의 축제에서 춤추는 것을 보았을 때 분노에 가득 차 그 원판을 부수어 버렸기 때문이다. 십계명이 새겨진 판은 기껏해야 기억을 바탕으로 제작된 복제품일 수밖에 없을 것이다.

전문가들은 궤의 시각적 외형과 값비싼 장식물도 회의적으로 보는데, 이집트를 탈출하는 과정에서 이리저리 끌고 다니거나 방랑하는 유목민 부족들이 지니고 있었던 신의 왕관과 황금 궤가 여럿 있었음을 기억하고 있기 때문이다. 그리고 이집트 망명지에서 성립된 '모세

---

6 (Thomas Mann, 1875~1955), 독일의 작가.

5경' 중 마지막 책인 '제사장의 기록7을 쓴 저자들은 궤를 지나칠 정도로 세세하게 묘사했으며, 예루살렘의 성스러움과 여호와 숭배를 아주 화려한 색조로 그리고 있다.

그 궤는 전기가 충전되어 있었던가?

궤를 잡기 위해 끼워 두었던 운반 막대기를 제거하지 말라는 금지령에 대해 많은 사람이 의구심을 가졌다. 정착이 사람을 활기 없고 편안하게 만들기 때문에, 그리고 신의 지시에 새롭게 출발한 준비가 항상 되어 있어야 하므로, 이스라엘 민족은 약속의 땅도 포함해서 그 어떤 곳에서도 영구히 적응하며 살지 말라는 것을 상기해야 하는가? 신이 소유물이 아니며 토라가 특정한 장소와 국가, 특정한 신의 숭배와도 결부되어 있지 않다는 사실을 이스라엘 민족의 목전에 보여주길 원했던가?

성스러운 궤가 사실은 '전기 콘덴서'였고, 도금한 막대기는 궤를 이리저리 끌고 다닐 때 바닥에서 전류를 끌어들이는 데 사용되었다는 사실을 정확히 알고 있는 판타지 작가들을 어쩔 수 없이 언급해야만 하는가(로베르트 샤로8)?

언약궤는 사실 위험하기 짝이 없는 물건이었다고 한다. 예루살렘이나 사원에 관한 언급은 아직 없고, 여전히 가나안 지역을 차지하기

---

7 「신명기」를 의미한다.
8 (Robert Charroux, 1909~1978), 프랑스의 작가. 예정 우주비행학의 진기한 사건 이론을 연구하였다.

위해 싸웠을 때, 블레셋 사람들은 전쟁의 혼란 속에서 이스라엘 민족으로부터 언약궤를 강탈했다. 그것으로 그들은 끔찍한 불행을 겪었는데, 자신들의 우상인 다곤Dagon이 언약궤 앞에서 엎어져 산산이 조각나버렸고, 사람들이 일종의 종기 페스트로 죽어 나갔다. 블레셋 사람들은 놀라서 그 비밀의 가구를 사람이 없이 황소가 끄는 수레로 이스라엘 민족에게 돌려주었다.

언약궤는 후에 그곳에서 다윗왕의 수레를 끄는 우사Usa라는 자를 죽음으로 몰아넣었다. 언약궤가 예루살렘으로 운반되고 '다윗과 이스라엘 전체'가 기뻐서 춤을 추며 하프와 심벌즈를 연주하고 팀파니를 쳤을 때 수레를 끄는 황소가 갑자기 궤도를 이탈하였다. 우사가 언약궤가 떨어지는 것을 막기 위해 언약궤를 잡았다. "신이 우사가 잘못함으로 말미암아 진노하사 그를 그곳에서 치시니 그가 거기 하나님의 궤 곁에서 죽었더라"(「사무엘하」 6장 7절). 이 사건은 에리히 폰 데니켄[9]같은 판타지 작품 해석가들에게는 언약궤가 '전기로 충전되어' 있고, 플러스와 마이너스가 있는 황금 판은 일종의 '콘덴서'를 형성하며, 자력의 효력이 있는 지천사와 협력하여 일종의 '상호 송수신 장치' 역할을 하는 것에 대한 증거로 해석되었다. 이런 장치를 통해 모세가 우주선에 앉아 있는 신과 교신을 할 수 있었다는 주장이다.

성스러운 궤는 예루살렘의 사원에서 가장 성스러운 곳에 보관되어야 했다. 그곳은 최고 성직자만이 들어갈 수 있지만 1년에 단 한 번

---

[9] (Erich von Däniken, 1935~), 스위스의 작가이자, 호텔 경영인, 의사고고학자(擬似考古學者)이다. 『신들의 전차』(1968)와 같은 저작을 통해 외계 생명체에 의해 인류의 고대 문명이 영향을 받았다는 주장으로 유명하다. 저서로는 『신들의 귀환』, 『미래의 수수께끼』 등이 있다.

'욤 키푸르'[10]에는 누구나 들어가는 것이 허용된 나무 널빤지를 댄 공간이었다. 언약궤가 여호와의 왕좌로 이해되었느냐는 질문은 언약궤가 언제 사원을 떠나 축제나 의식의 행렬로 이리저리 끌려다녔느냐는 질문처럼 성서 해석자들 사이에서 여전히 설명되지 않고 있다.

> "언약궤를 통해 연상되는 여호와가 현재 이 자리에 있다는 생각은 예루살렘 신전 신학의 주거 표상이나 왕좌 표상과 같지 않다. 여호와는 언약궤 속에도, 그리고 위에도 주거하지 않는다. (......) 언약궤는 여호와가 시나이산에서 내려왔을 때 그가 나타난 '장소'를 표시한다. (......) 언약궤는 시나이산에서 있었던 계시 후에 제기되는 문제의 해답이다. 시나이산의 신이 시나이산 바깥에서 어떻게, 그리고 어디서 숭배받고 간구干求되는가? 언약궤는 시나이산 일부를 가나안으로 운반한 것이다." (크리스타 쉐퍼-리히텐베르거)[11]

사람들이 상상하고 있는 바에 따르면, 황금 궤에는 모세의 계율이 새겨진 돌로 된 판이 들어 있었다. 궤 내부가 아니라 궤로 인해 사람들은 사막을 방랑하고 있을 때인 초창기에 최소한 두 가지 기적에

---

10 (Jom Kippur), 유대교의 속죄일이며, 히브리력으로는 티쉬레이월(7월) 10일이고 그레고리력에서는 9월 또는 10월에 속한다. 구약성서 「레위기」 23장 27~29절에 근거하는데, 「레위기」에 따르면 속죄일에는 하루 동안 어떤 일도 하지 못하며, 단식해야 한다고 되어 있다. 속죄일은 이스라엘 민족들의 범죄(금송아지 우상숭배)로 말미암아 모세가 첫 번째 받았던 십계명을 깨뜨려 버리고, 자복과 회개로써 하나님의 용서를 받게 된 이스라엘 민족을 위해서, 두 번째 십계명을 받아서 내려오던 날에서 유래하였다.

11 (Christa Schäfer-Lichtenberger), 부퍼탈/베델 신학대학의 구약학 교수.

대한 귀중한 기억을 간직하고 있다. 즉, 모세의 형인 아론의 목자 지팡이와 (이 지팡이는 언약궤를 만지자 푸른색으로 변했다) 이스라엘 민족이 사막에서 먹었던 '하늘의 빵'인 만나가 담긴 항아리에 관한 기억이다. 식물학자에 따르면, 시나이반도에는 오늘날에도 연지벌레가 소위 만나-타마리스케라는 식물에서 즙을 빨아 애벌레의 먹이로 사용하고 있다고 한다. 먹이로 사용되고 남은 즙은 누런 흰색의 조그만 방울로 바닥에 떨어지는데, 베두인[12]들이 이것을 모아 꿀의 대용으로 사용한다.

예루살렘 '성전산'에 있는 비밀 터널?

언약궤에 대한 기억은 아브라함을 믿는 종교들[13]에서 잊힌 적이 결코 없다. 오늘날 모든 유대인 회당에 예루살렘 방향의 벽 앞에 '성스러운 궤'를 의미하는 '아론 코데쉬'Aron Kodesch라 불리는 궤를 토라 두루마리와 함께 두고 있다. 그리스도인들은 물론 그리스도를 신을 향한 유일한 연결로 여기며 그를 '고귀하고 완전한, 인간의 손으로 짓지 아니한'(「히브리서」 9장 11절) 신전의 천막으로 간주하지만, 그들의 가톨릭 분파는 1531년 성립되어 여전히 인기 있는 '라우레타니쉐 리타나이'[14]에서 예수와 교회의 어머니인 마리아를 칭송한다.

---

12 중동의 사막에서 유목 생활을 하는 아랍인.
13 그리스도교, 유대교, 이슬람교.
14 (Lauretanische Litanei), 성처녀 마리아에게 신부와 신자들이 서로 번갈아 올리는 연도(連禱).

"너, 강한 다윗의 성탑이여! 너, 언약궤여! 너, 하늘의 문이여!"
(Turris Davidica ... Foederis arca ... Ianua caeli!)

그리고 이슬람교도들은 모세와 아론의 성 유물을 담고 있고 신이 인간을 위해 영원한 평화의 상징으로 간주하고 있는 소실된 언약궤가 성스러운 종말의 시기에 게네사렛 호수에 숨겨졌고 유대인들이 이슬람으로 개종하는 것을 돕고 있다고 믿는다.

게네사렛 호수에 성스러운 궤가 숨겨져 있다는 추정은 충분히 가능한 일이다. 2600년 전부터 언약궤는 흔적도 없이 사라졌다. 기사, 수도승, 고고학자, 아마추어 연구자 등은 언약궤 찾는 일을 멈추지 않았다. 예루살렘 사원에서 제식을 통해 언약궤를 숭배했을 때에도, 그리고 유다 왕국이 여전히 존재했을 때에도, 수백 년에 걸친 모든 수색 활동과 현재의 회의적 흥미도 한 가지 사실을 공유하고 있다. 즉, 어떤 인간도 이런 동경의 대상인 언약궤를 보지 못했다는 사실이다.

십자군 기사들이 최초의 수색자였다. 유럽에서 쳐들어온 그렇게 경건하지 않은 무리가 1099년 예루살렘을 정복해서 이슬람교도, 유대인 (그리고 그리스도교인) 주민들이 흘린 피로 이루어진 도랑을 걸어서 들어갔을 때, 그들은 그 당시 이미 이슬람 사원으로 가득 차 있었던 '성전산¹⁵에서 지하통로와 그곳에 있었던 언약궤도 발견했을 수 있었

---

15 성전산(聖殿山)은 예루살렘 구시가지에 있는 종교적 성지이다. 유대교에서 가장 신성한 지역이다. 유대인의 예루살렘 성전이 이곳에 위치해 있다. 제1성전 (솔로몬 성전)은 기원전 967년에 지어져서 기원전 586년까지 존재했다. 제2성전은 기원전 515년에 지어져서, 70년까지 존재하였다. 유대교에서는 메시야가 오면 이곳에 제3성전이 지어질 것으로 믿는다.

을 것이다. 아니면 최소한 증서라든지 언약궤가 어디 있는지 알려주는 일종의 보물 지도라도 있었을 것이다. 성전기사들이 8세기 초에 칼리프16 알-발리드에 의해 창설되고 1033년 여러 번에 걸친 지진을 겪은 후 칼리프 아즈-차히르에 의해 새로 건축된 이슬람 사원이 그들의 본거지로 발전되었을지라도 그들은 황금 귀중품인 언약궤를 어쨌든 숨기지 않았다.

헤롯왕이 예수 탄생 전에 신전을 그리스 양식으로 완전히 개축했을 때, 그리고 엄청난 토목 공사로 성전산이라는 고원지대가 두 배로 확장하였고 산 전체를 거대한 보호 장벽으로 둘러 쌓았을 때, 비밀 터널과 많은 이로부터 주목을 받은 궤가 드러나지 않았을 것이라고는 거의 생각할 수 없다. 그리고 로마인들이 기원후 70년에 신전을 '예루살렘 통곡의 벽'Klagemauer이란 표현이 통용될 정도까지 철저히 파괴하고 제우스의 신전으로 바꾸었을 때도 로마인들이 언약궤를 발굴할 수가 없었다는 것은 거의 상상할 수 없다. 장군이며 황제였던 티투스(39-81)를 기리기 위해 로마에 건립된 신전의 아치에는 오늘날에도 예루살렘의 신전에서 가져왔던 전리품을 쉽게 볼 수 있다. 일곱 개의 가지가 있는 촛대, 전시용 빵이 올려진 식탁, 두 개의 은제 나팔이 그것인데, 언약궤는 없다.

수많은 나라에서 온 연구자들을 옛날부터 낙담시키지 않고 고무시키는 것은 다음과 같은 에피소드이다. 연쇄 살인범 잭 더 리퍼17의

---

16 회교국 군주.
17 (Jack the Ripper), 1888년 8월 7일부터 11월 10일까지 3개월에 걸쳐 영국 런던의 이스트 런던 지역인 화이트채플에서 최소 다섯 명이 넘는 매춘부를 극도로 잔인한 방식으로 잇따라 살해한 연쇄 살인범이다. 한국에서는 '칼잡이 잭, '면도

뒤를 바짝 추적했던 신들릴 정도의 후각을 지닌 수색견 찰스 워런 Charles Warren이라는 런던의 경위가 1867년 예루살렘으로 가서 성전산의 터널 시스템을 측량하여 약도를 그렸다. 이런 과정을 이슬람 경비원들은 불신의 눈초리로 주시하였다. 워런은 언약궤는 물론이거니와 그 어떤 보물도 찾지 못했지만, 연구 후속세대를 위한 정확한 자료들을 만들어주었다.

특히 같은 영국 출신으로 범죄소설의 고전에 나올 법한 이름을 지닌 이를 예로 들어보자. 그는 영국의 유명한 귀족 가문인 얼 오브 모르리Earl of Morley가의 5대손이며 보링돈 오브 보링돈Boringdon of Boringdon의 여섯 번째 남작인 캡틴 몬테규 브라운로 파커Captain Montagu Brownlow Parker라는 자로 1911년 아랍인 경비원을 매수하여, 찰스 워런이 측량해 놓은 터널로 가서 솔로몬왕의 보고寶庫를 찾기 위해 밤에 '바위의 돔'18 내부에서 구멍을 파는 대담성을 보였다. 또 한 명의 다른 아랍인 경비원이 모스크19에서 나는 둔탁한 소음을 듣고 악령이 작업한다고 생각한 나머지 두려움으로 너무 늦게 경보를 울렸다. 캡틴 파커는 조력자들과 함께 이미 줄행랑을 쳤다. 그는 자파 항구에서 대영제국 행 배에 아슬아슬하게 승선할 수 있었다. 모험가들이 언약궤를 발견하여서 가지고 갔다는 소문이 퍼졌다. 그러나 사람이 그렇게 목숨을 걸고 줄행랑을 치는 경우 성서에 따르면 4명의 남성이 운반해야만 하는 순금으로 덮인 궤는 오히려 거추장스러운 존재였을 것이다.

───────

날 잭', '살인마 잭', '토막 살인자 잭' 등으로 불린다.
18 (Felsendom), 이슬람의 성지이며 예루살렘 '성전산' 위에 있는 랜드마크. 691년에 완공되었으며 현존하는 이슬람 건물 중 가장 오래되었다.
19 이슬람 사원.

언약궤를 찾아 나선 나치

1180년 영국의 템플기사단이 오늘날의 요르단에 있는 전설의 산 마드바흐[20]에서 신비의 상자를 발견했고 영국의 백작령 워위크셔 Warwickshire에 있는 동굴로 가져갔다고 한다. 성배와 아서왕 전문가인 그라햄 필립스Graham Phillips는 그 동굴을 찾아내기 위해 중세에 제작된 토지 대장까지도 뒤적였다. 동굴 있는 곳을 잘못 생각했다는 사실을 이미 알고 있었지만, 그는 2차 세계대전이 끝난 후 도로건설 당국이 토목 공사가 엄격히 제한되어 있었던 그 지역을 —황금 궤를 발견하지 못한 채— 완전히 파헤쳤다는 사실을 확인해야만 했다. 프랑스 템플기사단이 전황을 반전시키기 위해 언약궤를 묻어 감추어 두었다는 라온Laon의 대성당도 거짓으로 판명되었다. 물론 사해 연안에 있는 쿰란[21] 동굴에서도 찾았는데, 그 지역에는 신전의 제사장에 비판적인 입장을 견지했던 —아마 세례자 요한과 나사렛 예수에게도 영향을 미쳤을— 종파가 살고 있었다. 언약궤의 흔적은 찾을 수 없었다.

1981년 톰 크로처Ton Crotzer라는 미국인은 세상의 이목을 끌었다. 그는 모세가 죽기 직전에 약속의 땅을 바라볼 수 있었던 곳인 네보Nebo 산에서 수백 미터에 달하는 비밀 통로를 발견했는데, 그 끝에 천정이

---

20 (Madhbah), 요르단의 페트라에 있는 산으로, 성서에 나오는 시나이산으로 추정하는 학자들도 있다.

21 쿰란은 사해 서쪽 둑에서 북서쪽으로 들어간 건조한 평원이며, 칼리아(Kalia) 키부츠 옆에 있다. 아마 이곳은 요한 히르카누스 하에 있던 시절인 기원전 134~104년에 세워졌을 것이며, 여러 통치자(70년 티투스 황제의 예루살렘의 멸망을 포함해서)를 겪으면서 유지되어왔다. 쿰란은 사막 언덕의 동굴들 속 질그릇 항아리에서 사해문서들이 발견된 곳에서 가장 가까운 주거지로 유명하다.

낮은 방이 있었고, 그 안에 －성서에 묘사된 것과 같은－ 언약궤와 유사해 보이는 상자를 찾았다. 그가 촬영한 사진들은 그 보고에 관심을 가졌던 고고학자들을 실망하게 했다. 비밀 상자의 장식이 현대 산업 제품임이 분명했기 때문이다.

크로처는 예루살렘의 성묘교회에서 발굴에 성공했다고 주장하는 동료와 함께 어쨌든 자신들의 수색 결과물에 대한 사진들을 제시했다. 샤로Charroux와 데니켄Däniken과 같은 화제가 된 작가들이나 스티븐 스필버그 같은 성공적인 영화 제작자들은 학문적 배경의 흔적 없이 잡다하지만 뜨겁게 토론되는 이론들로 한정한다. 로버트 샤로에게 언약궤는 '500에서 700V에 이르는 강력한 전기를 생산할 수 있는 일종의 전기로 충전된 상자'인 고대의 배터리였다. 그는 모세가 이 배터리 사용에 필요한 지식을 이집트 학자들로부터 배웠다고 주장한다.

에리히 폰 데니켄은 언약궤를 미니 원자로에 의해 가동되는 무선 전신기구로 보았는데, 이 기구는 다른 행성에서 온 기술적으로 숙련된 방문자들이 지구에 남겨두었다는 것이다. 물론 바티칸의 지하 감옥도 관련되어 있다. 이미 알려진 바와 같이 바티칸의 지하 감옥에는 －가톨릭 성직자의 권력 혹은 계몽된 학문의 지식을 위협하는－ 고대의 모든 귀중품이 숨겨져 있거나 매장되어 있다는 것이다.

전쟁 무기로서 언약궤라는 오래전의 용도는 스티븐 스필버그의 모험 영화 〈레이더스 잃어버린 성궤를 찾아서〉(1981, 오스카 4개 부분 수상, 흥행 수입 3억 8천 4백만 달러)에서 다시 태어난다. 미국의 첩보 기관 CIA는 1936년 고고학 교수인 헨리 존스에게 이집트에 있을 것으로 추정되는 언약궤를 찾아오라는 임무를 부여한다. 언약궤를 수중에 넣으면 어느 군대라도 천하무적이 될 수 있으며, 나치 또한 이 신비로운 기적의 무기를 찾으려 하기 때문이다. '인디아나 존스'는 천장이 둥근 지하 납골실에서 나치에 의해 기만당했지만 —나치가 궤를 열자 그 안에서 짙은 안개, 번개, 불꽃, 정령 등이 뛰쳐나와 나치들을 죽였다— 갈망하던 물건을 찾게 된다. 언약궤가 박해받은 유대인 신의 소유이므로, 나치가 아닌 유대인 존스 박사에게 돌아가는 것은 지극히 당연한 결과이다. CIA는 나는 듯이 달려와 아주 은밀한 지하 공간에 언약궤를 숨긴다.

20세기 말에 예루살렘의 구시가지 유대인 지역에서 발굴 작업을 아무런 문제 없이 수행했던 네덜란드의 건축가이자 고고학자인 레엔 리트마이어Leen Ritmeyer의 추정은 어느 정도는 합리적으로 들린다. 리트마이어는 이슬람의 '바위의 돔' 내부에 솔로몬의 신전에서 가져온 언약궤의 흔적이 분명히 남아 있을 것으로 확신하고 있다.

> "'바위의 돔' 내부에 존재하는 암석에서 솔로몬 신전 언약궤의 지하 구조 윤곽을 인식할 수 있다는 사실을 나는 입증했다고 생각합니다. 다수의 고고학자가 내 견해에 동조하고 있습니다. 언약궤가 있던 장소에서는 —20엘레[22]의 정사각형— 솔로몬이 언약궤의 보관을 위해 만들어야만 했던 구덩이를 볼 수 있습니다. 언약궤는 비스듬히 기울인 상태로 세울 수가 없고, 품위 있게 수평으로 세워야만 했습니다. 이 모든 것이 오늘날까지 그대로 보관되어 있었습니다." (레엔 리트마이어의 인터뷰)

---

22 독일의 옛 치수 이름, 약 66cm에 해당함.

모세의 유전자를 지닌 아프리카 렘바족

에티오피아로 돌아가 보자. 어떤 메넬리크[23]가 예루살렘에서 여호와의 황금 궤를 약탈하고 위조품으로 바꾸어 놓았기 때문에 그 궤는 여기 성스러운 도시 악숨Aksum에 있다는 것이다. 궤를 강탈한 메넬리크는 솔로몬이 사바의 여왕을 사랑하여 그녀를 속이고 하룻밤을 보내고, 그로 인해 태어난 아이였다고 한다. 그는 에티오피아의 초대 황제가 되었다. 그러나 이에 상응하는 전설은 1300년경에 비로소 생겨났다. 함부르크 출신의 고고학자들은 2008년 악숨에서 아바 테쿨라에 의해 감시되던 교회당 근처에서 전설의 여왕 사바가 지었다고 전해오며 위에 언급한 메넬리크가 그 위에 유대 신전을 건축하게 했다고 전해 내려오는 궁궐의 잔재를 발굴했다. 이것이 훔쳐온 언약궤를 위한 건축이었던가? 전문가들은 이런 해석을 거의 예외 없이 부정하고 있으며, 아들 메넬리크와 더불어 여왕도 동화적 인물로 간주하고 있다.

물론 아프리카에서도 언약궤와 관련 있는 몇 가지 다른 흥미 있는 전통이 존재한다. 차드의 카넴 왕국에서 언약궤는 국보로 보존되었으며, 13세기 광신적인 이슬람교도였던 두나마 2세가 그것을 파괴할 때까지 이슬람과 그리스도교인들에 의해 숭배되었다고 한다. 남아프리카와 짐바브웨 국경 지대에 거주하고 있는 렘바족도 이와 유사한 전설을 갖고 있다. 그들은 자신들이 이스라엘 민족에서 갈라져 나온 민족으로 여기고 자기 아들에게 할례를 행하고 있으며 유대의 다른 풍습도 준수하고 있으며, 현재까지 마법의 능력이 있는 방랑 유물, 즉

---

23 에티오피아의 왕족.

'조상의 북'이란 의미를 지닌 '응고마 루군두'Ngoma Lugundu를 소유하고 있다고 주장한다. 두 개의 막대기로 들 수 있는 이 북 상자는 번개를 내보낼 수 있고 소음을 통해 적을 무력하게 만들거나 심지어 죽일 수도 있다고 주장한다. 신은 북소리를 매개로 말하며, 렘바족이 1940년 그 성스러운 북을 잃어버렸을 때까지 자기 민족이었던 렘바족을 항상 지켜주었다는 것이다.

인종학자들이 말하고 런던의 유대학자이며 역사학자인 동시에 여행작가인 투도어 파르피트[24]를 마음껏 웃게 했던 재미있는 부족의 전설이다. 그는 렘바족의 전설을 믿었으며, 그럼으로써 '영국의 인디아나 존스'라는 별명을 얻게 되었다.

1999년 충격적인 사실이 드러나는데, 정밀한 DNA 분석이 렘바족이 실제로 이스라엘 민족과 친척 관계에 있다는 사실을 입증해 주었다. 렘바족 제사장 가문의 남성 중 52%가 Y 염색체로 '코언 모달 하플로티푸스'를 지니고 있었다. 이것은 유대인 코언 가문 혹은 코하님[25]도 소유하고 있는 염색체이며, 따라서 그들은 이스라엘 민족에서 갈라져 나온 종족이었다!

파르피트는 감전된 듯한 충격에 접했다. 그는 열정적으로 계속 연구해서 짐바브웨의 하라레Harare에서 전설에 등장했던 '응고마 루군두'를 발견했는데, 이것은 아까시나무로 제작된 궤로 운반 고리도 있었는데, 불에 타서 부서진 상태였다. 나뭇조각은 방사성 탄소 연대 측정

---

24 (Tudor Parfitt, 1944~).
25 (Kohanim), 전승에 따르면 레위족에서 갈라져 나온 하위 부족으로, 이스라엘 12부족 중 신전 관리를 전담한다. 모세의 형인 아론의 직계이다.

으로 조사한 결과 14세기에 제작된 것으로 밝혀졌다. 고대의 언약궤가 아닐 수도 있다. 그렇지만 렘바족의 전설은 최초의 응고바가 수백 년 전에 파괴되었으며 남아 있던 조각을 소재로 새로운 응고바를 제작했다는 것이다.

계속 찾아야 하는가? 저주하는 동시에 위로도 잘 할 수 있는 예언자 예레미야는 바빌론 망명지로 끌려간 민족에게 다음과 같은 말로 충고할 때, 그는 후대의 신들린 몽상가, 연구자, 탐험가 등 모든 것을 겸비한 인물처럼 보인다.

> "여호와의 말씀이니라. 너희가 이 땅에서 번성하여 많아질 때는 사람들이 여호와의 언약궤를 다시는 말하지 아니할 것이요, 생각하지 아니할 것이요, 기억하지 아니할 것이요, 찾지 아니할 것이요, 다시는 만들지 아니할 것이다." (「예레미야」 3장 16절)

기원전 6세기였던 그 당시 언약궤는 이미 행방불명되었고, 알려지지 않은 장소로 그것이 있다고 단정되었거나, 아니면 언약궤가 없는 예루살렘 신전이 언약궤의 기능을 넘겨받았든 간에 언약궤를 다시 제작하길 원치 않았다. 히브리어가 아닌 그리스어로 기원전 160년에 기록되어 성서에 수록된 「마카베오하」에는 예레미야가 개인적으로 언약궤를 네보산 동굴에 숨기고 큰 소리로 사람들을 훈계하고 있다.

> "예레미야는 이 말을 듣고 그들을 꾸짖었습니다. '신께서 당신의 백성을 다시 모으시고 그들에게 자비를 베푸실 때까지는 그 장소는 아무도 모르게 감추어 두어야 한다.'" (「마카베오하」 2장 7절)

아마도 언약궤가 있는 곳을 아무도 모르는 것이 좋다는 말일 것이다. 왜냐하면, 이렇게 모르는 것이 인간의 생존을 보장해줄 수 있기 때문일 것이다. 초정통파 유대인들은 해마다 예루살렘 성전산에 솔로몬의 신전을 새로 짓기 위한 주춧돌을 가져오는데, 이것은 그들이 그곳, 즉 그들의 확신에 따르면 이미 다윗과 아브라함이 제물을 바쳤던 곳에 제단을 마련해두면 메시아가 와서 자신들을 도와줄 것이라고 믿기 때문이다.

이스라엘 경찰은 매번 이런 위험하기 짝이 없는 돌을 신속하게 치워버린다. 그리고 어느 날 갑자기 그 어떤 곳에서 사라졌던 언약궤가 다시 나타나지 않기를 희망한다. 그렇게 된다면 광신도들을 더는 막을 수 없게 될 수도 있기 때문이다.

옛 신전의 자리에 새로운 신전이 건축되어야 한다면 이슬람의 '바위의 돔'은 없어져야만 한다. 그렇게 되면 아마도 3차 세계대전이 일어날 것이다. 그 전쟁은 인간이 겪게 될 마지막 전쟁이기도 할 것이다.

7. 다윗과 골리앗은 실제 존재했는가?

목동이었다가 도적의 수괴가 된 자가 왕이 된다. 사기꾼이며
간부姦夫인 자가 놀라울 정도로 정치를 잘하며, -그가 시편
하나하나를 실제로 직접 지었다는 것을 전제로 한다면- 인류
역사에서 가장 아름답고 경건한 노래를 창작한다.

"내가 너를 목장에서 데려다가, 내 백성 이스라엘의 주권자로 삼으리라."
"네 왕위가 영원히 견고하리라." (「사무엘하」 7장 8절과 16절)

어린애였을 때 우리는 '골리앗과 싸우는 다윗'이라는 슈퍼맨 이야기
에 대해 충분히 들을 수 없었다. 아마 슈퍼맨이 여기서 우리가 그 당
시에 그랬던 것처럼 어린 꼬마이기 때문이기도 했지만, 첫째 그는 엄
청나게 용감했고, 둘째, 너무나 영리하기 때문이었다.
　착용한 투구만 1.5첸트너[1]가 나가는 블레셋 군대 출신의 엄청난 거

1　50kg에 해당함.

그림 7 : 프랑크푸르트 암 마인의 하우프트바헤에 있는 다윗과 골리앗 동상,
리하르트 헤스, 1983

인 골리앗은 초라하게 무장한 이스라엘 부족에게 싸움을 건다. 아무
도 그와 싸우려 하지 않는다. 그때 목동 다윗이 (다윗은 '연인'이라는
의미이지만, 정확히 말하면 '신의 애인'이란 의미이다) 나타나서, 아버
지의 양 떼를 곰이나 사자로부터 보호하는 데 성공한다면 그는 힘자
랑하는 미련한 허풍쟁이 골리앗을 제압해버리겠다고 태평스럽게 이
야기한다.

다윗은 자신에게 제공된 투구를 익숙하지 못하다고 거절하지만, 자
신이 잘 다룰 수 있는 투석기와 도랑에서 주운 다섯 개의 돌멩이를
지니고 간다. "너는 칼과 창으로 무장한 채 나에게 오지만, 나는 네가
조롱했던 이스라엘 신이신 주의 이름으로 네게 간다"라고 그는 소년
의 해맑은 목소리로 우람한 근육을 자랑하는 골리앗에게 외친다.

> 2000년 10월 두 번째 인티파다[2] 시작에 즈음하여 14 혹은 15세
> 정도의 팔레스타인 소년들이 이스라엘의 탱크 앞에 늘어섰다.
> TV 카메라가 가까이 다가갔을 때, 그들은 옛날 다윗이 그랬던
> 것처럼 투석기로 공포감을 일으키는 탱크를 공격하였다. 역할
> 이 바뀌었던가? 아니면 시대를 초월한 신화였다는 증거인가?

그때 거인 골리앗은 큰 소리로 웃을 수밖에 없다. 그러나 그는 다윗
이 그의 이마를 향해 던진 작고 매끈한 조약돌을 맞고 순식간에 바닥
에 쓰러져 죽는다.

---

2 (Intifada), 1987년부터 시작된 이스라엘에 대한 저항운동으로 팔레스타인인의
   민중봉기이다.

가련하지 않은 목동

다윗의 이야기를 역사적 관점에서 바라본다면 물론 일치하는 것이 거의 없다. 해양 민족인 블레셋인('침입자')은 기원전 1200년경 오늘날의 좁고 긴 가자Gaza지역을 점령하고 이제 비로소 성스러운 땅에 정착했던 이스라엘인들을 무척 괴롭혔는데, 그것은 특히 블레셋 전사들이 이미 철로 만든 무기를 가지고 있었던 반면, 이스라엘의 농부들과 양치기들은 청동검으로 싸웠기 때문이다.

엘라 골짜기Ela-Tal에서 벌어졌던 전투에 대한 기록3은 성서 이외에 그 어떤 곳에서도 없다. 성서의 텍스트는 전형적인 영웅 전설의 특징을 담고 있으며, 많은 모순을 숨기고 있다. 거인 골리앗이 여러 가지 다른 텍스트 버전에서는 다만 키가 2m에 달하며, 다윗은 틀에 박힌 성서의 감정서에 따르면 전혀 가련한 목동이 아니다.

물론 또 다른 이야기도 존재한다. 이것은 단순히 기분을 좋게 하기 위해서가 아니라, 고대의 신념에 따르면 음악이 악령을 물리치는 힘을 갖고 있기에 일종의 리라4 연주자를 찾고 있는 우울한 왕 사울의 긴장감 넘치는 멜로드라마이다. 음악의 후원자 중 한 명은 분명 다윗일 것이다. 그는 음악의 마력을 소유하고 있고, 그에 대해 다음과 같이 묘사되어 있다.

---

3   「사무엘상」 17장 2절.
4   고대 그리스의 작은 현악기. 하프와 비슷하며, 'U' 자나 'V' 자 모양의 울림 판에 넷이나 일곱 또는 열 줄을 매고 손가락으로 뜯어서 연주한다

"그는 용기와 무용과 구변이 있는 준수한 자라, 여호와께서 그와 함께 계시더이다." (「사무엘상」 16장 18절)

다윗의 아버지는 「사무엘상」에서 단순히 '베들레헴 사람 이새'로 명명된다. 이것은 그가 베들레헴에서 왔고 그곳에 정착해 있는 유다 부족에서 많이 알려져 있고 존경받고 있음을 말해 주고 있다. 그의 아들 다윗은 '무기는 돈이 있어야 한다'라고 생각하므로, 전쟁을 경험했을 것이다. 그는 가난한 목동이라면 결코 살 수 없는 키타라[5]와 유사한 값비싼 리라를 연주한다. 실제로 그가 양들을 지키는 목동이었다면 그의 아버지 이새는 많은 양을 키우는 자로서 상류계층의 구성원일 것이다. (그러나 다윗에게는 예닐곱 명의 형제가 있으므로 유산도 배분되어야만 할 것이다.)

성서 곳곳에서 읽을 수 있듯이 여기서도 전승과 문학적 장르가 혼합되어 있다. 하나의 버전에서 다윗은 사울 왕의 궁궐에서 일하는 일종의 음악 치료사로 등장하며, 다른 버전에서 그는 왕의 무기를 들고 가는 수행원으로 경력을 시작하고, 세 번째 버전에서 그는 블레셋 사람들과의 전쟁에서 걸출한 전쟁영웅으로 부상한다. 정말 놀라운 이야기가 아닌가! 「사무엘상」에서 골리앗과의 결투가 서술되고 난 후 곧바로 다윗은 군대의 최고 지휘관으로 등장한다. 블레셋인들은 물러났고, 많은 도시에서 온 여인들이 팀파니와 심벌즈로 연주하며 사울 왕을 향해 나아간다.

---

5   하프 비슷한 고대 그리스의 현악기.

"여인들이 연주하며 환희에 차서 외치되 사울이 죽인 자는 천이요 다윗은 만이로다 한지라. 사울이 그 말에 심히 노하였다." (「사무엘상」 18장 7~8절)

또 다른 버전의 이야기도 존재하는데, 거기서는 사울은 산악지대에서, 다윗이 저지대에서 각각 부족의 지도자로 등장하며, 둘은 라이벌 관계에 있다. 기원전 1200년경 성스러운 땅에서는 엄청난 규모의 민족 이동이 있었다. 수년에 걸쳐 비가 내리지 않아서 들판이 메말라 있었기에 수많은 사람이 평지의 마을과 도시를 떠나 그때까지 살지 않았던 산악지대로 이주하기 시작했다. 강도와 블레셋 사람들과 싸우면서 조그만 지역의 주민들은 씨족이나 부족으로 결합하였고, 여기서부터 후에 두 개의 평지 국가는 남쪽의 유다와 북쪽의 이스라엘이 되었다.

그러나 아마도 솔로몬 왕이 죽고 비로소 그런 일이 일어났을 것이다. 우선 첫 번째 주저했던 주민 이동을 살펴보자. 산악지대로 이주했던 북쪽 부족들은 누구나가 알고 있듯이 남쪽에 머문 부족들보다 훨씬 더 많았다. 그들은 성서에서 처음부터 좋은 평을 받지 못했다. 그들은 믿음이 부족하고 종교적으로 타락했다고 묘사되었는데, 왜냐하면 아마 그들이 남쪽 부족들보다는 가나안의 원주민과 더 잘 지냈기 때문일 것이다.

유대의 로빈 후드?

어쨌든 왜 이스라엘 민족에게 왕이 갑자기 존재하게 되었는지에 대한 이유는 블레셋 사람들이었다. 왜냐하면, 이제까지의 족장들만으로 블레셋 사람들의 위협에 더는 대처할 수 없었기 때문이었다. 대개의 예언자처럼 약간 무정부적인 생각을 지니고 있었던 사무엘은 군주가 다스리는 국가에 대해 다음과 같이 경고하고 있다.

> "'너희를 다스릴 왕의 제도는 이러하니라. 그가 너희 아들들을 데려갈 것이다. (......) 그들이 그의 마차 앞에서 달릴 것이다. (......) 그가 또 너희의 밭과 포도원과 올리브 나무에서 제일 좋은 것을 가져다가 자기의 신하들에게 줄 것이다. (......) 너희가 그의 종이 될 것이라.' (......) 백성이 사무엘의 말 듣기를 거절하여 이르되 '아니로소이다, 우리도 우리 왕이 있어야 하리니. 우리도 다른 민족같이 되길 원하나이다.'"
>
> (「사무엘상」 8장 11~20절)

그들이 양보하지 않았기 때문에 사무엘은 신의 지시에 따라 이스라엘 민족에게 왕을 점지해 주었다. 우선 사울이 ─ 정확한 히브리어로 '샤울'Scha'ul ─ 왕이 되었는데, 그 의미는 '신에 의해 청해진 자'이다. 그다음 왕으로는 ─ 여전히 사울이 통치하고 있었기에─ 특이하게도 다윗이 점지 되었다.

의심이 많고 지나칠 정도로 골똘히 생각하는 사울은 안정감이 없고 우울한 성격의 소유자이다. 그는 신의 곁에서 ─최소한 사무엘이 그렇게 주장하고는 있지만─ 그리고 아마 자기 민족의 곁에 있어서도 불편했을 것이다. 성서는 여전히 왕이었던 사울과 오랫동안 후계자로 선정되어 있었던 다윗의 관계를 여러 가지 버전의 시나리오를 통해 심리 스릴러처럼 묘사한다. 우리는 그것을 골라낼 수 있다. 예컨대,

반어적인 버전을 제작하기 위해서 선택하는 것인가? 하필 그 젊고 광채가 나며 사울의 뒤를 이을 민족의 귀염둥이가 숨이 막힐 듯 답답한 분위기가 뒤덮여 있는 왕을 서투른 리라 연주로 진정시키고 있다. 불타는 질투심이 발작하여 사울은 그를 창으로 죽이려 한다.

그 후 그는 다시 교활한 계획을 세운다. 다윗이 신부에게 주는 선물로 100명 블레셋인 음경의 포피를 사울에게 가져다준다면, 그는 사울의 미갈을 아내로 얻을 수 있다. 적에게 치명적인 굴욕감을 안기는 아주 교활한 계략인데, 왜냐하면 이스라엘 민족과는 달리 블레셋인들은 할례를 하지 않기 때문이다. 행운아 다윗은 전투에서 200명의 포피를 가지고 귀환하고, 사울의 분노와 시기는 끝없이 치솟는다.

성서에 기록되어 있는 또 다른 버전은 다윗의 부각을 일종의 전형적 마피아 경력처럼 묘사하고 있다. 불행한 사울의 왕위를 끌어내리는 꿈을 다윗은 언제부터 꿈꾸기 시작했는가? 진지한 연구자들은 사우디 왕조의 건국자인 이븐 사우드 혹은 사담 후세인과 비교한다. 미국의 종교학자 스티븐 멕켄지Steven L. McKenzie의 말을 인용해 보자.

> "둘은 영리한 정치가이며 군을 통솔하는 지휘관이다. 둘은 지배 가문의 권력을 차지하기 위해 투쟁하는 −계율을 지니지 않은− 무리의 최첨단에 있었다. 둘은 결국 라이벌 관계로 빠져들었으며 그 과정은 수단과 방법을 가리지 않고 나아가는 것이었다. (......) 선거를 통한 민주주의와 권력의 평화로운 이양이라는 생각은 다윗의 시대에는 상상조차 할 수 없는 일이었으며 오늘날까지도 근동 대부분 지역에서는 여전히 낯설다."

그리고 실제로 사울로부터 도망쳤던 다윗이 어느 날 갑자기 계율이 없는 무리의 — 인구가 적은 유다라는 작은 국가에 의해 통치되는 산악국가를 불을 지르며 약탈하면서 가로지른 600명의 — 우두머리로 등장한다. 그리고 하필 블레셋인들의 나라에서 용병으로 고용되었다는 소식을 사람들이 들으면 놀랐을 것이다.

> "다윗이 그 땅을 초토화하고, 남녀를 살려두지 않았다. (......) 그가 이르기를 아무도 우리에 대해서 상세히 보고하거나, 다윗이 이런저런 일을 했다고 알릴 수 있어서는 안 된다." (「사무엘상」 27장 9~11절)

이렇게 세련된 방식으로 무리의 우두머리 다윗은 테러를 감행하고, 그런데도 가난한 사람들의 보호자라는 명성을 얻게 된다. 마피아와 폭도들이 즐겨 하는 행동처럼 다윗은 한쪽에서 약탈하고 그 약탈물을 다른 사람에게 나누어준다. 그가 여러 번의 만남에서 자신의 적수인 사울을 대범하게 대했으며 그를 해치지 않았다는 것이 널리 알려졌고 그 일로 그는 존경받았다. 이미 역사가 되어버린 외설적인 일화가 있다. 사울이 어떤 동굴에서 어둠으로 인해 숨어 있는 다윗을 보지 못한 채 대변을 보았다. 다윗은 노련하게 사울의 외투 자락 한 부분을 떼어내었고, 그것을 후에 그에게 보냈다. 이 은신처는 후에 '다윗 동굴'로 명명되었다.

사울이 길보아산山에서 벌인 블레셋인과의 전투에서 사망했을 때 음악에 재능이 있는 다윗은 매우 시학적인 조사弔詞를 연주했다고 한다.

"이스라엘아, 네 영광이 산 위에서 죽임을 당하였도다. (……) 길보아산 들아, 너희 위에 이슬과 비가 내리지 아니하며, 너희를 기만한 광야에도 내리지 말지어다. (……) 이스라엘 딸들아, 사울을 슬퍼하여 울지어다. 그가 값비싼 보라색 옷으로 너희를 입혔도다. (……) 오호라, 영웅들이 전사했으며 싸우는 무기가 사라졌도다." (「사무엘하」 1장 19~27절)

성서적 사료史料들이 다시 서로 갈라진다. 다윗이 이 시기에 -기원전 1000년경- 이미 유다를 지배하고 있었던 반면, 사울은 북부왕국인 이스라엘을 여전히 통치하고 있었다. 어쨌든 사울이 죽은 후 공포의 대상이기도 하지만 경이롭고 심지어는 많은 이로부터 사랑받았던 무리의 우두머리 다윗을 언급하지 않고 피해갈 길이 더는 없게 되었다. 아브라함, 이삭, 야곱 등이 묻혀있는 역사적인 도시 헤브론에서 다윗은 유다의 왕이 되는 의식을 치른다.

평민에서 왕으로

그 일이 있은 지 7년이 지난 뒤 다윗은 자신이 예부시터족으로부터 정복한 예루살렘에 등장한다. 이제 그는 이스라엘의 왕이기도 하다. 예루살렘에 관한 판단은 아주 영리한 일인데, 왜냐하면 이 도시가 두 왕국 이스라엘과 유다의 경계에 있는 언덕에 정확히 위치하기 때문이다. 다윗은 여기서 북부 부족이 숭배하는 신 '엘'티이 옛 도시의 신 '살림'Schalim을 정복하는 것을 도와주었는데, 몇몇 연구자들의 견해에 따르면 예루살렘이라는 이름이 이런 사실에 기인하고 있다는 것이다.

이 7년 동안 정확히 무슨 일이 일어났는지 알려진 것이 없다. 사울의 후계자로 이스라엘을 통치했던 사울의 아들 이쉬발Ischbaal과 그의 군지휘관 아브너Abner는 살해당했으며, 성서 텍스트가 다윗이 그 살해에 관여했다는 것을 강력히 부인하고 있을지라도 주변의 많은 상황은 다윗이 영향력을 행사했음을 말해 준다. 다윗의 믿을만한 군대는 훈련 상태가 저조한 이스라엘의 농부군대보다 어쨌든 훨씬 우위에 있었다.

다윗은 노련한 연출을 도출하는 자기 재능을 또 한 번 입증한다. 그는 성스러운 언약궤를 ―그 안에는 신이 모세에게 주었던 십계명이 새겨진 돌판이 들어 있다― 블레셋인들로부터 돌려받아 예루살렘 신전의 임시 천막에 숨긴다. 다윗은 행진하면서 춤추고 노래하며, 팀파니와 심벌즈를 연주하여 모두를 흥겹게 해준다. 그리고 「사무엘하」에 따르면 신으로부터 믿을 수 없을 정도로 좋은 언약을 받는다.

> "내가 너를 목장 곧 양치기 일에서 데려다가 내 백성 이스라엘의 주권자로 삼고 네가 가는 모든 곳에서 너와 함께 있었다. (......) 내가 또 내 백성 이스라엘을 위하여 한 곳을 정하여 그를 심고 그를 거주하게 하고 다시 옮기지 못하게 하며 더는 불안에 떨지 않도록 하겠다. (......) 네 집과 네 왕국은 나로 인해 영원히 존재하며 네 왕좌는 영원히 견고하리라." (「사무엘하」 7장 8~16절)

성서에 따르면 이제 이중 왕국 이스라엘-유다라는 황금시대가 시작된다. 다윗은 그 당시 근동에 실제 존재했던 권력의 진공 상태를 ―이집트는 힘이 없었고 아수르는 이제 막 발전의 초기 단계였다― 대왕국을 건설하고 일련의 성공적인 전쟁으로 왕국의 체제를 안정시키는 데 이용한다. 바알벡, 모아브, 다마스쿠스가 이 왕국으로 편입되었다고 한다. 왕국은 남쪽으로는 홍해, 서쪽으로는 지중해까지 다다랐다. 「시편」은 이 기적의 왕을 칭송하고 있다.

> "(신은) 자신의 종으로 다윗을 선택하시고. 그가 자기 민족을 다스리고
> 이스라엘을 상속받을 수 있도록 양치기로부터 불러들이셨네."

> "신은 자신이 성유를 발라준 자, 다윗과 그 부족에게 영원히 친절을
> 보이시리라."

> "그의 왕좌는 내 앞에서 태양처럼 존속하리라."

이제 다윗은 마침내 성서의 스타가 된다. 성서에는 그에 대한 언급이 모세와 예수만큼이나 많다. 이것은 놀라운 일이 아닌데, 보잘것없는 평민에서 왕에까지 오르는 과정의 이야기가 모험소설이 지니는 모든 특징을 담고 있기 때문이다. 다윗은 깡패, 군주, 교활한 도적의 괴수, 선견지명이 있는 정치가, 권력자, 비전을 제시하는 자, 여성들의 우상, 메시아급의 구원자이다.

화려한 궁정 국가가 서술되어 있으며, 그 당시 여왕에게는 일반적인 상황인데 예닐곱 명의 부인으로부터 태어난 수많은 아이에 대해 언급되어 있다. 그 때문에 왕위 계승을 둘러싼 갈등도 곧 나타나게 된다. 다윗은 아들 압살롬이 전쟁으로 지친 백성의 불만을 대변하여 일으킨 반란을 진압한다. 그는 말년에 이상한 죄를 범한다. 그는 인구조사를 명령했는데, 이것은 이스라엘 민족을 강하고 번창하는 민족으로 만들어주겠다는 신의 약속을 믿지 못하는 사건으로 해석될 수 있

다. 곧이어 그는 40년에 걸친 통치를 끝내고 사망하게 되며 예루살렘에 묻힌다. 그는 왕국을 아들 솔로몬에게 물려준다.

그것은 역사적 사실이 아니다 - 아니 사실인가?

모순을 내포하고 있는, 여러 시대와 편집 과정을 거쳐 유래한 성서의 보고라면 사실이 아닐 수도 있고, 사실일 수도 있다. 역사학자와 고고학자들은 성서의 나오는 내용에 대해 거의 모든 것에 문제를 제기한다. 예컨대, 과장하길 좋아하고 도발적으로 표현하지만, 국제적으로 매우 알려진 텔아비브 대학 고고학과 학과장인 이스라엘 핀켈스타인Israel Finkelstein은 대왕국 이스라엘-유다는 존재하지도 않았으며, 다윗은 이집트인 혹은 아수르인의 눈에는 기껏해야 씨족이나 조그만 도시 국가와 전쟁했던 작은 지역의 군주에 불과하다고 주장한다. 발굴자들은 특히 정치적 단위인 이스라엘과 유다에 대해 의구심을 제기한다. 산악지대 북쪽 절반은 기원전 10~9세기에 예닐곱 지역과 몇몇 큰 축성이 있어 인구밀도가 높았던 반면, 유다 골짜기에는 드문드문 흩어져 있는 몇 안 되는 마을의 잔해만 발견되었다. 예루살렘도 그 당시에는 500명의 주민이 있는 산골 마을에 지나지 않았다는 추정도 충분히 가능하다. 산악지대 전체에는 45,000명 정도의 주민이 거주했을 것이라고 핀켈스타인 교수는 추정하고 있다.

많은 연구자가 수십 년 전에는 심지어 다윗과 솔로몬이 존재하지도 않은 인물이며 영국의 아서왕처럼 신화 속의 인물이라고까지 주장했다. 그런 주장의 근거는 이집트나 메소포타미아에서 유래한 텍스트의 어디에도 두 왕을 언급하는 부분이 없으며, 예루살렘에서 발굴된 몇몇 돌에도 그들과의 관련성이 존재하지 않는다는 것이다. 물론 헤롯이 성전산에서 끝없이 이어진 자신의 토목 공사로 예전 건물의 잔해를 깡그리 파괴했다는 반론을 펼 수도 있지만, 몰락의 길에 접어든 이웃 왕국들도 다른 나라와의 교류에서 거의 언급되고 있지 않았다.

그러나 1993년 북이스라엘의 고대도시 단Dan의 잔해로 이루어진 언덕에서 '현무암 비문'Basalt-Stele의 파편이 발견되었는데, 기원전 9세기 중반에 제작된 것으로 '다윗 가문 출신'의 왕 요람Joram이 언급되어 있다. 따라서 그 당시는 최소한 다윗 왕조가 여전히 기억되는 시기였다. 이집트 테벤Theben의 아문Amun 신전에 있는 부조浮彫에도 유다에 있는 '다윗의 언덕'Höhe Davids6을 암시하는 내용이 발견되었다. 여하간 이것들이 다윗이 존재했다는 것으로 해석될 수도 있는 빈약하기 그지없는 증거들이다. 다윗 존재의 구체적인 증거는 성서가 유일하다.

만약 전승 과정이나 이데올로기적 이해관계에 대해 약간의 이해를 지니고 성서를 비판적으로 읽는다면 모순들은 해결된다. 이상적 제왕을 만들기 위해 목동 다윗을 과대평가한 것은 일종의 건국신화로 사용하기 위함이다. 예컨대, 사회나 국가 혹은 종교 등도 이런 종류의 건국신화를 오랜 기간에 걸쳐 만들어 낸다. 황금시대나 통일 군주국의 전설은 이스라엘 민족에게 뚜렷한 정체성을 부여한다. 더군다나 옛날의 찬란함이 더는 남아 있지 않을 시기에는 더욱더 강한 정체성

---

6 "다윗이 하나님을 경배하는 언덕에 이를 때에 아렉 사람 후새가 옷을 찢고 흙을 머리에 덮어쓰고 다윗을 맞으러 온지라" (「사무엘하」 15장 32절).

을 주기 때문이다.

기원전 7세기 아시리아인들이 이스라엘을 파괴하고 주민들을 학살하는 동안, 남부 왕국인 유다는 짧으나마 전성기를 경험한다. 예루살렘은 15,000명의 주민이 거주하는 비교적 큰 도시가 되었으며, 신전과 관료도 존재했고 아랍 이웃들과 이익을 남기는 무역도 했다. 경건한 신심을 지닌 왕 요시야Joschija의 통치하에서는 정신의 발효 과정으로 진입한다. 그는 종교적이며 민족적인 중흥기를 이루려고 작정하고 낯선 우상들을 쫓아내고 북부왕국을 개혁하여 통일 왕국을 건설하고자 했다. 그리고 다시 점점 공격적으로 행동하는 이집트인들에 대해 자신의 세력을 보여주고자 했다.

이것은 1989년 장벽이 무너졌을 때의 독일 상황과 유사하다. 즉, 거의 알지도 못하는 동족, 형제, 자매 등이 갑작스럽게 생기며, 공유해야 할 가치, 상징, 기억 등이 필요해진다. 요시야에게 이것은 전설적인 왕 다윗이다.

성서에 기록된 이 종교적 정치적 개혁 운동의 실패는 '신명기 사서史書'라 명명되고 있다. 그리스어 'Deuteromium'(신명기)는 '두 번째 계율'을 의미한다. 제사장, 예언자, 필경사, 궁정 관리 등으로 이루어진 팀이 다윗을 이상적 인물로 만들고, 예루살렘을 종교 세계의 중심으로 만드는 문학, 역사의 기억, 전설, 인구조사 등을 소재로 사용했다. 핀켈스타인 교수의 견해에 따르면 그 당시 백여 년 동안 지속하였던 국가 형성 과정을 단 한 명의 천재 왕이라는 개인에 관한 서술로 압축하였고, 중요한 사회적 변화는 실제 일어났던 시기보다 100년 혹은 200년 일찍 시작되게 서술되었다는 주장이다.

수단을 가리지 않는 메시아

하나의 신화는 흥미를 유발하는 데 이용되며 정해진 관점에서 현실을 바라보지만, 그것은 단순히 위조라 말할 수 없고 그 자신만의 진실을 담고 있다. 동화 속에나 등장하는 왕 그리고 하느님이 성유聖油를 발라준 자에게 바라는 희망이 수백 년이 흐르는 동안 눈에 뜨이게 정치적 영역에서 종교적 영역으로 이동한다. 멸시받고 박해당하여 여러 지역으로 흩어져버린 이스라엘 민족은 다윗의 후손으로 이 세상에 와서 그의 추종자인 자신들을 마침내 자유로 인도해줄 메시아에 대한 희망을 품고 있다. 그리스도인은 예수에 대한 이런 무한한 희망을 전파하며, 그가 체포되어 십자가형을 받기 며칠 전에 '다윗의 아들'로서 예루살렘으로 어떻게 들어갔는지 이야기한다.

> "이새의 줄기에서 한 싹이 나며, 그 뿌리에서 한 가지가 나서 결실할 것이요. 그의 위에 여호와의 영이 강림하시리니. (......) 그는 공의로 가난한 자를 심판하며 정직으로 세상의 겸손한 자를 판단할 것이다."
> (「이사야」 11장 1~4절, 이새는 다윗의 아버지였고, 옛 가사佳詞는 이새의 뿌리에 관해 말하고 있다)

고딕 대성당의 유리 창문에는 이새, 다윗, 솔로몬에서 예수까지 갈라져 있는 이런 계보도가 그려져 있다. 흥미롭게도 다윗은 이슬람 전통에서도 계속 살아 있지만, 가수와 예언자로 등장하며 신심神心에 따른 왕으로서 단지 주변 인물에 지나지 않는다.

서구 문화사에서 다윗은 콘스탄틴과 카를 대제와 함께 군주의 표본으로 여겨진다. 수백 년 동안 사람들은 다윗이 권력욕에 사로잡혀 있고 자기 비판적이며, 목적을 위해서는 수단을 가리지 않는 그리고 자기 죄를 고백하는 이런 다윗의 인간적인, 너무나 인간적인 면을 기억한다.

다윗은 경건하며 교활하고, 감수성이 강하며 거리낌이 없다. 그는 신에 대한 열정적인 사랑으로 가득 차 있고 자기감정을 조절할 줄 모른다. 그의 눈먼 열정이 성적인 폭력을 행사하게끔 그를 충동질한다. 이것을 은폐하기 위해 그는 비열한 살인을 저지른다. 그는 자신과 같이 권력욕에 굶주리고 자제심이 없는 아이들을 만들어 낸다. 그는 아들이 왕좌를 노릴 때 그를 죽이며 고통으로 미친 듯이 운다. 그는 평범한 인간이 가질 수 있는 성격의 소유자이다. 그는 원하는 것이 많으며, 행동에서 대부분 대범함을 보이지만, 진정성이 없고 이기적이며 비열하고 괴롭게 후회하곤 한다. 아마 그 때문에 그는 오늘날까지 매력적인 인물로 남았을 것이다.

다윗이 왕에 오르기 전에, 왕위 계승자로서 자신의 위치에 개의치 않고 아버지인 사울의 계략으로부터 다윗을 보호해주는 요나단Jonatan과의 친밀한 우정이 서술된다. 사울의 죽음에 올린 다윗의 조사弔詞에 사울의 아들이 언급되어 있다.

> "내 형 요나단이여 내가 그대를 애통해 함은, 내가 그대를 심히 사랑했음이라. 그대가 나를 사랑함이 기이하여 여인의 사랑보다 더하였도다." (「사무엘하」 1장 26절)

물론 그들이 동성애 커플은 아니었다. 그 당시 근동에서 사람들은 남성과 여성 사이의 애정보다도 두 남성 사이의 감정을 훨씬 더 솔직하게 말했다. 그러나 동성애를 실행하는 것은 엄격히 금지되었고, 성서 작가들에 의해 창작된 다윗 신화는 그렇게 솔직한 고백을 기록하지는 못했을 것이다. 여기서 '사랑'은 오히려 우정이나 정치적 충성을 의미하고 있을 것이다.

후에 사람들은 이복 오빠에 의해 강간당한 다윗의 딸 타마르의 비극적 운명, 그리고 암논Amnon을 죽이게 하고 왕인 아버지에 대항하여 반란을 일으켜 결국 자살로 생을 마감했던 다윗의 아들 압살롬의 종말을 상기했다. 성서는 다윗의 절망을 다음과 같이 묘사한다.

> "나의 아들 압살롬아, 나의 아들, 나의 아들 압살롬아! 내가 너 대신 죽을 수 있다면. 압살롬, 나의 아들아, 나의 아들아!"(「사무엘하」 19장 1절)[7]

그리고 놀라울 정도로 아름답고 젊은 밧세바를 향한 다윗의 열정이 뒤따라 서술되었다. 밧세바는 다윗 정예병 소속의 헤디터 우리아Hethiter Urija의 부인이었다. 다윗은 그녀를 약간의 폭력으로 제압하여 관계를 갖게 되고, 그 일로 그녀는 임신하게 되었다. 다윗은 자신의 장군 요압Joab에게 비열하기 짝이 없는 명령을 내리는 수밖에는 다른

---

7 이 구절의 한글 성서는 대부분 "왕이 압살롬을 위하여 울며 슬퍼하시나이다"(대한성서공회)와 영어 성서는 "Behold, the king weepeth and mourneth for Absalom."(킹제임스버전)로 번역하고 있다. 너무 평이하게 해석하여 다윗의 절망감을 독자는 느낄 수 없다. 반면, 독일어성서는 "Mein Sohn Absalom! Mein Sohn, mein Sohn Absalom! Wollte Gott, ich wäre für dich gestorben! O Absalom, mein Sohn, mein Sohn!"(루터성서 2017)로 번역되어 있다.

해결책을 찾지 못했다.

> "너희가 우리아를 맹렬한 싸움에 앞세워 두고 너희는 뒤로 물러가서
> 그로 맞아 죽게 하라." (『사무엘하』 11장 15절)

우리아는 죽었고, 밧세바는 다윗의 하렘[8]으로 들어갔다. 예언자 나탄은 왕이 심각한 죄의식을 지니고 회계悔改의 시편을 지으라고 충고했고, 그 유명한 '미제레레'Miserere[9]가 탄생하였다.

> "주여, 당신의 은혜로 저를 사하시고, 가엽게 여기시어 저의 죄과를
> 지워주소서! 저의 실수를 저로부터 씻어내어 저의 죄에서 저를 깨끗
> 하게 해주소서! 제가 저의 사악한 행동을 알고 있으며, 저의 죄가 항상
> 저의 목전에 있기 때문입니다. (……) 주여, 깨어지고 부서진 마음을
> 물리치지 마소서." (『시편』 51편 3~5절, 19절)

밧세바는 다윗이 늙어 노쇠해졌을 때 치밀한 계획을 세워 자기 아들 솔로몬에게 제왕으로 가는 길을 순탄하게 만들었다고 하니 역사의 아이러니가 아닐 수 없다.

옛날에는 하프 혹은 리라를 들고 있는 다윗의 모습이 자주 그려졌다. 사람들은 성서에 수집된 150편에 이르는 『시편』의 상당 부분을 다윗이 썼을 것으로 추정한다. 물론 『시편』에 기록된 사건들이, 예컨대 예루살렘 신전의 헌당식처럼 종종 기록된 시기보다 더 늦은 시기

8　여자의 방, 규방을 뜻함.
9　'통회(痛悔)의 기도'라는 의미로 『시편』 51편의 서두에 나온다.

에 일어났기에 다윗이 쓰지 않았을 수도 있다. 그러나 많은 사람이 문학 작품 「시편」의 작가가 다윗이라 믿고 있고, 그가 예술가 혹은 작가로서 명성을 지니고 있음을 확신한다. 오늘날에도 수도승들이 밤에 '기도송'Gotteslob을 부르기 위해 기상하여 어둠이 아직 그치지 않은 교회에서 「시편」을 찬송하기 위해 모이는 곳에는 항상 다윗 왕에 관한 불멸의 신화가 소생한다.

> "주여, 충성을 맹세한 다윗에게 당신이 굳게 약속했던 은혜 받은 망자 亡者는 어디에 있나이까?"

> "오, 주여, 저는 새로운 노래를 당신을 위해 부르겠나이다, 당신을 위해 열 개의 현이 있는 하프를 연주하겠나이다. 당신이 왕들에게 승리를 부여해 주었고, 당신의 종 다윗을 곤궁에서 구해주셨던 그 하프를 연주하겠나이다."

8. 사바의 여왕은 어디서 왔는가?

통치자, 태양신을 모시는 제사장, 향연의 길로 인도하는
대상隊商 안내자? 3000년 전부터 남성들은
존재하지도 않았을 한 여성에 대해 꿈꾸고 있다.

"예루살렘 딸들아, 내가 비록 검으나 아름다우니." (「아가」 1장 5절)

1797년 6월 제1차 검은 프리메이슨 연맹의 창립자인 프린스 홀Prince Hall은 매사추세츠주의 메노토미에서 자의식을 지니고 백인 인종 차별주의자와 압제자에 대항하여 싸우도록 친구들에게 호소하는 열광적인 연설을 했다. 거기서 그는 성서에 나오는 사례를 언급했다. "에티오피아인인 예트로는 자신의 사위 모세가 정부를 구성할 때 조언을 해주었습니다. 따라서 모세는 흑인에게서 가르침을 받는 데 대해 부끄러워하지 않았습니다!" 프린스 홀은 계속해서 연설을 이어갔다. "솔로몬은 사바의 여왕과 대화를 나누는 것에 대해 부끄러워하지 않았습

그림 8 : 〈사바의 여왕을 영접하는 솔로몬〉, 피렌체 산 조반니 세례당에 새겨져 있는 로렌초
기베르티의 부조물

니다."

여기서 비밀에 싸인 여왕이 다시 등장한다. 그녀는 수백 년 전부터 흑인을 그녀가 지니는 고유의 품위에 대한 상징으로 여겼고, 수많은 민족의 전설에서 팔색조의 존재로 선도하고 있다. 예컨대 여성 해방의 빛나는 본보기도 되었지만, 사악한 마녀로도, 빛나는 자태를 지닌 여인도 되었지만, 파멸로 이끄는 여인으로도 묘사된다. 사바의 여왕이 실제로 존재했다는 것은 사실이 아닌 듯하다. 그리고 그녀와 결부된 자유와 존중에 대한 희망은 모두 에티오피아 황제 가문의 건국신화라는 하나의 전설에 기인하고 있다. 성서에 기록되어 있는 여왕은 —왕의 경우 아주 특이한 경우인데— 이름이 없다. 그녀는 성서가 아닌 전승 자료에서는 빌키스, 아지즈, 마카다 등으로 불린다. 예멘의 가젤1은 그녀의 이름을 따서 '사바여왕 가젤'Gazella-bilkis로 명명되었지만, 현재 멸종되었다.

성서에 사바의 여왕은 —그녀가 등장하는 많은 신화에서처럼— 거의 같은 두 가지 버전으로 단 몇 줄만 기록되어 있다. 하나는 기원전 6세기 「열왕기상」(10장, 1~13절)에 나오며, 다른 하나는 기원전 5세기 「역대하」(9장 1~12절)에 나온다. 거기에 서술된 이야기는 기원전 950년경 일어났다. 그런 불가사의한 일은 이스라엘 왕 솔로몬과 그의 총명함, 그의 정치적 카리스마, 그의 부유함 등에 관한 것이며, 2,400㎞나 멀리 떨어진 곳에 거주하는 사바의 여왕이 전설적인 동료 솔로몬과 친교를 맺기 위해 먼 여행을 했다는 것이다.

여행이 3년 혹은 심지어 7년이나 걸렸다는 사실, 여왕이 사람의 마

---

1 소과의 포유류.

음을 현혹할 정도로 아름답다는 사실, 비범한 두 인물 사이에 사랑의 이야기가 전개되고 그 결과가 후에 에티오피아의 왕이 되는 메넬리크('현자의 아들')라는 이름의 아들이었다는 사실, 이 모든 것이 성서에 기록되어 있을 뿐만 아니라 유대교, 그리스도교 혹은 이슬람교의 전설이다. 그러나 사바의 여왕과 그녀의 예루살렘 방문이 실제로 존재했다면 그녀는 교양 있고 학문적인 지식에 관심이 있었음은 분명하다. 그렇지 않았다면 그녀가 이스라엘 민족에게 그렇게 매혹적이진 못했을 것이다.

"매우 많은 수행자를 데리고 발삼과 많은 금과 보석을 낙타에 싣고"(「열왕기상」 10장 2절 =「역대하」 9장 1절) 그녀는 예루살렘에 왔다고 한다. "그녀는 황금 120달란트와 아주 많은 발삼과 보석을 왕에게 드렸다"(「열왕기상」 10장 10절 =「역대하」 9장 9절). 발삼은 향유이며 여왕의 고향에서 생산되는 인기 상품이다. 120달란트의 황금은 오늘날의 가치로 환산하면 120첸트너[2]에 해당한다.

그녀는 행복해하며 많은 것을 선물한 후 사바로 돌아가기 전에 솔로몬에게 감격에 벅찬 찬사를 보냈고, 이스라엘 민족이 자신들의 지배자로 그녀에게 알려주었던 신을 찬미했다.

> "그녀가 왕께 말하되 내가 내 나라에서 당신과 당신의 지혜에 대하여 들은 것이 사실이로다. (......) 참으로 내게 말한 것은 절반도 못되니 (......) 여호와께서 영원히 이스라엘을 사랑하시므로 당신을 세워 왕으로 삼아 정의와 공의를 행하게 하셨도다." (「열왕기상」 10장 6~7절, 9절)

---

[2]   100파운드.

솔로몬처럼 단지 일개 부족의 족장인가?

천일야화에서 나오는 이야기 같은 이런 사바의 여왕에 관한 이야기를 좋아하는 사람은 노프레테테와 클레오파트라와 더불어 고대 동양에서 가장 유명한 사바의 여왕이 실제로 역사적 인물인가에 대한 질문이 쓸데없음을 알게 될 것이다. 가나안과 수메리아의 신화들은 유사한 내용을 서술한다. 성서 이외에 어떤 자료에도 빌키스라는 여왕이 언급되고 있지 않기에, 그리고 솔로몬 시대에 초기 사바³왕국의 제왕 목록에는 여성 군주가 없으므로 사바 여왕의 이야기는 아름다운 전설에 지나지 않을 것이다. 아니면 사바에는 미성년 아들 대신 대리청정했던 빌키스라는 여왕이 통치했는데, 후에 그 아들이 연대기에서 그것에 대한 기억을 지우게 했기에 제왕 목록에는 남아 있지 않게 되었는가?

어쨌든 아랍에는 여왕이 존재했다. 예를 들면, 기원전 8세기 게다르의 용감한 자비베 혹은 서기 3세기 팔미라의 제노비아가 여왕이었다. 솔로몬은 아마 그들 중 한 명과 개인적인 관계 혹은 경제적인 관계를 맺고 있었을 것인데, 후에 사람들이 사바Sabäer왕국과의 좋은 관계를 중요하게 생각했기에 '사바'Saba라는 이름을 옛 자료에 첨가했을 것이다. 역사학자들은 고도로 발달한 사바 문화가 아마도 솔로몬 시대가 지난 후에 비로소 형성되지 않았는지 분명하지 않기에 판단하는 데 어려움을 겪고 있다.

---

3   사바인은 아라비아반도 남부에서 거주하며 남아랍어로 소통했던 고대의 민족이다.

그리고 솔로몬이 실제로 그 당시 이미 부유하고 중요했던 사바에서 온 귀한 손님을 영접했다고 가정한다면 이 손님이 실제로 누구였던가 라는 질문이 제기된다. 여왕? 부족의 족장? 태양신 혹은 달의 신을 모시는 여제사장? 왕의 사절단 대표? 귀중품을 지닌 대상隊商을 인도 하는 우두머리? 미국의 고고학자 니콜라스 클랩Nicholas Clapp은 위대한 솔로몬을 이스라엘 산악지대 출신의 재능있는 족장으로 축소했을 뿐 만 아니라 사바의 여왕도 부흥하는 이스라엘과 무역하려고 시도했던 아랍의 어떤 오아시스에 있는 부족의 족장으로 간주했다.

클랩의 이스라엘 동료 몇몇이 솔로몬의 역할을 유사하게 해석했다. 솔로몬이 산악지대 외진 곳에 있는 왕국의 보잘것없는 통치자였는데, 그곳에는 화려한 건축물은 물론이거니와 궁정 국가도 존재하지 않았 고, 거의 모든 주민이 몹시 가난했으며 문맹이었다. 기원전 7세기에 솔 로몬이 죽고 난 후 오랫동안 사람들은 아시리아를 본보기 삼아 -'아름 다운 신세계가 경제와 문화의 국제 관계'(이스라엘 핀켈스타인)에 참여 하라는 이스라엘 민족의 요구에 근거를 마련하기 위해- 이 보잘것없 는 왕 솔로몬을 이상적인 통치자, 현명한 재판관, 호상豪商으로 양식 화시켜 묘사하였다.

사바 왕국은 최소한 1500년 동안 실제로 존재했다. 그렇지만 왕국 이 어디에 있었는지는 의견이 분분하다. 오늘날의 예멘을 포함하고 대략 독일, 오스트리아, 스위스, 이탈리아를 모두 합친 만큼 큰 고대 남부 아랍에 있었던가? 아니면 에티오피아에 있었던가?

신들과 사자(死者)를 위한 유향

그리스인과 로마인은 수도 페트라와 사막 지역 '아라비아 데세르타'Arabia deserta가 있는 북부의 황폐한 나바테아 왕국과 뚜렷한 대조를 이루고 있는 아랍의 남부를 행운의 아랍이란 의미를 지닌 '아라비아 펠릭스'Arabia felix라 불렀다. 인상적인 신전 잔해, 엄청난 규모의 도시 성벽 잔해, 제방의 갑문이 아직 남아 있다. 그 당시에 이미 사바 왕국은 많은 비밀로 둘러싸여 있었다. 단지 엄청나게 부유했다는 사실만은 누구나 알고 있었다. 고대의 엘도라도⁴였다.

> "바다의 부가 네게로 돌아오며, 이방 나라들의 재물이 네게로 옴이라. 수많은 낙타, 미디안과 에바에서 온 어린 낙타가 네 나라에 가득할 것이며, 사바인은 모두 금과 유향을 가지고 와서 여호와를 위해 영광스럽게 죽은 자를 찬양할 것이다." (「이사야」 60장 5~6절)

> "사바인은 일부는 농경으로, 일부는 자신들이 가죽으로 만든 배로 해협을 통과하여 가져온 국내외 산 향료를 거래하며 생활한다. 이런 거래로 사바인은 가장 부유한 종족이 되었으며, 소파, 예언자의 좌석, 조제 항아리, 술잔 등과 같은 금이나 은으로 제작된 소비품을 많이 소유하게 되었다. 그들의 화려한 주택의 대문, 벽, 지붕은 상아, 황금, 은, 보석으로 치장되었다." (스트라본)

---

4   황금이 넘쳐난다는 지역에 관한 전설이다. 대항해 시대 당시 많은 정복자가 엘도라도를 찾으려고 했으나 모두 실패했다.

여기서 '유향 도로'에 대해 이야기하고 있는 그리스의 역사학자이며 지리학자인 스트라본Strabon(기원전 63/64~기원후 24)은 부지런한 작가였으며, 기원전 24년에 아라비아에서 일종의 종군기자로 아우구스투스가 파견했던 ─ 그리고 여기 뜨겁고 길다운 길이 없는 예멘에서 머나먼 독일에 있는 동료들처럼 똑같이 한계에 부딪힌 ─ 로마 대군과 함께 진군하고 있었다. 로마는 두 번 웃음거리가 되었다.

'유향 도로', 이것은 이국적인 동화의 세계처럼 들리지만, 남부 아라비아에 많은 이익과 문화적 번영을 선사해 주었던 냉혹할 정도로 힘든 사업을 가능하게 해준다. 팔레스타인과 다마스쿠스에 있는 아덴Aden만에서 가자Gaza까지 3,000km에 이르는 구간에는 유향과 미르라(이집트인에게는 사자死者를 방부 처리하는 것이 중요한데, 미르라가 거기에 쓰임), 소금과 향료 외에도 인도에서 온 상아와 여러 가지 사치품, 그리고 사상이나 종교적 확신까지도 왕래했다.

유향은 근동과 지중해 지역에서는 어디서나 필요로 했고, 신전에 바치는 제물, 생존해 있는 통치자에 대한 충성의 맹세, 저명했던 사자死者를 위한 장례식 등은 향기가 나는 방향제가 없다면 상상할 수조차 없었다. 베르길리우스[5]도 기원전 1세기에 키프로스 섬의 파포스에 있는 아프로디테 성전을 흠모했는데, 성전의 모든 제단에는 사바에서 생산된 유향의 냄새가 발산되었다. 의사들도 소독을 위해서 유성 수지樹脂인 유향을 사용했고, 발화發火 억제용으로도 사용되었다. 고대

---

5 (Vergil, 기원전 70~기원전 19), 로마의 국가 서사시 『아이네이스』의 저자. 로마의 시성이라 불릴 만큼 뛰어난 시인으로 이후 전 유럽의 시성으로 추앙받음. 단테가 저승의 안내자로 그를 선정할 만큼 위대한 시인이었다.

자료에 따르면 인도양의 계절풍인 몬순의 영향을 많이 받는 도파르 Dhofar의 아라비아 산악지역에서는 1,000개에 못 미치는 가정이 의식에 따른 청결 상태에서 유향 나무를 자르고 우윳빛으로 끈적이는 즙을 −이것이 공기와 만나 건조하게 되면 수지樹脂가 된다− 채취할 권리를 상속받는다고 한다.

　사바인은 물론 자신들 고유의 신이 자비로운 모습으로 보이게 하려고 유향을 사용했다. 이런 모습은 청동 입상이나 제물을 바치는 모습이 새겨진 부조물에서 엿볼 수 있다. 사바인의 종교에 대해 세세한 부분까지는 알려지지 않았지만, 그들이 −이런 나라들에서 흔히 그렇듯이− 풍요로움을 기원하고 있다는 사실은 분명하다. 사바의 주요 신화에 따르면, 해마다 불만스러운 구름 신을 위해 반드시 한 명의 젊은 여성이 제물로 바쳐져야 했다. 그러면 구름 신은 비를 보냈고 인간은 생활에 꼭 필요한 물을 얻었다. 어느 날 한 젊은 −그러나 추한 당나귀 가죽을 덮어쓴− 영웅이 나타나서 달이 밝게 빛나는 밤에 사악한 악령인 구름 신을 죽였고, 제물로 바쳐진 소녀와 결혼했다. 그가 당나귀 가죽을 벗어 던지자, 그는 첫째 아름다운 왕자임이, 둘째 인간에게 우호적인 '아트타르'Athtar라는 이름의 신神임이 밝혀졌다. 구름 신의 죽음 그리고 신과 인간인 신부 사이의 '성스러운 결혼식'은 아마 정기적으로 제식 형태로 수행되었으며 봄의 축제로 크게 열렸을 것이다. 이것은 아마 유대교의 유월절과 그리스도교의 부활절과 같은 기간일 것이다. 종교는 우리가 믿고 있는 것보다 더 긴밀하게 서로 연결되어 있다.

　오늘날 예멘의 수도 사나Sanaa 동쪽으로 100㎞ 떨어진 곳에 사바의

159

대도시 마립Marib이 있었다. 여기는 1년에 2번 세차게 비가 쏟아지고 고대에 인구밀도가 높은 오아시스 지역에 있는 바디 아다나Wadi Adana 에서 흘러나온 물을 힘차게 내뿜고 있던 곳이었다. 고고학 탐사팀들은 지금까지 여왕의 궁전을 찾았지만 허사였다. 페르시아의 역사학자 타바리[6]가 ─그는 물론 서기 9세기에야 비로소 글을 남겼는데─ 옳다면 그 궁전은 상상할 수 없을 정도로 화려해 보였다. 그녀의 왕좌는 회당처럼 컸다고 한다. "궁전의 주춧돌은 붉은 황금으로 구성되어 있었으며 왕좌 전체가 진주와 루비로 겹겹이 장식되어 있었다."

강간을 자랑스럽게 여김

도대체 사바 왕국이 오늘날의 에티오피아에 언제 있었던가? 1974년 인류 역사에서 가장 긴 에티오피아 왕조가 정치 무대에서 사라졌다. 13세기부터 왕조는 셈족, 구스족kuschiten[7], 소말리아인, 다니길인Danakil, 암하렌족Amharen 등으로 구성된 다민족 국가를 통치하였다. 그들은 14세기에 제작된 민족 서사시 「케브라 나가스트」[8]를 자신들의 건국신

---

[6] (Tabari, 838~923).

[7] 유대 경전 타나크에 따르면 대홍수 이후 인류는 노아의 세 아들, 셈, 햄, 자페트에 의해 번성한다. 구스인은 햄의 장남 구스로부터 뻗어 나온 종족이다. (「창세기」 10장 6절 참조)

[8] (Kebra Nagast), 에티오피아 솔로몬 황제의 유래에 대해 에티오피아어로 저술된 기록물. 현존하는 텍스트는 13세기 말에 제작된 것이며, 많은 에티오피아 그리스도인과 라스타파리 신도들에 의해 신봉되고 있다. 책은 사바의 여왕이 어떻게 솔로몬을 만났고, 그와 잠자리하여 메넬리크를 낳았는지, 그리고 어떻게 언약궤가 에티오피아로 오게 되었는지 등에 대해 자세히 서술하고 있다.

화로 사용하고 있었다. 이 작품은 구약성서와 비슷하게 사바의 여왕이 ㅡ 여기서 그녀는 마게다라는 이름으로 등장하는데ㅡ 예루살렘의 솔로몬 왕을 방문한 것에 관해 서술하고 있다. 그리고 여기서도 그녀가 방문한 동기가 지식과 현명함을 향한 열정적인 갈증이었다.

그러나 아주 고상하게 서술하고 있는 성서와는 달리, 에티오피아 전설에 따르면 이미 노령에 접어든 솔로몬 왕이 매력적인 여왕에게 홀딱 빠져버린다. 그녀가 그를 거부하고 플라토닉적인 우정을 주장하자 그는 자신의 목적을 이루기 위해 아주 천박하게 행동한다. 즉, 솔로몬은 그녀가 자신이 가진 것에 어떤 폭력도 행사하지 않는 한 그녀를 건드리지 않겠다고 약속한다. 그러나 그가 그녀에게 맵게 요리된 음식을 주고, 밤에 그녀가 갈증을 느껴 침대 옆에 있는 항아리의 물을 마시자 솔로몬은 냉혹하게 그것을 도둑질이라 해석하고 그녀를 강간하는 것이 적법하다고 생각한다.

「케브라 나가스트」는 솔로몬이 행한 그런 범행에 관해 기쁘게 서술하고 있는데, 왜냐하면 솔로몬의 정자를 통해 신의 구원이 이스라엘에서 에티오피아로 넘어오기 때문이다. 그녀의 의지와는 상관없이 세상에 나오게 된 아이를 마카다는 혼자 키웠는데, 그 아이가 메넬리크로 새로이 선택된 종족의 첫 번째 왕이다. 그때 이후로 에티오피아의 모든 왕은 자신을 '솔로모니덴'Salomoniden이라 불렀고 다윗과 예수가 자신들과 혈족 관계임을 자랑했다.

할렘의 랍비 매튜[9]와 같은 흑인 유대인 지도자는 이런 전설을 근거로 자신들이 아브라함과 솔로몬의 직계 자손이라고 생각한다.

---

9 (Wentworth Arthur Matthew, 1892~1973).

"솔로몬 왕이 사바의 여왕과 결혼했고, 그녀는 아프리카로 돌아
가서, 성서에 메넬리크 1세로 알려진 아들을 낳았다." (랍비 매튜)

그리고 흑인 그리스도인은 솔로몬의 궁궐에서 유일신을 추종하게
되었다는 자신들의 아름다운 조상, 사바의 여왕을 항상 자랑했다.
　이런 전설은 왕조의 정당화에 이용된 선전이다. 그밖에도 솔로몬의
강간에 관한 전설은 특이하게도 성스러운 결혼이라는 가나안 의식을
상기하게 만든다. 그러나 「케브라 나가스트」가 제작되기 오래전인 서
기 1세기에 전문적인 지식을 갖추고 있지만, 가끔 환상적으로 서술하
곤 하는 유대인 역사학자 플라비우스 요제푸스[10]가 '이집트와 에티오
피아에서 온 어떤 여왕'의 예루살렘 방문에 관해 언급하였다.
　사실에 집착하는 경향이 짙은 현재에 에티오피아 악숨Aksum의 아주
꼼꼼한 발굴 작업으로 나온 성과물들은 한층 흥미로워 보였다. 독일
함부르크 출신의 고고학자 헬무트 치게르트[11]를 주축으로 한 발굴단
은 실제로 여기서 −600년경에 건설된 그리스도교 통치의 본거지인
− 메넬리크 왕의 궁전을 발견하였다. 메넬리크의 주거지에는 한층
오래된 −그의 어머니가 거주했을 가능성이 많은− 궁전의 성벽 토
대가 있었다. 전문가들은 여전히 회의적이다. 그들은 메넬리크가 자
신의 궁전에 예루살렘에서 가져온 언약궤를 위한, 에티오피아에서 가
장 오래된 유대인 신전을 지었다는 치게르트의 주장을 의심한다.
　혼란하기 짝이 없는 지적 게임이다. 왜냐하면, 악숨에는 제물로 올

10　(Flavius Jesephus, 37~100).
11　(Helmut Ziegert, 1934~2013).

려진 수많은 동물의 잔해 외에도 두 개의 멋 있는 현무암 기둥이 있는 -'개의 별'이라고도 부르는 시리우스성星이 뜨는 곳을 정확히 향하고 있는- 제단을 발굴했기 때문이다. 이 별은 고대 이집트에서 결실의 여신이며 사자의 여신이기도 한 소티스Sothis의 숭배에 핵심적 역할을 담당한다. 그녀는 '생동하는 물의 기증자'로 여겨졌는데, 그녀의 시리우스성이 매년 나일강 범람 초기에 하늘에서 아주 밝게 빛나기 때문이다. 유대인 메넬리크는 하필이면 소티스와 그녀의 별에 대해 호감을 느꼈는가? 이집트에서 탈출하여 방랑하던 -모세가 산꼭대기에서 여호와의 계율을 영접하고 있는 동안 시나이산 아래에서 황금 송아지 주변을 돌며 춤을 추던- 유대인 노예들은 소티스의 숭배자였다!

후투티 탓이었다

전설에 관한 전설. 가장 아름다운 전설 중 하나는 유대인의 전승에서 유래한다. 총명한 솔로몬은 모든 나라의 언어를 구사하고 심지어는 동물의 언어도 이해한다. 어느 날 그는 모든 동물에게 자신의 앞에 출두하라고 명령했다. 후투티(다른 자료에 따르면 큰들꿩)를 마지막으로 모든 동물이 왔다. 후투티는 솔로몬이 얼마나 넓은 지역을 통치하고 있는지 보기 위해 날아다니느라 늦었다고 변명했다.

"동쪽 먼 곳에서 저는 사바 왕국의 도시 키토르를 발견했는데, 그곳에는 땅이 순금으로 되어 있으며 나무들이 에덴 정원의 나무와 같았습니다. 거기서 남성들은 전쟁에 관해서는 전혀 알지 못합니다. (......) 한 여성이 그 도시를 통치하는데, 그녀는 달보다 사랑스러우며 해보다 현명합니다. 그녀는 정의로 통치하며 모든 이들이 평화롭게 삽니다. 그러나 유감스럽게도 그들은 우상을 숭배합니다."

용감한 후투티는 모든 새를 불러 모아 우상숭배에 사로잡혀 있는 여왕을 예루살렘으로 보내자고 청한다. 솔로몬은 거절하지만, 결국 그녀의 덕성이 누가 보더라도 악덕보다 더 크다. 그는 그녀에게 기꺼이 편지를 쓰고, 그녀를 자신의 왕국으로 초대하고, 그녀의 명예를 지켜줄 것이라 약속하지만, 동시에 여왕이 초청을 거절한다면 맹금猛禽들과 악령을 사바인에게 보내 버리겠다고 위협한다. 그리고 우리가 알고 있듯이, 그녀는 즉시 길을 떠난다. 그녀는 값비싼 선물과 비단과 보라색 옷으로 치장한 6,000명의 매력적인 소녀와 소년을 배로 우선 보낸다.

매혹적인 이야기가 하나 더 있다. 솔로몬이 페니키아 왕 히람Hiram과 동맹하여 건조하여 홍해 끝까지 파견했던 함대의 선장들이 사바 왕국과 아름다운 여왕을 발견했다는 가정이 좀 더 현실적일 수도 있다. 어쨌든 오만한 여왕이 예루살렘 여행을 감행했던 이유는 경제적 이익 때문이었을 것이다. 이스라엘은 이집트, 페니키아, 시리아로 가는 무역로를 장악하고 있었으며, 관세를 요구했고 대상隊商의 통과를 허용하지 않을 수 있었고 향료 무역에서 사바인들과 경쟁 관계에 있었다. 여왕이 왕에게 현실적인 문제를 언급하며 무역협정을 체결하는 것이 영리해 보였을 것이다.

그렇지 않다면 ― 전설에 따르면 사바보다 더 강력하며 더 부유했다는− 이스라엘 왕국의 가장 영리한 지배자인 솔로몬에 대한 호기심 때문이었는가?

> "솔로몬 왕이 마시는 그릇은 다 금이요. (......) 다시스 배로 삼 년에 한 번씩 금과 은과 상아와 원숭이와 공작을 실어 왔음이더라. (......) 온 세상 사람들이 다 하나님께서 솔로몬의 마음에 주신 지혜를 들으며 그의 얼굴을 보기 원하더라. (......) 전차가 천사백 대요, 마병이 만이천 명이더라. (......) 왕이 예루살렘에서 은을 돌 같이 흔하게 하였더라." (「열왕기상」 10장 21~27절)

방문의 목적은 공식적으로는 솔로몬 왕을 '어려운 문제로 시험해 보기'(「열왕기상」 10장 1절) 위해서였다. 이것은 궁궐이나 고대 세계의 시장에서 행해지는 인기 오락이었다. 다의적인 내용, 지능, 내기를 걸며 문제를 푼 사람들의 재치 등을 보며 즐거워하는 청중이 대부분 존재했다. 수수께끼가 무엇이었는지 성서에는 언급되어 있지 않다. 유대와 이슬람의 전설은 좀 더 세세한 부분까지 서술되어 있다.

> "'일곱이 나가고 아홉이 들어온다. 둘이 만들고 하나는 마신다. 이것이 무엇인가?' 솔로몬이 대답한다. '일곱이 나가니 이것은 날을 분리한 것이다. 아홉이 들어온다는 것은 임신의 아홉 달이다. 여인의 두 유방은 우유를 만드는 것이고, 한 명의 젖먹이가 마신다.' '아래에서 마시는 것은 무엇인가?' '양초 심지.' '세상에서 가장 추한 것과 가장 아름다운 것은 무엇인가? 다른 어떤 것보다 확실한 것은 무엇이고, 불확실한 것은 무엇인가?' 솔로몬이 대답한다. '가장 추한 것은 기만으로 변해버린 신의이며, 가장

아름다운 것은 후회하는 죄인이다. 우리에게 다른 어떤 것보다 확실한 것은 죽음이며, 가장 불확실한 것은 죽음 뒤에 오는 우리의 삶이다."

사바의 여왕이 몰두했을 대단한 수수께끼를 물론 그 어떤 성서 해석가나 탈무드 학자도 모르지만, 시인 하인리히 하이네[12]는 알고 있다.

"여왕이 수수께끼를 풀지 못해
마침내 예루살렘까지 왔다.
그리고 그녀는 얼굴을 붉히며
솔로몬의 팔에 안긴다.
그는 그녀를 껴안는다.
그리고 그는 말하길, 가장 위대한 수수께끼는
귀여운 여왕이시여, 그것은 사랑입니다.
하지만 우리는 그것을 풀려고 하지 않습니다!"

성서 텍스트도 그렇게 은밀히 읽힐 수 있고, 비밀을 요구하는 어조는 간과되지 않는다.

"솔로몬 왕은 왕의 규례대로 사바의 여왕에게 물건을 준 것 외에, 또 그녀의 소원대로 구하는 것을 주었다." (「열왕기상」 10장 13절)

해석은 아마 아주 단순할 것이다. 여왕은 솔로몬으로부터 관세와

---

12 (Heinrich Heine, 1797~1856), 독일의 시인.

도로 사용에 관한 협정을 맺을 수 있었을 것이다. 그러나 그것이 무미 건조하게 기록되어 있다면 얼마나 재미가 없었겠는가? 3000년 전부터 남성들의 이목을 받았던 팜므파탈이 매우 노련한 재정 관리보다는 확실히 더 흥미로운 존재이다. 그리고 왕과 여왕 사이에 벌어진 사랑의 이야기가 실제로는 강간으로 이루어진 사랑이었다는 사실은 많은 버전 중 하나에 불과하다. 이집트에서 발굴된 파피루스는 이 이야기를 훨씬 더 매력적으로 서술하고 있다.

> "남쪽 지방에서 온 여왕의 눈은 솔로몬의 심장에 사랑의 불을 지펴 놓았다. 그리고 그는 그렇게 그녀의 사랑을 얻으려고 애썼다."

"내가 비록 검으나 아름다우니"

짐작건대 절대 존재하지도 않았을 이국적 여왕, 그리고 사람들이 믿을 수 있는 것처럼 그렇게 화려하고 강력한 곳은 아마 존재하지 않았을 예루살렘의 왕, 이 둘은 왜 서로 사랑에 빠지지 말아야 하는가? 성서에 따르면 솔로몬은 700명의 부인과 300명의 내연녀 중 한 명의 식민지 출신 규방 부인을 즐겁게 해주고, 그 자신도 상당히 지저분한 관계, 말하자면 다윗이 비열한 방법으로 죽게 만들었던 군인 우리아의 과부인 아름다운 밧세바와 아버지 다윗 사이의 정사로 태어났다.

그리고 덤으로 또 하나의 전설이 있다. 솔로몬이 지었다는 ─실제로는 최종적인 윤곽이 기원전 3세기에 비로소 보존되어 전래하였다는 텍스트 모음집이지만─「아가」(히브리어 '시르 하-시림', '노래 중의 노래'라는 의미)에 나오는 내용이다. 어쨌든 시구는 관능미로 넘쳐나고 있는데, 분명 결혼하지 않은 젊은 사람들 간에 벌어지는 밤의 만남을 서술하고 있다. 많은 이들에게는 성서에 다음과 같은 내용이 나오는 것이 아주 고통스럽다.

"내가 말하기를 종려나무에 올라가서 그 가지를 잡으리라 하였나니 네 유방은 포도송이 같고 네 콧김은 사과 냄새 같고 네 입은 좋은 포도주 같을 것이니라. 이 포도주는 내 사랑하는 자를 위하여 미끄럽게 흘러내려서 자는 자의 입을 움직이게 하느니라. 나는 내 사랑하는 자에게 속하였도다. 그가 나를 사모하는구나. 내 사랑하는 자야. 우리 함께 들로 돌아다니며 동네에서 유숙하자. 우리가 일찍이 일어나서 포도원으로 가서 포도 움이 돋았는지, 꽃술이 퍼졌는지, 석류 꽃이 피었는지 보자. 거기에서 내가 내 사랑을 네게 주리라. 합환채가 향기를 뿜어내고 우리의 문 앞에는 여러 가지 귀한 열매가 새것, 묵은 것으로 마련되었구나. 내가 내 사랑하는 자 너를 위하여 쌓아 둔 것이로다. 네가 내 어머니의 젖을 먹은 오라비 같았더라면 내가 밖에서 너를 만날 때 입을 맞추어도 나를 업신여길 자가 없었을 것이라. 내가 너를 이끌어 내 어머니 집에 들이고 네게서 교훈을 받았으리라. 나는 향기로운 술 곧 석류즙으로 네게 마시게 하겠고 너는 왼팔로는 내 머리를 고이고 오른손으로는 나를 안았으리라. 예루살렘 딸들아, 내가 너희에게 부탁한다. 내 사랑하는 자가 원하기 전에는 흔들지 말며 깨우지 말지니라. 그의 사랑하는 자를 의지하고 거친 들에서 올라오는 여자가 누구인가. 너로 말미암아 네 어머니가 고생한 곳 너를 낳은 자가 애쓴 그곳 사과나무 아래에서 내가 너를 깨웠노라. 너는 나를 도장같이 마음에 품고 도장같이 팔에 두라. 사랑은 죽음같이 강하고 질투는 스올같이 잔인하며 불길 같이 일어나니 그 기세가 여호와의 불과 같으니라. 많은 물도 이 사랑을 끄지 못하겠고 홍수라도 삼키지

못하나니, 사람이 그의 온 가산을 다 주고 사랑과 바꾸려 할지라도
오히려 멸시를 받으리라." (「아가」 7장 8절~8장 7절)

이런 에로틱한 문학은 사바의 여왕에 대한 암시를 분명히 내포하고
있지 않은가?

"예루살렘 딸들아, 내가 비록 검으나 아름다우니, 게달의 장막 같을지
라도 솔로몬의 휘장과도 같구나. 내가 햇볕에 쬐어서 거무스름할지라
도 흘겨보지 말지어다." (「아가」 1장 5절~6절)

어쨌든 전승은 생기 넘치는 방문객인 사바의 여왕이 진지한 종교적
흥미도 예루살렘으로 가져왔다는 사실에 중요성을 부여한다. 에티오
피아의 「케브라 나가스트」에 따르면 마케다는 다음과 같은 말로 솔로
몬과 이별한다.

"이제부터 나는 태양이 아니라 태양을 창조하신 신, 이스라엘의
신을 숭배할 것이다."

솔로몬이 여왕에게 올바른 신앙에 관해 확신시켜 주었다는 사실을
코란도 언급하고 있다. 예수가 그녀를 (마태와 누가에서) 회의적인
청중에 반대하는 증인으로, 그리고 신앙을 받아들일 준비가 되어 있는
사람들의 알레고리로 사용할 때, 예수는 그녀를 고상하게 만들었다.

"심판 때에 남방 여왕이 일어나 이 세대 사람을 정죄하리니, 이는 그
가 솔로몬의 지혜로운 말을 들으려고 땅끝에서 왔음이거니와 솔로몬

보다 더 큰 이가 여기 있느니라." (「마태복음」 12장 42절)

　사바의 여왕에 관한 이야기는 여러 종교와 문화에는 전설로, 동양과 서양에는 매우 아름다운 회화, 부조물, 스테인드글라스로, 소설, 오페라, 공포 이야기에는 비밀에 싸인 존재로 등장한다. 중세에 유대와 이슬람의 작가들은 '남방 여왕'을 위대한 솔로몬을 파멸의 구렁텅이로 몰아넣으려는 음험한 악령으로 즐겨 묘사한다. 그녀가 지옥에서 왔다고 확실하게 내세우는 증거가 (고대 동양에서 성적 의미도 지녔던) 털이 수북이 나 있는 다리, 심지어는 종종 나귀 발 혹은 거위 발이라는 것이다. 그 때문에 페르시아와 에티오피아의 미세화는 어떻게 솔로몬이 유리 바닥으로 된 알현실에서 손님인 여왕을 영접했는지, 그리고 여왕이 상상의 호수를 걸어서 건너기 위해 비단 치마를 허벅지가 보일 정도로 높이 움켜잡고 있는지 아주 세세하게 보여주고 있다.

　여기서 또 다른 ─그리스도교의─ 물에 얽힌 전설이 언급될 수 있다. 낙원에서 온 작은 가지가 나무로 자라서 솔로몬에 의해 궁전 정원의 개울을 건너는 육교의 목재로 사용되었다. 예지력이 있던 여왕은 언젠가 예수 그리스도가 이 각목에 매달리게 될 것이라고 예언했고, 경외심으로 다리를 건너지 않고 물 위를 걸어 건너갔다. 피에로 델라 프란체스카Piero della Francesca(1415~1492)는 아레초Arezzo에서 이 장면을 화폭에 담았다.

　라파엘로Raffael(1483~1520), 베로네세Veronese(1528~1588), 틴토레토Tintoretto (1518~1594) 등 많은 르네상스 화가들이 사바의 여왕을 그렸다. 철강그룹 드 벤델de Wendel 가문이 지은 파리의 도시궁전에는 사바의 여왕이

코끼리의 등 위에 놓여있는 조개 속에 앉아 예루살렘으로 들어가고 있다. 카를 골드마르크Karl Goldmark(1830~1915)의 오페라 〈사바의 여왕〉에서 카루소Caruso(1873~1921)와 리하르트 타우버Richard Tauber(1891~1948)는 사바의 여왕을 사랑하는 정원사로 연기하였다. 하인리히 하이네는 그녀를 '에티오피아의 블라우스트룸프[13]' 혹은 '솔로몬의 막역한 여자친구'라고 지칭하고 있고, 윌리엄 버틀러 예이츠[14]는 솔로몬과 사바의 여왕 커플을 현명함과 에로틱의 결합으로 칭송했다. 지나 롤로브리지다[15]가 1959년 할리우드 영화 〈솔로몬과 시바〉에서 권력을 탐하는 솔로몬의 형을 채찍으로 혼내고 숨 막힐 정도로 몸에 착 달라붙는 황금 옷을 입고 예루살렘을 가로질러 지나간 이래 영화를 본 사람이면 '남방 여왕'이 누구인지 모두가 알게 되었다.

예멘의 노동자들이 고고학자들을 도와 마립Marib에서 발굴 작업을 하고 있었다. 짧은 기간에 그들 중 다섯 명이 축대벽과 골조물이 무너져 사망하였고, 종국에는 남아 있는 동료들도 삽을 내던져 버리고 여왕의 이름인 '빌키스, 빌키스!'를 외치며 도망쳤다. 그들도 여왕의 존재를 믿었다.

마립 근처에 있는 알-카리베 언덕에는 사바의 군주들이 여름에 거처하는 주거지가 있었는데, 거기서는 달이 밝은 밤이 되면 투명한 옷을 입은 매력적이고 아름다운 여인이 돌아다닌다고 한다. 그녀의 이름은 바로 사바의 여왕 빌키스였다.

---

13 (Blaustrumpf), 19세기 교양있고 문학이 취미인 여자를 지칭하는 용어.
14 (William Butler Yeats, 1865~1939), 아일랜드의 시인.
15 (Gina Lollobrigida, 1927~), 이탈리아의 여배우.

9. 동방박사는 누구였던가?

천문학자. 주술을 부리는 제사장. 구원된 세계를 찾아다니는
철학자? 왕은 분명 아니다. 그리고 별이 하나 베들레헴을 비추고
있었다? 어쨌든 '별 아기'Sternenkind [1]는 권력과 지배에 관한
모든 상상을 뒤죽박죽이 되게 한다.

"우리는 그의 별이 뜨는 것을 보았다." (「마태복음」 2장 2절)

베들레헴의 별. 성서에 그 별은 미미한 역할, 즉 하나의 상징적 역
할만 담당한다. 그리스도교로 각인되는 서양 문화는 물론이거니와 동
양의 그리스도교에서도 이 별은 오늘날까지 크리스마스의 핵심 로고
이다. 구유 위에서 빛나고 있는 하늘은 그 당시 팔레스타인에서 세계
를 움직이는 사건, 이를테면 우주와 역사를 변화시키는 어떤 사건이
진행되고 있음을 암시하고 있다.

---

1   일반적인 의미는 '태어나기도 전에 죽은 아이'이다.

그림 9 : 〈예수 탄생을 축하하는 동방박사〉, 벽걸이 양탄자, 1480년경, 베를린 역사박물관

"우리는 한 해에 한 번 별에 파묻혀 살았다. 아직은 우주비행사도, 별들의 전쟁도 존재하지 않았다. 그러나 별들이 유리창의 성애로 성장하였고, 수십억 개의 눈송이로 하늘에서 떨어졌다. 강림절에 우리는 억제할 수 없는 식욕을 지니고 황금 반죽으로 별들을 만들어 천국의 과자로 은밀히 아무도 모르게 시식하였다. 새로운 우주를 형성하고 있으며, 풀로 붙이고 그려져서 잘린 별들이 형형색색으로 크리스마스트리의 가지에 매달리고 옷과 머리카락으로 치장되어 보이지 않는 천상의 음악으로 퍼져 나갈 때, 그 별들은 우리를 매료시켰다. 한 해에 한 번 우리는 점성술사에게 간다. 우리는 우리의 눈과 심장에 떨어졌던 별들의 언어를 이해했다. 우리가 직접 만들어 가져왔던 베들레헴의 별을 따라가는 것에 어떤 문제도 존재하지 않았다." (페터 아이허[2])

왜 하필이면 별인가! 현대 도시인들은 산속으로 혹은 지중해 해변으로 휴가를 갔을 때야 비로소 별이 있는 하늘을 볼 수 있다. 도시에는 밤에 별세계의 광채가 거의 관통할 수 없는 스모그와 같은 인조조명이 불을 밝히고 있다. 그러나 우리는 끈질기게 별에 관한 꿈을 꾼다.

천일야화에서 나온 것과 같은 이야기

"동양에서 온 세 명의 왕이 방랑하는데,
작은 별이 그들을 요르단 해변으로 이끈다.

---

[2] (Peter Eicher, 1943~), 스위스 출신의 로마 가톨릭 신학자. 파더본대학 신학과 교수.

어디에 새로 태어난 왕이 있는지,

셋은 유다 땅에서 묻고 찾는다." (페터 코르넬리우스[3] 1856)

복음서 저자 마태의 경우에는 빛나는 별이 동방에서 온 현자들을 베들레헴으로 인도한다. 천일야화에 나오는 것과 같은 이런 동화적 이야기는 긴장감이 있고 사랑스럽다. 마태, 오직 그만이 별에 관한 지식이 깊은 마법사에 관해 서술한다. 그들은 갑자기 예루살렘에 나타나며, 거기서 엄청난 혼란을 걱정한다. 그들은 물론 다음과 같은 것을 알고자 한다.

"유대인의 왕으로 나신 이가 어디 계시냐? 우리가 동방에서 그의 별
을 보고 그에게 경배하러 왔노라." (「마태복음」 2장 2절)

"그것을 듣자 헤롯 왕과 온 예루살렘이 놀랐다"(2장 3절)라고 복음서 저자는 ―작은 왕국 유다의 왕이 이미 있기에― 세련된 극적 효과를 내며 서술해간다. 헤롯은 유능한 지배자이며 평화와 경제 부흥을 위해 애쓰는 ―그러나 패권국인 로마와는 굴욕적인 종속 관계를 유지하는― 도시 건설자이기도 했다. 예루살렘에는 왕위 계승자도 이미 있었는데, 헤롯의 첫 번째 결혼에서 태어난 아들 알렉산더와 아리스토불이 그들이다. 악명이 자자하고 의심이 많은 헤롯은 해가 바뀌기 전인 서기 7년에 그들을 모반자로 즉석에서 처형시켜 버렸다. 그의

---

3 (Peter Cornelius, 1824~1874), 독일의 작곡가, 시인. 텍스트 인용은 그가 1856년 작곡한 〈크리스마스 축가〉의 가사이다.

점성술사들은 그해에 왕이 바뀐다고 예언했지만, 헤롯은 물러날 의향이 없었다. 이런 피의 숙청은 어떤 역사적 근거도 존재하지 않는 베들레헴 영아 살해 이야기의 배경일 수도 있다.

그런데 이제 전문지식을 갖춘 외국인들이 다가와서 재차 하늘의 표시와 왕위 요구자에 관해 언급한다! 도대체 이 마법사들은 누구였던가? 그들은 어떤 성서 번역판에는 '현명한 남자들', 또 어떤 번역판에는 '별 해석가'라고 불린다. 자연과학적 흥미를 지닌 점성술사였던가? 아니면 철학자였던가?

그리스 작가이며 철학자인 −마술을 부린다고 의심을 받는− 아풀로이우스[4]는 2세기에 하나의 흥미로운 정의를 내린다. 즉, 일반적으로 '마법사'Magier라는 개념은 '페르시아 제사장' 혹은 − 비밀 지식을 갖추고 성스러운 계시에 정통한− '왕자를 교육하는 사람'을 표시한다는 것이다. 새로운 페르시아의 파르티아 제국이 로마의 적인데, 헤롯이 로마인들과 친선 조약을 맺었으니, 예루살렘의 이런 방문이 의심의 여지 없이 아주 자극적인 영향을 미쳤을 것이다. 로마는 지중해 연안 국가들을 지배하고 있었고, 페르시아는 오늘날의 이란과 이라크를 지배하고 있었다. 제사장 혹은 점성술사로 구성된 페르시아의 파견단이 새로운 유대 왕을 왕좌에 앉히기 위해 하필 그곳에 와야만 했던가?

많은 성서학자는 점성술사들이 오히려 바빌론에서 왔다고 해석한다. 왜냐하면, 네부카드네자르 왕이 유대 민족을 망명지로 내쫓은 이래 바빌론에는 중요한 유대 공동체가 존재하게 되었고, 점성술이 만

---

4 (Apuleius, 123~170).

개했기 때문이다. 미트라[5] 숭배가 초기 그리스도교의 가장 강력한 경쟁 종교에 속한다면 미트라 제사장도 많은 이가 먼 곳으로 파견되었던 것으로 추정된다. 그리고 초기 그리스도교 작자들에게 인기 있었던 −동굴에서 예수가 탄생하셨다는− 전승은 미트라 비교도의 비밀 교의를 상기시키고 있지 않은가? 이런 전승은 몇몇 부분에서 일치하기도 하는데, 왜냐하면 베들레헴 앞에 있는 평야에서는 오늘날에도 목동들이 추운 밤을 보내기 위한 집처럼 지은 동굴들을 쉽게 볼 수 있기 때문이다.

'세 명'의 마법사, 왕, 구유의 형태 등에 관해서는 성서에 언급되어 있지 않다. 그러나 아기 예수를 위한 세 가지 값비싼 선물, 즉 황금, 유향, 미르라는 「마태복음」에 나온다. 그리고 이런 언급에서 세 명의 방문객이 존재해야만 하고 엄청나게 부유하고 힘이 있으며 고귀한 − 따라서 왕일 수도 있는− 남성이 존재한다는 경건한 환상이 따라온다.

이탈리아 아이들에게는 크리스마스뿐만 아니라 친절한 노마녀 베파나(에프파니, 주의 출현[6])에 의해 조정되는 '삼왕내조일'[7]에도 선물이 있다. 베파나는 목동들이 자신에게 이야기했었던 아

---

5   고대 인도의 태양신.
6   주현절(主顯節, Epiphanie '주님이 나타난 날'), 공현절(公現節, '공식적으로 나타난 날') 또는 주님 공현 대축일은 예수의 출현을 축하하는 그리스도교의 교회력 절기이다. 날짜는 전통적으로는 1월 6일이나, 나라에 따라서는 1월 2일부터 8일 사이의 주일(일요일)로 하기도 한다. 로마 가톨릭교회에서는 주님 공현 대축일, 개신교에서는 주현절(성공회는 공현절)이라고 부르며, 동방 정교회에서는 신현 대축일, 주님 세례 대축일 또는 성삼위일체 대축일이라고 부른다.
7   1월 6일.

기 예수의 탄생을 축하하기에는 너무 늦게 도착했다. 이제 그녀는 에피파니 축일에 용감한 아이라면 누구에게나 선물을 주며, 아기 예수가 그중에 있기를 기원한다. 나쁜 아이는 적은 돈만 받는다.

그들이 학자가 아니라 왕이었더라면 예루살렘의 폭군 헤롯은 의식에 갖춰 영접했을 것이다. 그리고 구유에 있는 아기는 미래의 왕도 아니고 모든 세상의 왕이 아니었던가?

"어둠이 땅을 덮을 것이며 캄캄함이 만민을 가리려니와, 오직 여호와 께서 네 위에 임하실 것이며 그의 영광이 네 위에 나타나리라. 만민은 네 빛을 향해, 왕들은 비치는 네 광명을 향해 나아갈 것이다." (「이사 야」 60장 2~3절)

"다시스와 섬의 왕들이 조공을 바치며, 사바와 시바 왕들이 예물을 드리리로다. 모든 왕이 그의 앞에 부복하며, 모든 민족이 다 그를 섬기 리로다. 그는 궁핍한 자가 부르짖을 때 구조하며 도움이 없는 가난한 자도 구조하리라." (「시편」 72장 10~12절)

유대의 경건함에도 빈번히 나타나며 예수의 탄생에 관한 전설들을 각인시키고 있는 구약성서의 태곳적 예언들이다. 그리고 예를 들면 소위 성스러운 3명의 왕 중에는 왜 항상 흑인인 무어인이 한 명 포함되어 있어야만 했는지 그 이유도 설명하고 있다. 사바 왕국이 아프리카, 자세히 말하면 아마 오늘날의 예멘에 있었기 때문일 것이다!

수백 년이 흐르는 동안 여러 가지 이름이 사용되었다. 중세의 『황

『금전설』Legenda aurea은 '왕들'을 아펠리우스, 아메리우스, 다마스쿠스 (히브리어 이름)로 명명했으며, 그리스 번역은 갈가라트, 발트하자르, 멜키오르로 명명되어 전래하였다. 갈가라트는 후에 카스파르로 바뀌었는데, 이것은 신화에 등장하는 인도의 왕 군다포르도 동시에 의미하고 있다. 군다포르는 외경의 「도마행전」에도 등장하는 인물인데, 인도에서 전도 활동을 하다가 거기서 순교했다. 발트하자르는 예언자 다니엘이 바빌론 궁정에서 특이하게도 지니고 있었다고 하는 아람어 이름인 벨차자르를 상기시킨다. 멜키오르는 실제로 히브리어이며 '빛의 왕'이란 의미를 지니고 있다.

> "그리고 그 별의 빛이 밝게 반짝이며,
> 왕들은 마구간으로 들어간다(......).
> 오 인간이여, 충실히 따라오너라,
> 왕들이 방랑한다, 오 함께 방랑하라!
> 사랑의 별, 은총의 별이
> 너의 목적지를 밝히고 있네, 너는 주를 찾아라,
> 그리고 유향, 미르라, 황금,
> 네 마음의 정성을 담아 아기에게 주어라!
> 그에게 네 마음을 주어라!" (페터 코르넬리우스)

성서에서 그들은 사랑스러운 조역이며, 아기 예수를 열심히 찾고 있는 마법사이다. 왕들은 ─오랜 전승 과정에서 그들이 왕이라는 사실이 서서히 굳어졌는데─ 오늘날에도 1월 1일에 화려한 색상의 옷을 입고 머리에는 황금색 종이로 만든 왕관을 쓰고 마을과 도시를 돌아

179

다닌다. 이집 저집으로 다니며 노래를 부르고 축복의 기도를 드리며 그 대가로 보통 가난한 나라에서의 전도와 발전 프로젝트로 사용될 돈을 받는 이들은 대부분 가톨릭의 복사服事[8]들이다. 이렇게 받은 수백만 유로의 돈은 식량 및 의료 공급, 도로 설비 지원, 난민 어린이 후원 등에 사용되고 있다. 이것은 아동에 의해 진행되는 세계적으로 가장 큰 아동 구호활동이다.

구유에 있는 평화의 왕

「마태복음」의 내용으로 들어가 보자. 교활한 왕 헤롯은 새로 태어난 유대인의 왕을 찾으려는 마법사들의 노력을 외관상으로는 지지하고 있다. 헤롯은 "아기에 대하여 자세히 알아보고, 찾거든 내게 고하여 나도 가서 그에게 경배하게 하라"(2장 8절)고 그들에게 말한다. 그들이 동양의 고향에서 뜨는 것을 보았던 바로 그 별이 그들을 베들레헴의 아기 예수에게 인도한다. 그들은 아기 예수를 경배하며 가져온 보물을 바친다. 그리고 물론 신은 헤롯의 교활한 계획을 좌절시킨다. 마법사들은 예루살렘으로 가지 말고 돌아갈 때 다른 길을 선택하라는 계시를 꿈에서 받는다. 오랜 전승에 따르면 그들은 헤롯이 호화찬란한 묘지로 조성해 두었던 산지 요새를 지나가는데, 이것은 죽음을 상기시키는 의미심장한 조우였을 것이다.

전체 이야기는 긴장감과 모험으로 가득 차 있다. 그러나 유감스럽게도 사실과는 거리가 멀고 모순으로 일관되어 있다. '온 예루살렘'이

---

8 미사 때 사제를 도와서 시중드는 사람.

새로 태어난 유대의 왕 소식에 '놀랐다'라고 하는 것은 상상조차 하기 어렵다. 통치자인 헤롯은 로마인과 결탁한 이유로 미움을 받았고, 자신의 지배가 끝날지도 모른다는 전망은 자신의 부하들을 오히려 기쁘게 했을 것이다.

또한, 헤롯이 하늘로부터 선택받은 자의 탄생지를 마법사들로부터 알기 위해 즉시 제사장과 학자 모두를 불러 모았다는 것도 믿기 어렵다. 그렇게 하면 그가 아기 예수에게 더욱 많은 명성을 부여해 줄 것이기 때문이다. 도대체 어떻게 그가 왕좌를 놓고 경쟁하는 자가 신이 약속한 메시아가 되리라고 생각할 수 있었을까? 그밖에도 그가 염탐꾼을 마법사들에게 즉시 보내지 않고 그들이 돌아오는 것을 참을성 있게 기다렸다는 사실은 정말 이상하다.

「마태복음」에서 또 무엇이 눈에 띄는가? 마태는 중요한 사실, 즉 예수의 탄생에 관해서는 거의 한마디도 하지 않는다. 마리아와 요셉이 숙소를 찾는 과정, 베들레헴 성문 바깥에 있는 초라하기 짝이 없는 마구간, 호기심에 가득 찬 목동들, 천사들이 부르는 천상의 합창, 이 모든 것이 「누가복음」에 장황하게 서술되어 있지만, 마법사와 놀라운 별에 관한 에피소드는 없다. 오늘날의 크리스마스 전승은 여러 가지 기록들이 모두 녹아 들어가 있는 것인데, 목동과 왕들을 구유 앞에 세우고 마구간 위에는 「마태복음」에만 나오는 별이 빛나고 있으며 「누가복음」에만 나오는 천사들이 노래하고 있다.

결론은 분명해 보인다. 전승된 이야기에 근거를 둘 수도 있는 역사적 사건은 명확하지 않다. 그러나 이것이 중요한 것도 아니다. 신학자이며 심리치료사인 오이겐 드레버만[9]은 그런 이야기의 진실은 역사적 사실에 있는 것이 아니고, 그보다 훨씬 더 깊은 의미가 있다고 주장한다.

"신적인 것으로 생각하는 모든 것은 우리의 내면세계에 거주하고 있는 것이지, 그 어떤 다른 곳에서는 전혀 살아 있지 않다. 신은 우리 영혼의 꿈에 거주하고 있으며 애정이 어린 어휘로 숨을 쉰다. 신은 화가나 시인의 그림에서 형상을 취득하게 되며 행복의 노래로 자신을 표현한다." ―"전래 종교의 학자나 전승자들이 언급하고 있는 것이 틀린 것은 아니다. (......) '별'의 버전이 없었다면 그동안 모든 신학 논문이 쓸모없이 쓰인 종이에 불과할 것이다. 그리고 그들의 '지식' 모두는 그들이 알지 못하는 현실에서 추상적으로 떠다닐 것이다. 헤롯의 궁정에서 자신이 마법사와 함께 베들레헴으로 갔다고 말하는 학자를 우리는 알지 못한다." "실제로 동방에서 온 ―신을 찾아다니는 모든 사람을 대표하는― '마법사들'은 다윗의 도시 베들레헴에서 태어난 아기에게 황금, 유향, 미르라를 선물한다. 이 세 가지는 우리 인간에게 중요한 것을 상징하고 있다. (......) 인간 스스로가 먼지와 비참함이라는 덮개로 가려있는 한 조각의 순금이라는 사실을 발견하라는 것이 예수 복음의 핵심일 것이다." (오이겐 드레버만)

따라서 우리는 이런 이야기가 담고 있는 내면적 진실을 찾아야만 한다. 여기서 이런 이야기가 성립되고 계속 언급되었던 초기 그리스

---

9   (Eugen Drewermann, 1940~), 독일의 신학자, 심리 분석학자, 작가, 전직 로마 가톨릭 사제. 성서의 심층 심리적 해석의 주요 대표자이며 교회 비판적 시사평론가로 활동하고 있다.

도교 공동체가 이것으로 말하고자 했던 것이 무엇이며, 종교사적인 환경에서 그 당시 이와 유사한 이야기가 어디에 존재했는지 질문하는 것이 이해에 많은 도움을 줄 것이다. 그리고 여기서 성서 해석가들이 흥미 있는 진술을 한다. 즉, 예수 탄생의 상황이 아니라, 후의 그리스도 전도가 중요하다는 것이다. 구유에 있는 아기는 이미 평화의 왕이며 구세주로 묘사되고 있다는 것이다. 정치적으로는 노예로 전락한 이스라엘 민족을 위로하기 위해 베들레헴에 온 고귀한 방문자들이 옛날의 예언을 기억한다. "민족들이 네 빛을 보고 올 것이며 왕들이 네 빛나는 광채를 보고 올 것이리라."

복음서 저자 마태의 의도는 멸시받는 이교도를 높이 평가하자는 것이다. 별을 알고 있는 사람, 즉 동방박사에서 보았듯이, 이교도도 진실을 찾고 있으며 신에 의해 인도된다. 마태는 이런 사실을 자신의 복음서 시작 부분에 서술한 예수의 계보에서 분명히 밝혔다. 즉, 예수의 계보에서 아브라함은 핵심적 인물이지만, 유대인이 아니었다. 예수의 조상으로 타마르, 라합, 룻 등이 언급되지만, 이들 모두는 유대인 여성이 아니었다.

케플러의 행성 '대회합(大會合)'

그러나 우리의 이야기는 무엇보다도 위험에 처하고 박해받는 왕자를 놀랍게 구조하는 인기 있는 고대의 서술 전형에 따른다. 이런 종류의 이야기는 아우구스투스 혹은 로마의 네로, 페르시아의 키루스와 알렉산더 대왕, 아브라함과 모세 등의 삶을 묘사할 때에도 등장한다.

아우구스투스가 태어나기 전에 그의 어머니는 '자신의 내면이 별들로 옮겨지는' 꿈을 꾸고, 그의 아버지는 그녀의 품에서 '태양의 밝은 빛이 나오는 꿈을 꾸었다. 네로는 '그가 땅이 아니라 태양의 광채를 통해 접촉되도록' 태양이 뜨는 동안에 태어난다.

같은 패턴이 항상 반복된다. 위인의 탄생은 경사스럽게 고지되며, 새로운 시대의 시작을 의미한다. 왕좌를 잃을지도 모른다는 두려움에 떠는 권력자는 자신의 운명을 바꾸려고 새로 태어난 아이를 죽이게 하지만, 그런데도 예언은 적중된다. 신 아폴로와 공주의 아들인 아스클레피오스는 젖먹이로 산속에 버려졌고, 목동에 의해 발견되어 생명을 구했는데, '아이의 몸에서 밝은 광채가 나왔기' 때문이었다. 후에 그는 고대의 가장 유명한 의사이며 의술의 신이 되었다.

유대 작가인 플라비우스 요세푸스는 모세에 대해서도 이런 종류의 이야기를 서술한다. 이것은 사람들 사이에서 언급되고 있었으며 성서에서도 등장했다.

> "이집트 학자 중 하나가 파라오에게 예언하길, 히브리인의 피를 받은 아이가 탄생할 것이며 그가 자라게 되면 이집트를 멸망시키고 이스라엘 민족을 강력하게 만들 것이다. 그는 덕성도 훌륭할 것이다. (......) 이 예언에 파라오는 경악하여, 모든 이스라엘 아이는 태어나자마자 강으로 던져 죽이라고 명령했다."

물론 아기 모세는 구조되었다. 「마태복음」에 나오는 이야기는 이와 아주 유사하다. 그리고 이로써 영웅의 탄생뿐만 아니라 왕의 탄생이 다루어지고 있음을 알게 된다. 마태는 마법사들의 충직한 경배를 강조한다. 이것 또한 신의 아들과 그리스도를 암시하고 있다. 그리고 그는 여기에 '별'이라는 모티브를 추가한다. 고대에 이것은 왕이라면 당연히 지니는 권리를 알리는 상징이었다. 시저, 알렉산더 대왕, 헤롯과 같은 지배자, 그리고 가끔은 신들도 그들을 그린 그림이나 동전에서 이마에 그려진 별을 볼 수 있거나, 혹은 그들의 머리 위에 별 하나가 반짝이고 있다.

고대인들은 한 인간이 탄생할 때 하늘에 새로운 별이 하나 나타난다고 생각했다. 삶으로 들어온 지상 거주인이 중요하면 할수록 그의 별이 더 크고 밝다. 인간이 죽으면 그의 별도 사라진다. 초기 그리스도교의 작가들이 예수의 탄생을 전대미문의 밝기를 가진 별과 연결하고 있다면 그들은 이런 생각을 염두에 두고 있다. 110년에 순교한 주교 안티오키아의 이냐시오[10]의 말을 인용해 보자.

> "하늘에 있는 하나의 별이 모든 별 위에서 빛나고 있었다. 그리고 그 빛이 말로 표현할 수 없을 정도로 밝았고 그 새로움은 낯선 이들의 호기심을 자극했다. 그러나 다른 모든 별, 그들과 함께 있는 태양과 달은 그 별과 비교하면 보잘것없는 무리에 불과했다. 그 별은 다른 모든 별의 빛을 합친 것보다 더 밝았다. 그리고 불안에 휩싸였다. 이런 비교할 수 없는 새로움이 도대체 어디서 유래하는가?"

이런 신학자 중 많은 이들, 그리고 수백 년이 지난 뒤의 자연과학자

---

10 (Ignatius von Antiochien, 35~107), 초기 그리스도교 저술가, 안티오키아의 주교.

들도 예수의 탄생과 결부된 별을 신화의 비유어로 사용된 아름다운 상징으로서뿐만 아니라 실제로 나타난 천체 현상으로 간주하였다. 빛을 발산하는 꼬리가 달린 혜성이 그 당시 팔레스타인 상공에 떨어졌다고 이미 편향적인 견해를 지닌 교부 오리게네스[11]가 주장했다.

이런 주장은 거의 불가능하다. 유명한 핼리 혜성[12]은 기원전 12년에 볼 수 있었고, 따라서 우리 이야기의 시간대보다 너무 이르다. 중국 천문학자들은 기원전 5년 혹은 4년에 나타난 혜성이나 초신성에 대해 알고 있지만 증명할 수는 없었다. 고대의 혜성은 불행을 알려주는 전령으로 여겨졌고, 혜성이 나타났다 할지라도 그 당시 사람들은 그것을 예수의 탄생 신호로 해석하지는 않았을 것이다.

가장 강력한 주장은 다음과 같다. 그 당시 실제로 엄청 밝게 빛나는 혜성이 하늘에 나타났다면 헤롯은 혜성이 나타난 시점에 대해 비밀이 아닌 공개적으로 마법사에게 반드시 물어봤을 것이다. 만약 그랬다면, 하늘에서 벌어진 사건은 약간의 소동을 불러왔음이 분명하고, 전문가들만이 그것을 인지하고 해석할 수 있었을 것이다.

물고기 별자리에서 행성인 목성과 토성의 특이한 소위 '대회합大會合'만이 어느 정도의 개연성을 확보할 수 있다. 이 회합은 기원전 7년 혹은 6년에 3번 연속해서 나타났고 요하네스 케플러[13]에 의해 정확히

---

11 (Origenes, 185~254), 그리스도교 학자, 신학자. 교부인가 아니면 단지 교회 작가에 지나지 않는가에 대해서 논란 중인 인물이다.

12 그 주기와 다음 접근 시기를 예측한 에드먼드 핼리의 이름을 딴 혜성으로, 약 75~76년을 주기로 지구에 접근하는 단주기 혜성이다. 지상에서 맨눈으로 관측 가능한 유일한 단주기 혜성이기도 하다. 다른 더 밝은 혜성들도 존재하지만 그런 혜성들은 몇천 년에 한 번 정도 나타난다. 마지막으로 관측된 연도는 1986년으로, 다음 접근 시기는 2061년 7월 28일로 예측된다.

산출되었다. 행성들은 3번 합쳐졌다. 태양에서 가장 먼 궤도를 도는 토성, 중간 궤도를 도는 목성, 가장 가까운 궤도를 도는 지구가 합쳐진 것이다. 경기장에서 안쪽 궤도를 도는 주자는 바깥 궤도를 도는 경쟁자보다는 분명 더 빠르다. 우주에서도 똑같이 적용된다. 지구는 목성보다 더 빠르게 돌며, 지구와 목성은 토성보다 빠르다. 그 때문에 때때로 세 행성이 잠깐 태양과 달과 함께 일직선에 놓이게 되는 회합이 이루어진다. 그렇게 된 상태를 지구에서 관측한다면 마치 강력하게 빛나는 하나의 별이 몇 시간 동안 하늘에 떠 있는 것과 같이 보인다.

그 당시 토성과 목성은 5월 29일과 6월 8일 사이 새벽에 처음 합쳐졌지만, 태양이 이미 높이 떠 있었기에 아마 지구에서는 관측될 수 없었을 것이다. 두 번째 만남은 9월 26일과 10월 6일 사이에 일어나며, 밤 내내 관측될 수 있었을 것이다. 세 번째 회합은 12월 5일과 15일 사이 저녁에 일어났다.

왜 하필 12월 25일인가?

누구도 예수의 생일이 언제인지 모른다. 크리스마스 축제는 아마 옛날의 태양신 축제를 그리스도교식으로 대체하려고 시도한 콘스탄틴14 황제 덕분일 것이다. 옛 종교를 믿는 사람들과 신도의 수나 영향력이 날로 증가하고 있는 그리스도교인을 화해시키고 서로 다른 제식들을 접근시키기 위한다는 좋은 의도로 콘스탄틴은 예수의 생일을

---

13 (Johannes Kepler, 1571~1630), 독일의 자연 철학자, 천문학자, 개신교 신학자.
14 (Konstantin, 270/288~337), 로마의 황제(306~337).

'새로운 태양의 탄생'이라 명명했다고 한다.

고대의 태양신인 솔과 헬리오스는 그 당시 상당히 인기가 있었고, 다신교 로마제국의 다른 중요한 신들, 예컨대 사라피스(이집트), 미트라스(페르시아), 아폴론(그리스) 등과 섞여 있었다. 콘스탄틴은 자신이 건설한 새로운 수도 콘스탄티노플의 중심부에 있는 거대한 기둥에 태양신의 아들을 그려 넣었는데, 이것은 4세기에 (오늘날과는 달리) 12월 25이었던 동지冬至에 고귀한 신이며 국가의 신으로 격상된 예수 그리스도를 축하하기 위함이었다. 콘스탄틴도 그 어떤 교부나 고대 학자들처럼 예수의 생일을 알지 못했다. 예수의 생일이 12월은 아마 아닐 것인데, 왜냐하면 12월은 팔레스타인도 몹시 추울 때라 베들레헴의 목동들이 '들판에서 밤에 양 떼를 돌볼 수가'(「누가복음」 2장 8절) 거의 없다는 것이다. 역사학자와 신학자들은 심지어 예수가 태어난 해조차도 오늘날까지 밝혀내지 못하고 있다. 복음서 저자 누가에 따르면 마리아와 그녀의 사촌 엘리자베트는 -세례 요한의 어머니- 헤롯 왕 재위 기간에 (기원전4년) 임신했으며 예수는 아우구스투스 황제 재위 기간에 (서기 14년) 태어났다. 마태는 헤롯 재위 기간에 예수가 탄생했다고 기록한다. 누가는 여기에 그 당시 크비리니우스가 시리아의 총독이었다는 정보를 추가한다. 이런 일은 서기 6년에 비로소 일어났는데, 그때는 헤롯이 이미 죽었다. 지극히 혼란스러운 상황이다. 어쨌든 우리의 시간 계산의 근거가 되는 수도승 디오니시우스 엑시구스[15]는 6세기에 연도를 잘못 계산했다. 오늘날의 성서학자들은 예수

---

15 (Dionysius Exiguus, 470~544), 그리스도교 신학자로 그레고리역과 율리우스역에서 쓰이는 기원후 표기(A.D., Anno Domini)를 처음 사용한 것으로 알려져

가 헤롯 재위 기간의 말기에 태어났다고 추정하며, 따라서 예수의 탄생 연도는 '기원전' 5년 혹은 4년이다.

목성과 토성이 겹쳐지는 '대회합'이 지구에서 어느 정도까지 관측될 수 있었는가, 왜 그것이 유독 베들레헴에서만 그렇게 분명하게 보였는가, 혹은 서로 겹쳐진 행성들이 실제로 하나의 초신성으로 나타났는지, 이런 모든 질문에 대해서 오늘날까지 천문학자들은 명쾌한 대답을 못하고 있다. 최근에 빈Wien대학 이론천문학 연구소의 소장을 역임했던 콘라딘 페라리 독시포[16]는 바빌론 점성술사의 기록을 연구하였고, 케플러의 계산을 더 자세히 분석하여 매혹적인 설명을 제시했다.

「마태복음」에서 마법사가 '우리는 그의 별이 뜨는 것을 보았습니다'(2장 2절)라고 말한다면 이것은 기원전 7년 9월 15일 저녁에 뜬 행성 토성과 목성일 것이다. 저녁에 '사람들은 이른 일출의 경우에서와 같이 짧은 순간 행성을 볼뿐만 아니라, 저녁에서 한밤중에 이르기까지 그 행성이 어떻게 하늘 높이 오르고 자정이 지난 뒤에 아치형 곡선을 그리며 서쪽 지평선으로 사라지는지 관측할 수 있다'라고 페라리는 분석한다.

항성을 축으로 계속 회전하고 있는 하늘을 배경으로 북쪽으로 며칠 동안 방랑하고 있던 마법사들에게는 그 별이 자신들이 가야 할 길을 인도하고 있는 것처럼 보였을 것이다. 여기에 소위 '황도광'黃道光[17]

있다.

16 (Konradin Ferrari d'Occhieppo, 1907~2007), 오스트리아의 천문학자. 『현자의 별』(혹은 『베들레헴의 별』)이라는 책을 출판하여 유명해졌다.

17 (Zodiakallicht), 황도면을 따라 분포하는 행성 간 티끌로 인해 생겨나는 고깔

현상이 오게 된다고 페라리 교수가 주장한다. 이런 현상은 태양 빛의 산란과 흐릿한 반사를 통해 세밀히 나누어진 먼지 입자에 생겨난다. 이렇게 목성과 토성이 발산하는 '원뿔형 빛'[18]이 여행에 목적지를 표시하는 것처럼 베들레헴의 지붕 위로 비추었을 것이다.

> "원뿔형 빛의 바닥 부분에는 언덕들의 윤곽이 분명히 드러나며, 좀 더 가까이 접근하면 베들레헴 집들의 평평한 지붕도 뚜렷이 나타났다. 어둠이 밝아올 때부터 2시간 이상 지난 뒤 달이 뜰 때까지 원뿔형 빛의 회전축은 꾸준히 지평선 상의 같은 장소를 가리키고 있었으며 그럼으로써 그 지역의 좀 더 작은 부분, 아마 주변의 집들 앞에 있는 한 특정한 집을 두드러지게 만들었다. 겉보기에는 마치 그 별 자체가 아기가 있었던 그 위치 위에 정지해 있는 것처럼 보였다." (콘라딘 페라리 독시포, 『천문학자의 관점에서 본 베들레헴의 별』)

흥미로운 추론이다. 그럴 수도 있고 아닐 수도 있다. 여기서 다시 개별 서술구성요소들의 상징적 가치가 이 모든 일이 실제로 일어났는지에 대한 질문보다 더 중요하다. 목성Jupiter은 고대 신화에서 왕별로 간주되었으며, 바빌론의 가장 높은 신의 상징으로 여겨졌다. 그에 반해 토성Satum은 우주에서 유대민족을 상징하고 있다. 물고기 별자리는 시리아와 팔레스타인에 귀속되는데, 아마 그 지역이 바빌론 사람들의 생각으로는 바다에 접해 있기 때문일 것이다. 양자리의 시대[19]는 그

모양의 희미한 빛.
18 서치라이트의 빛.

당시 일반적인 생각에 따르면 물고기자리의 시대20에 의해 끝났으며, 물고기 표시는 그리스도교의 가장 오래된 인식 기호이며, 예수는 빵과 물고기로 굶주린 대중을 만족하게 해 주었다.

이것은 이 이상한 행성들의 배열에서 절망에 빠진 세상의 모든 희망이 오목거울을 통과한 빛처럼 진정한 왕과 구원자의 탄생에 집중되었음을 의미한다. 별에 관한 지식이 깊은 사람은 이런 천체 현상이 정확히 854년 전에 일어났으며, 빨라도 854년 후에 비로소 반복될 것이라는 사실을 알았다. 따라서 1천 년에 한 번 일어나는, 특히 팔레스타인에 행운을 가져올 사건이 임박했다.

그러나 이런 것들에 관해 그 당시 아무도 알 수 없었다. 하늘에 나타난 기호는 지구상의 진정한 혁명, 즉 일반적인 모든 개념의 변혁을 예고했다. 초라하기 짝이 없는 마구간에서 (혹은 목동들이 거주하는 동굴) 무방비 상태로 태어났으며, 헤롯에 의해 추적당하는 베들레헴의 '별 아기'는 그때까지 적용되는 권력과 지배에 대한 생각들을 뒤흔들어 놓는다. 헤롯은 군인과 무기를 갖고 있지만, 심장과 두뇌에 관한 힘은 갖고 있지 않다. 그에게는 외로움, 그리고 경쟁자나 반란에 대한 걱정으로 좀 먹듯이 다가오는 두려움만이 남는다. 초라한 구유에서 태어난 어린 왕은 그 어떤 군대와 성곽도 소유하고 있지 않지만, 사랑의 힘과 자기편에 서 있는 신을 가지고 있다. 이제부터 신의 징표는 더는 화려함, 영광, 성공 등이 아니라, 무방비 상태로 열려있는 빈자貧

---

19 셰퍼드 심슨의 해석에 따르면 기원전 1875년경부터 기원후 1년경까지이다.
20 셰퍼드 심슨의 해석에 따르면 기원전 약 100~90년경에 시작했고 2680년에 끝난다.

者의 마음이다.

사랑은 베들레헴 별 아기를 십자가로 인도할 것이지만, 이 사랑의
힘은 죽음을 초월하여 지속될 것이다. 예술과 신앙심 깊은 사람은 구
유 이면에 십자가가 있다는 사실을 쉽게 찾는다.

> "너는 성장하면 곧 골고다에서
> 피를 흘릴 것이니,
> 인간의 분노가 너를 십자가에 못 박게 하네,
> 거기서 사람들이 너를 묻을 것이니." (크리스티안 프리드리히 다니
> 엘 슈바르트[21] 1786)

마법사 중 한 명이 아기 예수의 탄생을 축하하기 위해 가져왔고,
고대에 향수와 성욕 증강제로 사용되었던 값비싼 미르라는 수난과 죽
음을 상징하지만, 시체의 부패를 방지하는 용도로도 사용되었다.

---

[21] (Christian Friedrich Daniel Schubart, 1739~1791), 독일의 시인, 오르간 연주자,
작곡가, 언론인.

10. 예수의 여자 친구는 창녀였던가?

그녀는 남성들 모두보다 더 용감했고 무덤이 빈 것을 발견한
최초의 목격자였다. 막달라 마리아가 섹스 심볼로
날조되었다는 근거로 충분한가?

"막달라 마리아가 가서 제자들에게 내가 주를 보았다고 알려주었다."
(「요한복음」 20장 18절)

사형 선고를 받은 친구에게 다가가려 하는 것은 자신의 목숨을 걸
만큼 위험한 행위였다. 사제와 학자로 구성된 위원회는 떠돌이 랍비
인 나사렛 예수를 폭동과 신 모욕죄로 고소하였고, 아마도 서기 30년
니산¹ 14일에 로마 황제의 총독은 그에게 —마지 못해— 사형을 선고
했을 것이다.

---

1   니산은 '세속' 유대 달력으로는 7월, '종교' 달력으로는 1월이다. 니산은 30일 동
    안 지속되며, 그레고리력과 비교해 보면 니산의 시작은 3월 중순에서 4월 중순
    에 해당한다. 유대 달력은 양력이나 그레고리우스력이 아니고 음력이다.

그림 10 : 〈천사들에 둘러싸인 막달라 마리아〉, 그 위에 부활한 예수 그리스도가 그려져 있다,
파리 마들렌 사원의 제단

로마 점령군은 예루살렘의 좁은 골목을 지나 범죄자들을 처형하는 골고다 언덕으로 그를 채찍으로 때리면서 끌고 갔으며, 그곳에는 십자가의 긴 막대기가 그를 기다리고 있었다. 예수 자신이 십자가를 끌고 갔는데, 그 당시에는 그것이 일상적이었다. 사전에 채찍으로 몹시 맞았던 예수는 십자가의 무게로 여러 번 넘어지며, 주먹질로 부풀어 오른 눈 위로 피가 흘러내렸다. 그의 적대자에 의해 선동된 군중은 즐겁게 환호했으며, "그를 십자가에 매달아라!"라고 외쳤고, 군인들은 그를 때리면서 앞으로 내몰았다.

그러나 대소란 속에는 탄식, 동정의 부르짖음, 본디오 빌라도의 판결에 항의하는 불만의 목소리 등이 섞여 있었다. 복음서 작가 누가는 '예수를 둘러싸고 탄식하며 울고 있었던 여성들'에 관해 보고한다.

> "예수께서 돌이켜 그들을 향하여 이르시되, 예루살렘의 딸들아, 나를 위하여 울지 말고 너희와 너희 자녀를 위하여 울라!" (「누가복음」 23장 28~29절)

외경 「니코데무스 복음서」에는 베로니카라는 이름이 기록되어 있는데, 그녀는 군중의 무리에서 뛰쳐나와 수건으로 예수의 얼굴에 맺힌 땀을 닦아 주었다고 한다. 그 후 처형장에서 무슨 일이 일어났는지는 수난 주간에 한 번이라도 예배에 참여한 사람이라면 누구라도 알고 있다.

> "몇몇 여자들이 멀리서 바라보고 있었는데, 그중에 막달라 마리아와 또 작은 야고보와 요세의 어머니 마리아와 또 살로메가 있었다. 이들

은 예수께서 갈릴리에 계실 때 따르며 섬기던 자들이요. 또 이 외에 예수와 함께 예루살렘에 올라온 여자들도 많이 있었더라." (「마가복음」 15장 40~41절)

'몇몇 여자들'. '여자들도 많이'. 남자는 없다! 남자 제자들이 달아났던 반면에 여자들은 내몰리지 않고 십자가 곁을 끝까지 지킨다. 안전상의 이유로 비록 멀리 떨어져 있지만, 여자들은 거기에 있으며 언급된다. "이들은 예수께서 갈릴리에 계실 때 따르며 섬기던 자들이요" ― 예수를 동행하던 제자들에게 사용되는 성서의 전형적 표현이다.

복음서 저자들의 보고는 두 가지 이유에서 흥미롭다. 첫째, 예수와 교우 관계에 있는 여자들은 신의를 지니고 위험을 무릅쓴다. 로마인들은 사형자에게 동정을 보이는 것에 대해 잔혹한 형벌로 다스렸다. 로마의 역사학자 타키투스Tacitus(56~120)는 티베리우스 황제 치하(14~37)에서 있었던 대량 십자가형의 희생자들에 관해 다음과 같이 기록하고 있다.

"그들에게 다가가는 것과 그들을 위해 우는 것은 물론이거니와 그들을 오래 보는 것조차 친지나 친구에게 허용되지 않았다. 개개인이 내뱉는 슬픔의 표현을 몰래 관찰하고 있던 경비원들이 부패한 시체들 주변에 있었다. 여자들을 반역죄로 고소할 수는 없었기에 눈물을 근거로 여자들을 고발했다. 푸피우스 게미누스의 노모는 아들의 죽음으로 울었기 때문에 처형되었다."

골고다 언덕에서 보인 여자들의 엄청난 용기가 첫 번째 흥미로운 이유이며, 두 번째 이유는 객관적인 정보이다. 누구나 알고 있듯이 베드로, 안드레아스, 요하네스, 야코부스 등 12명의 사도만이 아니라, 설교하며 비유를 이야기하고 갈릴레아 호수에서 기적을 행한 예수와 함께하고 체포되어 학대받고 사형 선고까지 받은 자신들의 스승이자 친구인 예수의 곁을 끝까지 지킨 다수의 여자가 예수와 긴밀한 관계를 맺고 있었다는 사실이다. 그들, 즉 남자와 여자들은 함께 예수를 따랐다. 그들, 즉 남자와 여자들은 예수를 섬겼고 서로를 섬겼다. 성서 텍스트는 어떤 구분도 하지 않는다.

여자들 가운데 한 명, 막달라 마리아는 특별한 위치에서 4 복음서에 모두 언급된다. 그녀는 그 후 수백 년이 흐르는 동안 성인의 반열에 올랐다. 그리고 오늘날에도 여전히 예수와 초기 그리스도인들에 관한 책이나 영화를 베스트셀러로 만들고 있다.

기록과 고위 성직자의 언급에서 잘못 해석된 여성

랍비 예수가 막달라 출신의 미리암과 정사를 나누었다, 혹은 아이를 가졌다, 혹은 그녀와 결혼했다, 혹은 예수가 자신의 십자가형을 그 어떤 방식으로 극복하고 난 후 둘이 인도에서 여생을 보냈다 등의 주장은 도저히 학문적으로 뒷받침될 수 없는 헛소리에 지나지 않지만, 서적 시장에서는 아주 잘 팔리는 소재들이다.

"나는 예수가 매력적인 남성이라고 생각합니다. 그렇다면 그를 따르는 여성들 가운데 아무도 그에 관해 애정이 싹트지 않았다

고 한다면 오히려 그게 더 이상한 일일 것입니다." (마가렛 조지, 미국의 여류작가)

어떤 불교 사원이 카슈미르를 방문한 예수에 관해 보고하는 오래된 문서 몇 장을 보관하고 있다고 한다. 그러나 거기서 물어보면 절의 주지는 당황하며 그런 책은 절대 존재하지 않는다고 손사래를 친다. 스리나가르에 있는 유즈 아삽[2]의 무덤에 관해서도 ─ 나사렛 출신 예수(유즈?)의 무덤이라는 등─ 이러쿵저러쿵 추측한다. 그러나 첫 학기 수업만 들은 산스크리트 전공 학생들은 모두 무덤에 있는 예언자가 부처의 왕자 이름이라는 사실을 설명할 수 있다. 현대의 베스트셀러 작가들은 '크리슈나 크리스토스'라는 꾸며낸 이야기를 통해 '특유의' 아리안 민족적 그리스도교를 창설하길 원했던 나치시대 장군 루덴도르프의 부인 마틸다처럼 소재 선택에서 거의 방해받지 않고 있다.

아주 솔직히 말해 보자. 만약 예수와 막달라 출신의 여성 사이에 섬세한 에로틱, 성적으로 열정적이거나 올바른 부부 관계에 대한 그 어떤 증거가 존재했더라면 냉소적인 이교도 철학자들은 초기 그리스도교인과 문학적으로 격렬히 싸우는 과정에서 이런 주제를 분명 간과하지 않았을 것이다.

그러나 그리스도교로서도 그 후 수백 년 동안 공적인 위조자들이 있었다.

---

2 (Yuz-Asaf), 사비 교도의 예언자. 그가 이름을 바꾼 예수이며, 십자가에서 살아남아 인도의 카슈미르에 왔다고 믿는 사람들도 있다.

"그의 은총이 나의 죄를 사해주었으며 그의 심판이 내 고통을
복수해 주었다. 원죄는 흥분에 빠져들었고, 은총을 보았을 때
혼란한 상태로 있었다." (시리아의 에프렘3, 『카르미나 니시베나』)

이지적이고, '성령의 하프'라고 명명되기도 하는 문학적 소질을 갖
춘 신학자 시리아의 에프렘은 막달라 마리아를 「누가복음」에서 원죄
를 저지른 이름 없는 여자와 같은 인물로 보았는데, 거기서 그녀는
식사 중에 향기 나는 기름을 예수의 발에 바르고 울면서 자신의 머리
카락으로 예수의 발을 닦아 주었다.

> "예수를 청한 바리새인이 그것을 보고 마음에 이르되, 이 사람이 만일
> 선지자라면 자기를 만지는 이 여자가 누구며 어떠한 자, 곧 죄인인
> 줄을 알았으리라 하거늘, 예수께서 그에게 대답하여 이르시되, (......)
> 이 여자를 보느냐? 내가 네 집에 들어올 때, 너는 내게 발 씻을 물도
> 주지 아니하였으되, 이 여자는 눈물로 내 발을 적시고 그 머리털로
> 닦았노라. (......) 이러므로 내가 네게 말하노니, 그의 많은 죄가 사하여
> 졌도다. 이는 그의 사랑함이 많음이라." (「누가복음」 7장 39~40, 44, 47절)

혹자는 그녀를 예수가 수난의 길에 들어서기 이전에 같은 행동을
했던 베타니엔 마리아라 생각한다. 성서 시대에 마리아 혹은 미리암
이라는 이름은 아주 흔했다. 정치가이며 소박한 수도승이기도 했으
며, 교황으로 재직할 때 매일 12명의 가난한 자를 초대했던 대교황
그레고리우스(540~604)는 자신의 도덕 설교에서 그녀를 회개한 매춘녀,

---

3   (Ephräm der Syrer, 306~373), 시리아에서 활동한 초기 그리스도교의 신학자.

유혹자, 섹스의 왕으로 만들었다.

> "형제들이여, 이 여자가 여전히 추악한 행위를 생각하고 있으면
> 서 자신의 몸에 자신이 신을 칭송하며 제물로 가져왔던 기름을
> 부어 향기를 발산하게 했음이 분명합니다. 그녀는 자기 눈으로
> 탐욕에 젖어 그 어떤 세속적인 것을 바라보았지만, 순수한 울음
> 앞에서 예수의 발을 문지릅니다. 그녀는 머리털로 자신의 용모
> 를 치장했고, 이제 그것으로 눈물을 닦았습니다."

여기서는 모든 것이 아주 다르게 해석되었다.

부활의 최초 목격자

성서에는 게네사렛 호숫가에 있는 어촌 마을 막달라(오늘날 믹달)
출신의 미리암(아람어로 미리암, 후에 라틴어 이름 마리아 막달레나
혹은 막달라 마리아로 바뀌었음)의 추잡한 과거에 관해 한 마디도 나
오지 않는다. 왜 그녀가 창녀였다고들 말하는가? 그녀는 아마 상류층
이 출입하는 온천장과 예수 시대에 막달라로 대표되는 무역 중심지에
서 개최되는 사교모임에 자주 출입하는 소녀였을 것이다. 주민들은
고기잡이와 생선 가공으로 생계를 꾸렸다. 그곳에서 발굴된 것들이
이런 사실을 잘 보여준다. 포장된 도로, 잘 연결된 하수도, 주택 단지,
모자이크 바닥을 갖춘 도시 빌라, 그리고 무엇보다도 큰 항구 등이
발굴 작업으로 확인되었다. 제대로 된 도시, 세계를 향해 열려있고
어느 정도 관용을 베풀며 그리스 헬레니즘 문화의 특색을 지니고 있

었다.

그녀는 방랑 랍비 예수를 따랐는데, 그가 그녀를 '일곱 귀신'(「누가 복음」 8장 2절)으로부터 구해주었기 때문이다. 물론 위조자들은 이런 사실을 재차 사악한 성적 무절제로 해석할 수 있었다. 그 당시의 언어 사용에서 악령은 심신 상관적으로 중한 질병, 아마 무기력한 우울증 같은 것을 가리키고 있다.

예수가 그녀의 삶에 의미를 주었다고 우리는 추측할 수 있을까? 그녀가 예수에게서 호의, 온정, 자신에 대한 애정, 세계에 대한 희망 등을 발견했기에 그를 따랐다고 추측할 수 있을까? 그녀와 여자들이 그와 가까이 있으면 용감해지며, 그들은 서로 신뢰하는 것을 배웠다고 추측할 수 있을까?

늦어도 이제는 미리암/마리아가 어쨌든 예사롭지 않게 강인하고 침착하며 자주적이고, 경제적으로도 독립적인 여성이라는 인상을 준다. 그녀의 이름 '막달라 마리아'는 아주 독특하다. 여성들은 남편, 형제, 아버지, 아들 등을 통해 신분이 정해진다. 어쨌든 그녀를 법률적으로나 공식적으로 대변해주는 남편을 통해서 자신의 신분이 정해지지, 자신의 출생지나 인생사를 통해 정해지지는 않는다. 그녀가 결혼하지 않고 혼자 살며 아이가 없었다거나, 아니면 −가능성의 희박하지만− 과부나 이혼녀의 신분으로 예수를 따라갔거나 심지어 자신의 배우자를 생각하지 않는 결혼한 여성의 신분으로, 혹은 어쨌든 자신의 결정으로 예수를 따라갔으며, 예수의 제자였던 그 어떤 남자를 따라간 것은 분명 아니었다.

예수와 함께 갈릴레아를 지나간다는 것은 그것이 도시적 환경에서 세상에 알려진 여성에게는 사회적인 신분 하락을 의미하였기에 과감한 결정이었다.

> "그녀는 시골스러운 갈릴레아 여자들 가운데 도시적 여자로서, 많은 가난한 여자들 가운데 유복한 여자로서, 전통을 고수하는 제자들 가운데 헬레니즘의 영향을 받은 계층에 속한 사람으로서, 예수의 제자들 가운데 두드러지게 눈에 띄었는가? (......) 그녀가 가정이나 신분에서 벗어나서 예수 활동에 따라다녔기에 여성 해방적이었던가? (......) 마리아는 목수 예수처럼 사회적으로 보장된 중산층 출신으로 예수처럼 자발적으로 가난한 자에게 관심을 기울인다." (잉그리드 마이슈, 『막달라 마리아』)

늦어도 예수가 십자가형으로 죽을 때까지 제자들 가운데 주도적인 역할이 마리아에게 주어졌다. 후에 교회 기둥에 양식화되어 표현된 남자들이 모두 공포에 사로잡혀 자기 목숨을 구하려고 도망쳤지만, 여자들은 죄인을 매달아 놓은 기둥 아래에서 끝까지 버티고 있었다. 죽은 예수가 매장되었을 때에도 마리아는 무덤을 떠나려 하지 않았다. 그리고 그녀는 부활절 아침에 암석으로 이루어진 지하 납골당으로 서둘러 갔고, 「요한복음」에 따르면 무덤이 비어 있다는 사실을 발견했던 최초의 목격자가 되었다.

그리고 또한 사라진 예수를 찾았던 최초의 인물이었다. 그녀로부터 그 소식을 들었던 베드로와 요한이 다시 혼란스러워하며 거기서 도망쳤기 때문이다. 그러나 마리아는 이번에도 울면서 고집스럽게 예수의 무덤 곁에 머물며 이런 종말을 받아들이지 않는다.

"마리아는 울면서 몸을 구부려 무덤 내부를 들여다보았다. 흰옷 입은 두 천사가 예수의 시체 뉘었던 곳에, 하나는 머리 편에, 하나는 발 편에 앉았더라. 천사들이 이르되, 여자여 어찌하여 우느냐? 여자가 그들에게 이르되, 사람들이 내 주님을 데려가서, 어디 두었는지 내가 알지 못하나이다." (「요한복음」 20장 11~13절)

그녀는 한 남자를 보고, 그를 동산지기로 여겨 그에게 절망적으로 애원한다.

"동산지기님, 당신이 예수의 시신을 옮겼거든 어디 두었는지 내게 이르소서. 그리하면 내가 가서 가져오리다." (「요한복음」 20장 15절)

그리고 신앙고백을 시적으로 변화시킨 재회 장면의 마법이 서술된다.

"예수께서 마리아야! 하시거늘, 마리아가 그에게 몸을 돌리며 히브리 말로 외쳤다. '랍부니'!, 이는 '선생님'이라는 말이라," (「요한복음」 20장 16절)

남자들은 다시 오랫동안 자신들의 은신처에 있고, 그리스도는 자신의 부활과 동시에 자신의 용서를 알려줄 여자를 그들에게 보낸다.

"예수께서 이르시되, 나를 붙들지 말라, 내가 아직 아버지께로 올라가지 아니하였노라. 너는 내 형제들에게 가서 이르되, 내가 내 아버지 곧 너희 아버지, 내 하나님 곧 너희 하나님께로 올라간다 하라 하시니. 막달라 마리아가 가서 제자들에게 내가 주를 보았다 하고 또 주께서

자기에게 이렇게 말씀하셨다고 이르니라." (「요한복음」 20장 17~18절)

예수는 자신을 홀로 남겨두었던 믿음이 약한 그들을 사랑스럽게 '형제들'이라 부른다. 그러나 예수는 마리아 막달레나를 선지자로 만든다. 그 때문에 동방교회는 그녀를 오늘날에도 여전히 '사도들의 사도'라며 열광적으로 숭배하고 있다. 로마에서도 아주 초창기에는 그렇게 생각했지만, 곧 없어졌다.

> "그녀는 그리스도에 의해 파견되어, 사도들의 사도가 되었다. 이로써 여자들도 그리스도의 사도가 될 것이다." (로마의 히폴리트 주교[4])

초기 그리스도교에서의 여성파워

십자가 밑을 떠나지 않았던 여자들은, 예수의 무덤을 찾은 여자들과 복음서에 언급된 다른 모든 동행녀와 예수의 여자 친구들처럼 즉시 잊혔고, 갑자기 미미한 인물로 전락했다. 예수가 가장 머물고 싶어 하는 지역 베타니엔에 거주하는 라자로의 자매인 **마리아와 마르타**, 게네사렛 호수의 유복한 생선 장수 제베도이스의 부인인 ㅡ후에 처형된 예수의 시체에 바를 향유를 구매함으로써 위험에 처하게 되는ㅡ **살로메**, 예수 어머니의 올케이며 마찬가지로 예수 시체에 향유를 바르려 했고 부활의 목격자가 되는 **마리아**, 예수가 치료해 주었고, 예수의 매

---

4   (Bischof Hippolyt von Rom, 170~236).

장을 위해 재화를 기부했던 **수잔나**, 남편이 헤로데 안티파스의 재정 책임자이며 그의 궁정에 거주하기에 아마 모든 이들 중 가장 용감했던 여자인 **요한나** 등이 그들이다.

요한나는 갈릴레아를 지나가는 혁명가 예수를 따라가기 위해 부유한 남편과 타락한 궁정 사회를 떠났을 것이다! 신학자와 성서 해석가, 적어도 남성 학자들이 오늘날까지 이 점에 대해 전혀 생각하려 하지 않는다는 것은 불쾌하기 짝이 없는 일이다.

물론 시대가 혼란스러웠고, 혁명의 기운이 감돌았으며 모든 이가 사고와 믿음에서 변화가 일어나고 있으며 사회의 대변화가 임박해 있다고 그 어떤 식으로든 느꼈을 것이다. 성서는 상당히 이례적이지만 탁월한 카리스마를 소유한 랍비 예수 주변으로 몰려들어 사회 질서를 뒤엎자는 기대로 그를 따르는 작은 무리의 급진주의자에 관해 서술하고 있다. 사람들은 로마의 점령군 병사로 신음하고 예루살렘의 종교적 지도자를 협력자로 경멸했으며 메시아를 애타게 기다리고 있었다.

자주 인용되는 게네사렛의 어부들만 예수 주변으로 모여든 이런 선지자 그룹에 속해 있었던 것은 아니었는데, 예컨대 희망 없이 부채에 시달리는 소농인, 부랑자, 폭력적인 남편으로부터 도망쳐서 구걸과 매춘으로 근근이 삶을 연명하고 있었던 불행한 여성 등도 이 그룹에 편입되었다. 이 무리는 오늘날의 용감한 그리스도교 공동체와 그리 유사하지 않다. 물론 거기에는 로마에 대항하는 저항 투사인 게릴라들은 바라바스가 ─복음서에 언급되어 있듯이, 그는 예수와 함께 십자가형에 처해질 '범죄자' 혹은 '강도'로 추정되는데─ 속해 있는 폭도 무리에 가담하고 있는 경우는 거의 없었다.

잡다한 무리의 괴수 나사렛 예수는 신의 왕국이 가까이 왔음을 선언하였고, 회개할 것을 선전했다. 자기와 같은 일을 하도록 친구들을 파견하였는데, 거기엔 여성도 포함되었다. 항상 듣고 읽어서 아는 것처럼, 그것이 불가능한 일은 결코 아니었다. 시대 전환기에 있었던 저항운동에서 분명 여성들도 참여하였고, 예수는 여자들과 관계를 맺고 있는 유일한 랍비는 아니었다. 갈릴레아의 가난한 마을에서 여성들은 어쨌든 규방에만 갇혀 지내지는 않고 경작지나 포도밭에서 함께 일해야만 했다.

일반적으로 남자와 여자의 관계는 파트너적인 신뢰보다는 힘의 차이와 거리 두기로 특징지어져 있었다. 거리에서 자신의 가족 구성원인 여성들과 절대 말하지 않는 랍비들도 존재했다. 그러나 예수는 소식을 알리기 위해 자신의 여자 수행원을 집으로 보냈다. 그는 현대적인 의미에서 여성 해방을 설교하지는 않았으며, 여류작가들이 많은 판타지와 적은 전문지식을 지니고 주장했던 성적 해방을 절대 언급하지 않았다. 그러나 예수는 철저히 개인이라는 인격체로 여성을 다루었지, 남자들의 소유물 혹은 부속물로 취급하진 않았다. 예수는 그들에게 동일한 존엄성과 사유 능력을 인정했고, 그들과 함께 신학 문제들을 토론했으며 그들의 경험 세계를 진지하게 받아들였다.

우리는 예수가 「요한복음」에서 지켐 -오늘날 나블루스- 우물가에서 사마리아 여자들을 가르친 수준 높은 신학적 대화에 주목해야 한다. 사마리아 주민들은 남아 있던 유대인이 아시리아인들과 관계를 맺었기에 그들이 죄악에 물들었다고 생각했다. 사마리아인은 지켐 가까운 곳에 있는 가리짐산에 자신들만의 신전을 소유했다. 경멸의 시선을 피하지 않고 예수는 사마리아 여자와 물의 가치, 영원한 삶, 경쟁 관계에 있는 두 숭배지 예루살렘과 가리짐 등에 관해 토론한다.

> "예수께서 이르시되, 여자여 내 말을 믿어라. 이 산에서도 말고 예루살렘에서도 말고 너희가 아버지께 예배할 때가 이르리라. (......) 아버지께 참되게 예배하는 자들은 영과 진리로 예배할 때가 오리라. (......) 여자의 말이, 내가 행한 모든 것을 그가 내게 말하였다고 증언하므로, 그 동네에서 많은 사마리아인이 예수를 믿는지라." (「요한복음」 4장 21, 23, 39절)

예수의 많은 여성 전령들은 예수 자신과 그의 남성 친구들처럼 자신들의 주변 세계와 그렇게 과격하게 단절하지는 않았다. 그들은 섬유 수공업에 계속 종사했으며 작은 가계를 운영하였고, 보모, 미용사, 의사 등으로 활동했으며 사회 구조에서 견고한 지지기반을 갖추고 있었다. "그들 [여자들] 모두는 자신들이 소유한 것으로 예수와 그 제자들을 섬겼다."(「누가복음」 8장 3절). 이것은 여성들이 자신의 재산으로 방랑하는 무리에 확실한 물질적 수입을 마련해 주었음을 의미한다. 그리고 남성들과 같이 신의 왕국을 전도했고, 병자를 치료했으며 집안일을 돌보았다. 예수가 죽은 후 그들은 ─오늘날의 연구 상황인데─ 수십 년 동안 설교와 공동체 건설에 동등하게 참여했다. 사람들은 주거 공동체에서 서로 만났고, 과부와 가난한 자들을 보살피는 사회봉사를 생각해 내었다. 로마 그리스도교인에게 보내는 유명한 편지에서 바울은 29명의 공동체 책임자를 나열했다. 그들 중 10명이 여성이었다. 바울은 남성들과 마찬가지로 여성들도 똑같은 책임과 능력을 지니고 있음을 분명하게 인정하였다.

베드로의 가장 큰 경쟁자

국교가 된 그리스도교의 전략가들에게 이렇게 큰 여성파워가 초창기부터 끔찍할 정도로 아픈 부분이었음이 틀림없다. 늦어도 예배가 개인의 집에서 새로 건립된 바실리카5로 옮겨졌을 때인 4세기에는 사회적인 규칙들에 따라야 했고, 공식적인 무대에서 여성들을 배제하게 되었다.

숭배, 전도, 신학, 질서 구조, 이 모든 것이 이제 남성에게 철저히 집중된다. 이런 방향전환의 과정에서 마리아 막달레나도 믿음이 강한 선지자에서 순종적이며 낯선 은총에 의지하는 회개한 죄인으로 돌변한다.

아마도 갈등이 없었다면 없어지지도 않았을 것이다. 후에 성서의 정전에 수용되지 못하는 외경들은 말할 것도 없이 이미 몇몇 복음서도 서로 다른 엑센트를 부여한다. 누가는 기회가 될 때마다 베드로의 중요한 역할을 강조하고 있으며 십자가 아래나 텅 빈 무덤에 나타난 여성을 대수롭지 않게 여기지만, 요한은 막달라 마리아의 유일한 -제자들에게 예수의 부활을 알리는- 목격자 역할을 매우 강조하고 있다. 어떤 여류 성서학자는 영지주의의 비교秘教 관점에서 서술된 외경에서 베드로와 미리암 사이의 경쟁에 관해 다음과 같이 해석하고 있다.

---

5   초기 그리스도교의 교회당.

"둘은 서로 다른 사도의 전통을 지키는 대표자로 소명되는 초기 그리스도교 내부 경쟁 그룹의 상징적 인물들이다. 갈등이 드러나는 텍스트에는 남성 우월의 시기심 많은 대표자가 총명한 젊은 여제자와 대립하고 있지만, 예수의 후계자 공동체뿐만 아니라 신앙 공동체에서 여성 대표로서의 막달라 마리아는 여성의 권위 요구를 구현하고 있다." (안드레아 타슬-에르버)

어쨌든 미리암의 명성은 오래가지 않았다. 예술가만이 사람들이 한때 그녀를 얼마나 찬미하고 사랑했는지 알고 있었다. 그리고 전설을 이야기한 사람들도 알고 있었다. 마티아스 그뤼네발트[6]의 〈이젠하임의 제단〉에는 골고다 언덕 위에서 죽은 그리스도와 약간의 거리를 두며 입상立像이 되어버린 어머니 마리아와 그녀를 어설프게 받쳐주고 있는 창백하고 이지적인 사도 요한이 슬퍼하고 있다. 그리고 십자가 밑에서 머리카락을 헝클어뜨린 채 슬픔에 젖어 죽은 예수를 우러러보고 있는 막달라 마리아가 손을 모아 애원하고 있다. 죽은 연인을 되살리려는 ―애통으로 마음이 찢어지는― 여인의 모습이다.

옛 전설은 언젠가 미리암이 주도적 역할을 담당했던 흔적을 보존하고 있다. 예를 들면, 본디오 빌라도가 예수를 사형 선고한 것에 대해 황제에게 탄원하기 위해, 미리암이 로마로 갔다. 혹은 그녀가 예수의 발에 발랐던 기름은 이스라엘의 왕이나 제사장을 임명할 때 발라주기 위해 태초에 신에 의해 모세에게 선물로 주어진 성유였다.

서방 교회에는 키나 돛대도 없는 작은 배에 관한 애교가 넘치는

---

6   (Matthias Grünewald, 1475~1528), 르네상스 시대의 화가.

전설이 생겼다. 이 배는 나쁜 의도를 지닌 유대인에 의해 바다로 버려진 막달라 마리아를 프랑스 남부로 데려다주었다. 그곳에서 그녀는 복음을 설교했고, 은자로서 그리고 참회자로 (여기서 이미 해석이 변하고 있다) 아이센 프로방스에서 죽었다. 그녀의 성유물을 보관하고 있다는 명성을 누리기 위해 오늘날까지도 부르군드의 베즈레이, 프로방스의 성 막시민 라 상트 바우메, 그리스의 에베수스 등이 서로 싸우고 있다.

스칸디나비아에서는 특이하게도 중세에 그녀를 신격화했다. 교회 화가들은 그녀를 하늘로 떠다니게 했는데, 물론 나체이며 그 어떤 식으로든 그녀의 긴 머리카락이 항상 신체의 모든 부분을 감싸고 있다.

> "막달레나가 다리에 서 있다.
> 태양이 밝게 빛났다.
> 그때 그리스도가 바깥 작은 녹색 숲에 있는
> 그녀에게 갔다.
> '네가 남자들의 손에서 벗어난다면,
> 눈처럼 하얀 손으로 내게 마실 것을 다오.
> (......) 너는 세 아이를 가졌다.
> 첫 번째 아이는 네 아버지와 가졌구나.
> 너는 그 아이를 바다에 빠뜨려 익사시켰다.
> 두 번째 아이는 그의 형제와 가졌구나.
> 너는 그 아이를 강에 빠뜨려 익사시켰다.
> 세 번째 아이는 교구신부와 가졌구나.
> 너는 그 아이를 호수에 빠뜨려 익사시켰다.
> (......) 그리고 너는 더는 제대로 된 식사를 해서는 안 된다.

7년 동안 숲에서 살며,
백합 뿌리에서 추출된 즙을 빨아 마시는 것 이외에는,
사시나무 껍질을 갉아 먹는 것 이외에는.'
7년을 견뎠을 때,
그리스도가 그녀에게 왔다.
'내가 너를 위해 하늘에 자리를 마련하겠노라.'
태양이 밝게 빛났다.
바깥 작은 녹색 숲에서 있었던
'모든 일은 네 강한 믿음을 위한 것이었노라.'"
(『스웨덴어로 쓰인 핀란드』에 나오는 옛 담시)

믿음이 강한 여자였던 막달라 출신의 마리아는 자신의 죄와 부도덕에 관한 끔찍한 이야기를 극복했다. 그녀는 다음에 오는 모든 폭로를 소재로 한 책, 실화 소설, TV 다큐멘터리에서도 살아남을 것이다. 이것들은 매년 어김없이 시장에 나올 것이지만, 이제 나사렛 예수에 성생활에 관한 최후의 해명도 약속하고 있으며, 부끄러워 숨어버린 예수의 아버지, 자식, 손자 그리고 팔레스타인, 프랑스 남부 혹은 인도에서 계속된 예수의 은밀한 삶도 다루게 될 것이다.

사라는 예수의 딸이었던가?

1972년 어떤 호주 언론인이 두루마리 문서를 머리기사로 실었는데, 이 문서는 자주 언급되는 마사다7에서 제작되었으며, 거의 80세에 이

---

7   이스라엘 남쪽, 유대 사막 동쪽에 우뚝 솟은 거대한 바위 절벽에 자리 잡은 고대

른 예수를 언급하고 있다. 그는 자기 아들이 십자가에 못 박혀 죽은 것에 관해 이야기하며 유대 왕좌를 요구하고 있다. 중세 후기에야 비로소 성립되었던 - 예수 대신에 이스가리옷 유다[8]가 십자가형으로 죽으며 무하마드를 세계의 진정한 구원자로 선포하였던- 「바르나바 복음서」가 수년에 한 번씩 반복해서 등장한다. 젊은 이사[Issa]가 부처의 가르침을 완벽히 수료했다는 기록이 담긴 - 티베트에서 발견되었다고 주장하는- 문서와 열렬한 채식주의자 예수에 관해 서술한 「완벽한 삶의 복음서」도 있다.

이런 텍스트들은 일반적으로 행운의 발견자 이외에는 어떤 사람도 본 적이 없다는 사실이 불신을 일깨우기보다는 이야기를 한층 더 흥미롭게 만든다. 교활한 수도승, 용감한 십자군 기사, 왕궁이나 주교 거주지 출신의 노련한 권력자 등 이 모든 것, 이 외에도 그 어떤 변두리에서 대부분 안개로 사라지는 마리아 막달레나가 등장한다는 사실이 긴장감을 준다. 그 언젠가 거의 모든 동화 서술자가 성배에 매달렸고, 5년 동안 5천만 부 이상 판매된 『다 빈치 코드』의 작가 댄 브라운[9]도 있다. 진지한 역사학자, 고고학자, 신학자가 잘못된 부분을 알려줄

의 왕궁이자 요새. 73년 제1차 유대-로마 전쟁 당시 끝까지 로마군에 항거하던 유대인 저항군이 로마군의 공격에 패배가 임박하자 포로가 되지 않기 위해 전원 자살한 것으로 유명하다.

8 (Judas Iskariot), 신약성서에 따르면, 예수 그리스도의 열두 사도 가운데 한 사람이었으나, 나중에 예수를 배신하여 그리스도교에서는 최대의 죄인이자 악마의 하수인, 배신자의 대명사로 불린다. '이스가리옷'이란 말에는 남부 유대의 지명인 '가리옷 사람' 외에 '암살자', '가짜', '위선자', '거짓말쟁이', '단검' 등의 의미를 지니다.

9 (Dan Brown, 1964~), 미국의 소설가. 대표적인 작품으로 『디지털 포트리스』, 『다 빈치 코드』, 『천사와 악마』 등이 있다.

기회라도 있을까?

브라운의 이야기는 세련되게 서술되어 있으며, 동시에 좋은 소설이 그런 것처럼 단순한 얼개로 짜여있다. 예수와 마리아 막달레나 사이에는 사라Sarah라는 이름의 딸이 있었다. (랍비는 일반적으로 결혼을 했으며, 공인되지 않은 복음서에 따르면 마리아는 그 어떤 식으로 예수와 결합하였다). 그들의 후손이 오늘날까지 프랑스에서 살고 있다. (프랑스에는 자의식이 강하고, 로마와는 비교적 무관한 가톨릭과 고대에 설립된 많은 수도원과 예배당이 존재했다). 모든 것이 실제 있었는지는 비밀협회 '시온 수도원'Prieuré de Sion만이 알고 있다. 이 협회는 템플기사단 뒤에 숨어 있다. (그리고 이 협회는 20세기 중엽에 이르기까지 전혀 존재하지 않았을 정도로 비밀에 싸여 있었고, 피에르 플랑타르라는 정치적 반유대주의자가 프랑스 왕위 계승에 대한 자신의 요구에 근거를 마련하기 위해 '수도원'을 찾아냈을 때 비로소 알려졌다). 그들은 '하느님의 사역'Opus Dei 진리에 대한 자신들의 흔들림 없는 신념으로 인해 박해받았다.

어떤 학자나 혁명가도 이것을 밝혀내지 못했는데, (실제로 지능이 탁월한 화가, 건축가, 기술자, 해부학자, 철학가로서) 1497년 밀라노에서 그린 〈최후의 만찬〉에서 사도 요한을 마리아 막달레나로 여길 수 있을 정도로 부드럽고 여성적으로 그렸던 예술가 레오나르도 다빈치가, 통상적인 견해와는 다르게 십자가로 사망하신 예수의 고귀한 피를 담았던 성배가 손잡이 달린 잔이나 바닥이 얕은 술잔이 아니라, 예수의 후손을 잉태하고 있었던 막달라 마리아의 몸이라는 사실을 밝혀내었다.

댄 브라운과 그의 보증인 미하엘 베이전트와 리차드 레이는 로마 교회에 의해 은폐된 자료가 사해死海에 있다고 보았으나 그곳에서 영지주의 문서를 찾아내지 못했고, 이집트의 나그함마디[10] 동굴에서 발견된 '그리스도교의 초기 기록'에서도 그 자료는 없었다. 그러나 그곳에서 나타났던 것은 신약성서의 4 복음서와 서간보다도 더 이전에 제작된 자료였다. 어쨌든 나그함마디의 「빌립보 복음서」Philippusevangelium는 실제로 이성적인 신학자라도 냉정함을 잃을 수 있는, 감전될 정도로 놀라운 문구를 담고 있다.

> "그리고 배우자는 (......) 마리아 막달레나이다. 그녀는 (.......) 제자 이상이며, 그는 그녀의 (......)에 키스했다." (「나그함마디 코덱스 2」, 3장 55절)

나일강 기슭에서 발굴된 이 파피루스는 유감스럽게도 중요한 위치에 구멍이 나 있어 더 자세한 내용은 알아볼 수 없었다. 3세기 말 그리스어로 기록된 이 텍스트에 대해 단지 이러쿵저러쿵 추측할 수 있을 따름이다. 메시아, 애정 혹은 사랑, 모든 제자보다 그 이상의 존재 등에 대한 언급이 실제로 있는가? 문헌학자들은 여기서 원래 미리암이

---

10 나그함마디는 1945년 12월에 단지에 밀봉되어 있던 가죽 장정 파피루스 코덱스 13권이 지역 농민에 의해 발견된 장소로 가장 잘 알려져 있다. 이들 코덱스는 대부분 영지주의 관련 문헌들을 담고 있으며, 영지주의적 금서를 소유하는 것이 이단으로 공격받던 상황에서 파코미우스 수도원 가까이 거주했던 수도사에 의해 숨겨진 것으로 여겨진다. 문서의 내용은 콥트어로 쓰여 있으나, 모두 본래 그리스어로 작성된 문헌을 번역한 것으로 판단된다. 가장 유명한 문헌으로는 「도마 복음서」가 있는데, 이것은 「나그함마디 코덱스」에 담긴 문헌 중에서 유일하게 완전한 필사본이다.

언급된 것이 아니고, 성서 전통과 영지주의적인 언어사용이라는 관점에서 보면 비슷하게 알려진 상징적 인물 '소피아'(현명함을 의미)라고 보는 것도 가능하다고 생각한다. 그리고 신비로운 입맞춤은 미리암의 입술만이 아니라, 이마, 뺨 혹은 발에 적용될 수도 있을 것이다.

막달라 마리아의 진정한 팬들은 이 모든 판타지나 추측 놀이에 대해 약간 유감스럽게 동의해야만 했다. 왜냐하면, 모든 것이 전통적인 남녀 구조라는 틀에 적용되어 추측된 것이고, 제자나 사도로서 미리암의 특별한 파워 역할을 평이하게 해버리기 때문이다. 그밖에도 이런 판타지들은 '성의 자유'라는 현대의 큰 희망과 결부되어 있으며, 고대에서 성의 자유보다는 금욕적 이상이 더 관심이 있었다는 사실을 애써 외면하려 한다.

종종 어색하게 행동하며 그 영향력이 점점 사라지고 있는 로마의 교황청도 일조한다. 1978년 그곳에서 미리암의 상투적인 별칭 '마그나 페카트릭스'(큰 죄를 지은 여자)와 '포에니텐스'(회개하는 여자)라는 표현을 사제와 수도회의 성무일도에서 지웠다. 이로써 막달라 마리아를 사도로 올리는 길이 다시 열릴 것이다.

11. 유다는 예수를 사랑했기에 배신했는가?

짐승 같은 인간. 괴물. 세계사에서 가장 미움받는 인간. 왜인가?
구원자라면 배신자가 필요하다.
유다가 예수의 절친한 친구였던가?

"유다가 빵 한 조각을 먹자, 사탄이 그의 마음속에 들어갔다."
(「요한복음」 13장 27절)

　　독실한 가톨릭 신자이지만 도발적인 언급을 즐기는 여류작가 루이제 린저[1]는 1983년 자신의 장편소설 『미리암』에서 다음과 같은 주장을 했다. "그 누구도 여호수아[2]에게 그렇게 열중인 사람은 없었고, 그처럼 그렇게 죽을 정도로 끈질기게 사랑했던 이도 없었다."
　　자유를 쟁취하기 위해 싸우는 열렬 전사였던 이스가리옷 유다는

1　(Luise Rinser, 1911~2001), 독일의 작가.
2　여기서 여호수아(Jeschua)는 예수를 의미함.

그림 11 : 〈유다의 입맞춤〉, 12세기 작가 미상, 우피치 미술관

노예살이를 하던 자신의 나라, 그리고 정치적 구원자로 생각했던 여호수아에게 ─ 역사적으로 보면 올바른 이름인 예수를 린저가 그렇게 불렀다─ 헌신했던가? 그가 예수를 예루살렘 최고 평의회로 넘겨 주었을 때 아마 그를 혁명가 역할로 밀어 넣고, 그럼으로써 일종의 대중 봉기를 선동하려 했던가? 유다의 열정적 애국심이 예수 체포에 ─ 이 경우 법정 심리에서 결국 예수가 정치적 메시아로 밝혀질 수 있고, 추악한 로마 점령군에 대항하여 봉기하라고 사람들을 선동할 수 있기에 ─ 개입되었는가?

여호수아를 해방자처럼 예루살렘으로 끌어들이고, 봉기를 준비하는 대중에 의해 둘러싸이게 만든 이가 바로 유다였다고 한다. 이런 계획이 좌절되자 유다는 이성을 잃었다. 이 부분에 관해 서술한 루이제 린저의 글은 다음과 같다. "유다는 여호수아가 자신이 생각하려 했던 인물이 아니라는 사실을 알게 되었을 때, 그는 망연자실하여 나무에 스스로 목을 맸다."

배려하는 배신자

주님을 배신한 자, 그는 수백 년 동안 수난극에서 사악한 조연이었으며 버림받은 인간의 전형적 사례로서 모든 종류의 지옥 설교에 필수적으로 등장하는 인물이다. 짐승 같은 인간 유다는 오늘날 신학자와 문학가들이 항상 새로운 의구심을 갖도록 자극한다. 영원한 유대인처럼 용서를 빌며 그는 역사를 횡단하며 방황한다. 그는 자신을 해석하는 사람은 물론이거니와 아마 그 스스로에게도 설명할 수 없는 수수께끼 같은 존재로 남아 있다. 그는 인간 심연의 침묵하지 않는 증인이며, 선동적이고 교활하며 괴로워하고, 독선적이고 자포자기한 것에 대한 집요한 질문에 답해야 한다. 인간 유다는 우리를 놓아주지 않는다. 그가 행했던 것은, 마치 우리 자신의 친구들 사이에서 일어났던 일인 양 우리를 분노케 한다.

> "그리스도여! 당신이 내 말을 들을 수 없다는 것을 압니다.
> 그러나 나는 당신이 내게 원하는 것만을 하겠습니다.
> (......) 그가 나를 왜 움직이게 만드는지 모릅니다.
> 그는 인간입니다 ─그는 바로 인간입니다.
> 그는 왕이 아닙니다 ─그는 내가 알고 있는
> 여느 사람처럼 바로 우리와 같은 사람입니다.
> 그는 나를 너무나 무서워합니다.
> 그가 차가워져 죽으면 그가 나를 놓아줄 건가요?
> 그도 나를 사랑하는가요? 그가 나를 좋아하는가요?
> 가련하고 늙은 유다여.
> 안녕 유다여." (《지저스 크라이스트 슈퍼스타》[3])

우리는 그에 관해 아는 것이 거의 없다. 유다의 나쁜 이미지는 성서에서 몇 가지 경멸적인 암시, 예컨대 소문, 사변, 선입관 그리고 아마

3 팀 라이스 작사, 앤드루 로이드 웨버 작곡의 뮤지컬. 록 음악에 바탕을 두었지만, 구조적으로는 서곡과 라이트모티프 등이 존재하는 오페라적 요소들 때문에 록 오페라라고도 한다. 예수 그리스도의 죽음 일주일 전부터 십자가형까지를 다루고 있는 작품. 인물들에 대한 파격적인 해석으로 당대에 선풍을 일으켰으며, 지금까지도 세계 각국에서 끊임없이 공연되고 있는 세기를 초월한 걸작이다.

특이한 애정의 감정으로 구성되어 있다. 유다를 그런 행동으로 움직이게 만들 수 있었던 동기는 불분명하다.

그는 분노가 치밀어 예수를 배신했는가? 이런 평화주의에 물든 겁쟁이 예수가 자신의 혁명과 관계를 갖지 않으려 한다는 사실에 실망해서? 아니면 유다의 배신 이면에 아주 상반되는 －그가 미래의 유대 왕으로 꿈꾸었던－ 자기 스승을 배려하는 사랑이 숨어 있는가? 제사장 도당들이 그에게 소란스러운 유월절 축제 동안 예수를 보호하도록 －그렇지 않으면 로마인에 의해 구금될 가능성이 있기에－ 제안했을 때, 그가 예수에 대한 순진하기 짝이 없는 걱정으로 인해 그들의 계략에 빠졌는가?

지극히 단순하게 생각해 보면 유다는 아마 순진하고 경건한 심성을 지닌 인물이었든가? 그는 곧 도래할 신의 왕국에 관한 소식을 그가 대위기를 조장하여 최후의 날이 오도록 강제해야만 한다고 생각할 정도로 그렇게 열광적으로 받아들였던가? 적의 수중에 떨어진 메시아 예수에게는 자신을 세계의 주인으로 공표하고 크고 끔찍한 최후의 심판을 여는 것 이외에 도대체 무엇이 남아 있었던가? 조급한 종교적 열정을 표현한 것에 지나지 않는 위장 배신이었던가?

물론 유다의 정신생활을 철저히 규명하고, 원시적 신뢰와 사랑의 능력이 결핍되었다는 결과를 도출하는 심리학적인 설명도 빠지지 않는다.

"정말이지 네 고유의 죄가 거기에 있다. 너는 애초부터 실제로 믿기를 거부한다. －너는 거부하는구나. 내가 그 말을 평가하는 것을 명심해라. ─그리스도 안에 너를 위한 충분한 사랑도 있었음을 명심하라. 그리고 그의 도움은 아마 네가 의심할 때까지 계속될 수 있을 것이다. 그러나 그와 그의 사랑에 비교하면 너의 불신으로까지 이어져서는 안 된다. 그리고 그의 신의에 대한 너의 결핍된 신뢰에 이르기까지만 이어질 것이다." (마리오 포밀리오, 『다섯 번째 복음서』)

'이스가리옷', 비수를 든 남자

알려진 것은 거의 없다. 12명의 친밀한 동지 중 한 명이었던 예수의 제자가 무슨 이유로 자신의 친구인 예수와 소원해졌는지 우리는 모른다. 언제 그의 희망이 사라졌으며, 왜 그가 절망하게 되었는지 우리는 모른다.

성서도 거의 도움을 주지 못한다. 복음서들이 이스가리옷 유다에 대해 언급하고 있는 것은 단지 몇 줄의 객관적 사실에 불과하다. 루이제 린저가 사도 내부에서 유다의 역할을 긴장감 넘치고, 명확하게 묘사하고 있지만, 이것은 판타지에 지나지 않는다.

"명석한 두뇌, 하지만 비밀에 싸여있다. 그는 말을 거의 하지 않지만, 모든 것을 보고 들었다. 그는 절대 웃지 않고 거의 잠도 자지 않았다. 그는 항상 뛸 준비가 된 경비견처럼 예수 곁에 있었다. 그는 소식을 가져와야 할 경우에만 그의 곁을 떠났다. 그는 파발꾼이 되었다. 그는 매일 체포, 몰수, 고문, 십자가 형벌 등의 소식을 가져왔다. 그는 가격과 세금, 그리고 3중 세금, 즉 제사장, 로마, 국내 궁정에 바치는 세금의 상승 폭을 기록했다.

그는 가난한 자들의 비참함과 상류층의 사치스러운 삶을 기술했으며, 이런 경우에는 불타는 눈으로 여호수아를 바라보았다. 그는 방해꾼이었다. 여호수아는 그의 그런 점을 꾸짖지 않고, 그의 말을 말없이 미동도 하지 않은 채 경청했다. (......) 그는 다른 사람들을 위한 소식 전달자였으며 재정 관리자였다. 그는 스스로 이런 직무를 수행했다. 너희는 주머니에 얼마나 많은 돈을 가졌는지 알아야 한다. 생각도 하지 않고 닥치는 대로 살아서는 안 된다." (루이제 린저, 『미리암』)

그의 이름도 분명하지 않다. '이스가리옷'은 '가리옷, 게리옷 출신의 남자', 아니면 '비수를 든 남자'라는 의미의 '시가리어'로 해석된다. 로마인들은 민족주의에 열광하는 유대인 저항그룹에 소속된 자를 '시가리어'라 불렀다. 그들은 암살에서 완전무결함을 과시하곤 했다. 사람들로 큰 혼잡을 이룬 곳의 한 가운데에서 그들은 갑자기 ―'시카'라는 작은 단검으로― 찌르고 대중 속으로 번개처럼 빠르게 사라졌다. 이런 설명이 개연성이 없지는 않은데, 왜냐하면 예수의 제자 무리에는 '열정자 시몬'이라 불리는 최소한 한 명의 유대 해방운동원이 있었기 때문이다.

그러나 아람어에서는 '이스가리옷'이 '거짓말쟁이, 위조자'로도 이해될 수 있다. 그러면 이것은 초기 그리스도교 공동체가 배신자를 가리킬 때 사용하는 욕설이 될 것이다.

유다가 나사렛 예수의 가장 친밀한 교우 관계에 속하고 있다는 사실만이 분명하다. 그가 어떻게 예수에게로 왔는지 우리는 모른다. 그러나 그는 다른 제자들과 함께 오랫동안 방랑하면서 스승의 옆에서

기아와 갈증을 공유했다. 다른 제자들처럼 그는 '복음'을 의미하는 '좋은 소식'을 전도하고 인간들의 짐을 가볍게 하려고 파견되었다.

> "예수께서 산에 오르사 자기가 원하는 자들을 부르시니 나아온지라. 이에 열둘을 세우셨으니 이는 자기와 함께 있게 하시고, 또 보내사 전도도 하며, 귀신을 내쫓는 권능도 가지게 하려 하심이라. 이 열둘을 세우셨으니 시몬에게는 베드로란 이름을 더 하셨고, 또 세베대의 아들 야고보와 야고보의 형제 요한이니, (......) 또 안드레와 빌립과 바돌로매와 마태와 도마와 알패오의 아들 야고보 및 다대오와 이스가리옷 유다니, 이는 예수를 배반한 자더라." (『마가복음』 3장, 13~19절)

제자들과 함께한 최후의 만찬에 유다도 참석하였다. 넓은 마음을 지닌 예수는 다시 자신을 소환한 관리들에게 창피를 준다. 가톨릭교회는 실패로 끝난 결혼 이후에 새로운 관계를 맺으려는 사람들에게 성찬식도 배제하고 있지만, 그들의 주님과 스승은 자신에 대해 가장 크게 실망했던 그 친구가 '최초의 성체성사'에 참석한 것을 아주 당연하게 여긴다.

> "그들이 먹을 때에 이르시되, 내가 진실로 너희에게 이르노니 너희 중의 한 사람이 나를 팔리라 하시니. 그들이 몹시 근심하여 각각 여쭈니, 주여 나는 아니지요. 대답하여 이르시되, 나와 함께 그릇에 손을 넣는 그가 나를 팔리라. (......) 예수를 파는 유다가 대답하여 이르되, 랍비여 나는 아니지요. 대답하시되, 네가 말하였도다 하시니라." (『마태복음』 26장 21~25절)

정확히 재현될 수 없는 근거로 유다는 제사장들과 예수를 팔아넘기는 것에 대해 흥정하고, 감람산에서 무장한 부대가 예수를 체포할 때 협력했다.

> "예수를 파는 자가 이미 그들과 군호를 짜 이르되, 내가 입 맞추는 자가 그이니, 그를 잡아 단단히 끌어가라 하였는지라. 이에 와서 곧 예수께 나아와 랍비여! 하고 입을 맞추니, 그들이 예수를 붙잡아 결박하였다." (「마가복음」 14장 44~46절)

그러나 예수가 사형을 선고받았다는 사실을 유다가 알았을 때 그는 자신의 행동을 후회했고 제사장들에게 자신의 사례금을 돌려주고 자살했다.

> "내가 무죄한 피를 팔고 죄를 범하였도다. 그들이 이르되, 그것이 우리에게 무슨 상관이냐? 그건 네 일이라 하거늘. 유다가 은을 성소에 던져 넣고 물러가서 스스로 목매어 죽은지라." (「마태복음」 27장 4~5절)

그는 예루살렘 근교의 저주받은 히놈탈Hinnomtal에 있는 무화과나무에 스스로 목매었다고 전해 내려온다. 반면에 민간전승은 사시나무를 선호하는데, 그 나무가 신의 심판에 대한 두려움으로 오늘날까지도 떨고 있기 때문이다.

자살 미스터리

여기서 이미 우리의 어려움이 시작된다. 복음서 작가 마태에 따르면 가장 깊은 절망의 상황에서 자살이 의미하는 것은 복음서 작가 누가가 썼다고 추측되는 「사도행전」에서 음침한 참사처럼 보인다.

> "그는 범죄에 대한 보수로 밭을 샀다. 그러나 후에 몸이 곤두박질하여,
> 배가 터져 창자가 다 흘러 나온지라." (「사도행전」 1장 18절)

후회하는 배신자 유다는 현상금을 버리며, 신전을 지키는 어떤 성직자가 그것으로 외국인 전용 공동묘지로 사용되는 밭을 매입한다. 두 번째 버전에는 유다 스스로, 후회의 표시도 드러내는 것 없이, 현상금을 밭을 사들이기 위해 투자한다. 또 하나의 불합리한 버전도 있다. 마가나 누가에 따르면 제사장이 자청해서 30개의 은화(그 당시 대략 남성 노예 한 명을 살 수 있는 금액)를 주겠다고 약속했다. 「마태복음」의 경우 유다는 행동에 나서기 전에 사례금에 관해 묻는다.

도대체 '배신'의 내용이 정확히 무엇인지 분명하지 않다. 유다가 예수 모임의 비밀 체류지를 알려주었는가, 아니면 입맞춤으로 —「요한복음」에는 나오지 않는다— 예수가 누구인지 식별하는 데 도움을 주었는가? 그동안 예루살렘에서 삼척동자라도 알고 있는 민중 설교자가 누구인지 알기 위해 굳이 '유다의 입맞춤'이 필요했는가?

배신의 모든 과정이 형편없이 구성된 이야기처럼 너무나 엉성해 보인다. 성서학자들은 유다에 사용된 '배신'이라는 개념이 중립적인

의미를 담고 있는 '넘겨 줌', '인도'로 번역되는 것이 훨씬 더 정확할 수 있다는 사실을 지적한다.

마가, 누가, 요한은 유다의 죽음에 대해 전혀 언급하지 않는다. 심지어 사도 바울의 「고린도전서」에 근거를 두고, 유다가 부활절 이후에 여전히 십이 사도에 속해 있어서 부활의 목격자가 되었다고 주장하는 가설도 존재한다. 성서의 전승에서 누구나 알 수 있는 이런 모순에는 쉽게 알아챌 수 있는 성향이 있다. 즉, 유다는 예수와 정반대편에 있는 사악한 상대 인물로 점점 더 과대평가되고 있으며, 인간 형상을 한 악마, 혹은 메시아와 반대편에서 모든 실패에 대한 속죄양 등 지나칠 정도로 큰 의미를 부여하고 있다. 교부들은 이미 행실 나쁜 사도 유다를 가장 어두운 색감으로 그리고 있다. 시리아의 키릴로나스[4]는 유다가 어떻게 만찬 홀을 떠나고 있는지 시적으로 묘사하고 있다.

> "분노의 그릇이 그의 스승을 떠나게 했으며, 음흉한 자는 자기 동료들을 버린다. (......) 어둠을 좋아하는 올빼미는 비둘기를 쫓아내며 까옥까옥 울며 날아간다. 그때 숨어 있던 태양이 자신의 빛으로 그 집을 비추어 밝아진다. 저주받은 뱀이 그 집에서 도망쳐 나왔기에 기뻤다."

소아시아의 주교 파피아스[5]Papias는 2세기 말에 배신자 유다의 죽음

---

4 (Cyrillonas), 4세기 말에서 5세기 초에 활동한 시리아의 신학자이며 시인.
5 (Papias von Hierapolis, 70~163), 초기 그리스도교의 교부, 『5권으로 된 주님의 말씀 강해』(Fünf Bücher der Darstellung der Herrnworte)라는 책을 썼다. 이레

에 관해 서술하고 있는데, 역겨운 세부적 내용을 재미있게 풀어 서술하고 있다.

> "신의 존재 부정을 끔찍하게 보여준 사례로서 유다는 이 세상을 통과했다. 그의 몸은 너무나 부풀어 올라서 마차가 쉽게 통과하는 곳에서도 그는 통과할 수 없었다. (......) 그의 눈꺼풀은 너무나 부풀어 올라서 빛을 볼 수 없을 정도였다. (......) 그의 음경은 너무나 추하고 크게 보였다. 용변을 볼 때 고통을 주는 벌레 외에도 그의 몸 구석구석에서 고름이 흘러나왔다. 그가 고통과 역병으로 죽었을 때 냄새 때문에 오늘날까지도 그 지역은 황폐하고 사람이 살지 못한다고 한다. 정말이지 오늘날까지도 손으로 코를 잡지 않고서는 아무도 그곳을 지나가지 못한다고 한다."

그리스도교인 중 많은 이들이 수백 년 동안 유대민족 전체를 배신자 유다와 동일시하였다. 이것이 그들에게 유대인 비방과 피의 학살에 대한 정당성을 주었다. 20세기에 이르기까지 유다를 묘사한 허수아비를 불태우는 것이 통속적인 부활절 풍습이었다. 최근에는 히틀러, 스탈린, 유다, 이 세 명은 확실히 지옥에서 불에 태워지고 있을 것이라고 굳게 믿고 있다. 주의 배신자를 향한 증오는 1942년 뷔르템베르크주에 있는 도시 바일Weil의 그리스도교도들로 하여금 자신들의 교회 스테인드글라스에 그려진 유다에 누가 봐도 분명한 히틀러의 얼굴을 그려 넣는 용기를 주었다.

니우스(180)와 에우세비우스(320)의 작품에서 짧게 인용되었는데, 부분적으로만 보존되어 전해오는 이 작품은 그리스도교 구전 복음에 관한 매우 중요한 문헌이며 또한 복음서의 기원에 관한 매우 중요한 문헌이다.

"유다, 이 사악한 개는 은화를 얻기 위해 황금같이 귀하신 예수를 배신하고, 사치를 일삼고 살인을 저질렀다." (바로크 시대 설교자 아브라함 아 상트 클라라)

복음서를 가장 먼저 썼던 마가의 경우 이스가리옷 유다와 제사장 사이의 냉정하고 거의 사무적인 거래가 언급되어 있다. 누가는 몇 년 후 배신의 이야기를 확신을 지니고 서술한다.

"이스가리옷이라 부르는 유다에게 사탄이 들어가니, (......)" (「누가복음」 22장 3절)

「요한복음」은 훨씬 뒤에 성립되었으며, 객관적 보고라기보다는 신학적 해석에 가깝다. 거기에 따르면 예수는 처음부터 유다와 상당한 거리를 두었다고 한다. 그렇다면 왜 예수가 유다를 제자로 받아들이고 곁에 두었는가?

여전히 「마가복음」에서 서술하고 있듯이, 한 열광적인 여자 추종자가 예수의 발에 값비싼 기름을 바르는 것이 '사치'라고 비방하는 제자 중 '몇몇은' 이제 더는 없다. 「요한복음」의 경우 갑자기 유다 혼자만이 이 돈을 가난한 사람들을 돌보는 용도로 사용하길 원했다.

"유다가 이렇게 말함은 가난한 자들을 생각함이 아니요, 그가 도둑이기에 돈궤를 맡아서 그 수입을 착복함이었더라." (「요한복음」 12장 6절)

정말 믿을 수 없는 비난이다. 그가 이런 탐욕스러운 악한이었더라면, 누가에 따르면 '자신의 머리를 바로 누일 수 있었던' 곳도 갖지 못했던 가난한 나사렛 사람의 처지에서 궁핍한 방랑 생활을 견디어 냈겠는가? 그리고 도둑이었다 하더라도 그는 더욱더 예수를 배신할 필요가 없었을 것이다. 그는 공동의 돈궤에서 훨씬 더 손쉽게 재화를 착복할 수 있기에, 아무리 돈에 환장한 수전노 유다라도 몇 푼의 돈으로 자기 친구를 밀고할 필요가 없었을 것이다.

배신 없는 구원은 없다.

그러나 유다가 스승을 실제로 믿음의 결핍 혹은 탐욕으로 사형 집행인에게 넘겨주었다고 한 번 더 가정해 보자. 그렇다면 그리스도교인, 최소한 그들은 이스가리옷 유다에 대한 성급한 유죄 선고를 할 수 없었을 것이다. 그들은 예수 스스로가 유다의 행동에 용기를 주었다는 당혹한 사실에 직면해야만 했을 것이다. 하필이면 요한이, 유다에 대해 어떤 호감도 분명히 말할 수 없는 그가 다음과 같이 기록하고 있다.

> "유다가 빵 조각을 받은 후, 곧 사탄이 그 속에 들어갔다. 이에 예수께서 유다에게 이르시되 네가 하는 일을 속히 하라! 이 말씀을 무슨 뜻으로 하셨는지, 그 앉은 자 중에 아는 자가 없더라." (『요한복음』 13장 27~28절)

성서에 따르면 예수는 의식적으로 스스로 적의 수중으로 인도되었다. 십자가형으로 끝난 그의 죽음은 인간을 향한 그의 미친 사랑, 그리고 통치권을 가진 제사장과 정치가 무리에 대항하는 적대적 행위의 결과로 나타난다. 견고한 남성들의 신학이 오랫동안 주장하고 있었듯이, 모욕당하여 복수심에 불타는 신이 자기 아들을 속죄의 제물로 십자가로 보낸 것이 아니다. 그러나 그는 이 운명을 받아들였다. 로마에 있는 그리스도교인에게 보낸 편지에서 최소한 바울은 그렇게 생각한다.

> "자기 아들을 아끼지 아니하시고, 우리 모든 사람을 위하여 내주신
> 이가 어찌 그 아들과 함께 모든 것을 우리에게 주시지 아니하겠느냐?"
> (「로마서」 8장 32절)

감람산에서 체포될 때 예수는 배신한 유다를 비난하지 않는다. 그 대신에 그는 자신을 보호하려고 강도에 대항하여 나서려는 것같이 무장한 무리를 힐책한다.

> "그러나 이렇게 된 것은 다 선지자들의 글을 이루려 함이니라." (「마태
> 복음」 26장 56절)

신의 계획을 수행하는 기관으로서의 유다. 신의 도구로 사용된 유다. 유다 또한 제물이다. 구원이 일어날 수 있으려면 배신자가 있어야만 했다. 영리하지만 괴팍한 사람들로 구성된 초기 그리스도교의 이단인 '카인파'Kainit는 유다만이 예수의 의도를 이해했기에 유다를 성인처럼 숭배한다.

"어떤 인간도 다른 이에게 자신의 사형 집행인이 되어 달라고 부탁

하는 것보다 더 큰 부담을 줄 수는 없다"라고 미국의 심리 분석학자 시드니 태러초브Sidney Tarachow는 생각한다. 그는 유다를 '사랑받는 사형 집행인'으로 칭했고 예수가 고전적인 '자기 분열' 증세를 지니고 있음을 증명하려 한다. 즉, 그의 마음속에 있는 그리스도 지분이 아버지의 비밀스러운 계획에 순종하는 것이며, 그의 어두운 그림자(우리의 것이기도 한데)인 유다 지분은 신에 대항하는, 좀 더 나은 자아에 대항하는 저항과 신을 살해하려는 소망을 구현하고 있다.

1978년 이집트의 도시 마그하가 근교에 있는 아주 오래된 콥트족 공동묘지의 카타콤에서 한 장의 파피루스가 발굴되었다. 그것은 150년에서 170년 사이에 성립되어, 교회 지도부에 의해 성서의 정전으로 수용되지 못한 「유다복음서」였다. 이스가리옷 유다가 여기서 중요한 역할을 담당하고 있기에 그렇게 칭해진다. 예수는 인간의 운명에 관해 개인적으로 그를 깨우쳐 주며, 다른 사도들이 자기의 복음을 깨닫지 못하고 있으며 잘못된 신을 믿고 있다고 가르친다.

"그들과 헤어져라, 그리고 내가 네게 왕국의 비밀을 알려줄 것이니라."

"너는 그들 모두를 능가할 것이다. 네가 나를 옷처럼 둘러싸고 있는 인간을 제물로 바쳐야 하기에, 사람들은 너를 미워할 것이니라."

「유다복음서」는 영지주의 세계관을 바탕으로 기록되었다. 영지주의는 인간, 창조, 물질을 끔찍할 정도로 부정적으로 보며, 모든 것에 급진적인 정신화를 기대하는 고대에 파급력이 컸던 운동이다. 인간은 구원이 아니라 인식이 −선택된 자들의 그룹으로 제한된 비밀에 싸인 지식이 가장 좋은데− 필요하다. 이런 것이 「유다복음서」의 배경으로 보인다. 이런 비밀에 싸인 지식을 소유하지 못하면서 잘못된 신을 숭배하는 (아직 초기에 해당하는) 교회라는 기관에 대한 신랄한 비판이 추가된다.

미움받는 유다의 명예 회복이 이런 식으로 크게 선포된 새로운 발견에서 기대될 수는 없다. 그렇지만 질문이 폭넓게 제기되기 시작했고 속죄양이라는 단순한 구조에 대해 미약하나마 자기비판이 흘러나왔다. 교황청 추기경 로제 에췌가라이유Roger Etchegaray(1922~)는 −바티칸은 그를 중재자로서 사라예보, 모잠비크, 이라크로 보냈다− 유다에게 다정다감한 편지를 썼다.

> "내게 말해줘, 네가 하고자 하는 것을 즉시 해라는 말을 네가 들을 때 너는 아마도 불가피하게 기계장치의 톱니바퀴에 대한 구원이 되어버렸니? 내게 말해줘, 유다여, 너는 정말 끝장났니?"

감수성이 예민한 문학가라면 이런 사고의 전환을 우선 알아챌 수 있다. 발터 옌스[6]는 1975년 선입견이라고는 전혀 없이 유다를 위한 공식적인 시복식[7]을 꿈꾸었다. 유다의 '배신'은 자기를 부정한 행위이며 실제로는 사랑의 봉사라는 것이다.

---

6 (Walter Jens, 1923~2013), 독일의 작가.
7 교황이 죽은 자를 복자(福者) 명부에 넣는 가톨릭 의식.

"유다의 제물로서 예수. 예수의 제물로서 유다. 유다와 예수, 이 둘은 신의 계획에 바쳐진 공동의 제물이었다." (발터 옌스, 『유다의 경우』)

루이제 린저는 마태의 자살 이론을 인용한다.

"여호수아[예수]의 어두운 쌍둥이 형제 유다. 둘은 같은 날 죽었으며, 둘 다 나무에 매달려, 질식으로 죽었다. 둘의 이름은 영원히 연결되어 있다."

고위 성직자로서는 드물게 감정이 풍부한 추기경 에췌가라이유가 유다에게 보낸 편지를 다시 인용해 보자.

"너는 무엇보다도 너의 고독의 제물로 되지 않았니? (......) 너는 세 번씩이나 부정한 후에도 슬피 울기 위해 예수의 시선과 마주친 베드로의 기회를 얻지 못했어. 너는 수탉이 우는 소리를 듣지 않았고, 아무도 네가 울도록 도와주지 않았어. 너는 혼자였고, 밤이었어. 혹은 사탄이 아마 네 몸속으로 들어왔을 거야. 그리고 너는 이 끔찍한 길동무와 함께 지낼 수가 없었어. (......) 불쌍한 유다여, 너는 왜 냉랭한 고독함에서 예수가 네게 한 마지막 말, 첫날의 깊이 신뢰하는 말, 절망의 어둠을 벗어버릴 수 있는 심장을 파고드는 말을 뱉어내지 않았니? 나의 친구여, 이 말을 한번 들어보게. 내 친구? 너는 너 자신의 삶을 포기하고 나무에 목을 맸어. 신의 수중에 떨어진 네가 그의 영원한 사랑의 노획물로 되리라는 사실을 몰랐었니?"

최후의 만찬에서 제자들이 예수의 질문에 반응하며 제기한 놀라운 질문은 그들 중 한 명이 예수를 배신할 것이라는 사실을 암시한다. 그들은 물론 그에 관해 서술된 모든 것이 맞는다면 오랫동안 신뢰할 수 없는 동료로서 알려져 있었음이 분명한 유다를 비난하듯이 바라보지는 않는다. 완전히 반대이다. 제자들은 각각 자신의 가슴을 치며, 차례로 배신자가 자기인지 묻는다. "그렇지만 저는 아니지요?"—"제가 배신자입니까, 주여?"

쥘리앵 그린[8]의 장편소설 『밤마다 남자』Chaque Homme dans sa nuit에는 당혹스러운 장면이 하나 있다. 제임스 나이트라는 사람이 빌프레드라는 이름을 지닌 남성의 항소서를 복음서에서 인용하여 낭독하고 있다.

> "'십이 사도의 이름을 불러 보겠습니다. 첫째, 베드로라고도 불리는 시몬, 그의 동생 안드레아스, 제베도이스의 아들인 야코부스, 그의 형제인 요하네스, 필립푸스와 바르톨로모이스, 도마와 세관원 마태, 알포이스의 아들인 야코부스와 타도이스. 열정자 시몬 …… 그리고 예수를 배신한 제임스 나이트.'
>
> 빌프레드는 몸을 떨었다. '왜 그런 식으로 말씀하십니까?', 그가 물었다. '제임스 나이트가 예수를 배신한 사실이 당신에게는 거짓처럼 들립니까?', 제임스 나이트는 물으면서 책을 내려놓았다. '우리는 그의 이름 대신에 다른 사람의 이름을 끼워 넣을 수 있습니다. —그리고 열두 번째 사도는 빌프레드였습니다. 그는 예수를 배신했습니다.' 빌프레드는 일어섰고 입을 열었지만, 무

---

8 (Julien Green, 1900~1998), 미국 국적을 지닌 프랑스의 작가.

언가를 말할 힘이 없었다. '현재 우리의 모습 그대로 우리는 모두 유다의 이름 대신에 우리의 이름을 끼워 넣을 수 있다는 사실을 주시하십시오. 당신은 거기에 대해서 어떤 생각도 해 보지 않으셨습니까?'

12. 예수는 왜 죽어야만 했는가?

예수는 왜 범죄자로 죽어야 했는가?

그리고 왜 초기 그리스도교인들은 그것에 대해 침묵했는가?

골고다 바위와 돌로 된 고리에 관한 수수께끼.

"도대체 너는 십자가의 힘과 축복을 알지 못하느냐?" (요하네스 크리소스토무스1)

로마 정복자의 총계에서는 사형에 처한 한 명의 폭도이며, 고대 제국의 역사에서 하나의 각주에 지나지 않는다. 세계사의 관점에서는 정말 중요하지 않은 사건이다. 이것은 2천 년 전, 어느 금요일, 서기 30년 4월 7일 - 여기에 대해서는 많은 연구자가 33년 4월 3일로 주장하기도 하는데 - 도시 예루살렘 앞에 사방으로 탁 트인 채석장이 있는 골고다 언덕에서 일어났다. 교수대에서 비교적 짧은 사투 후에 나

---

1 (Johannes Chrysostomos, 349~407), 초기 교부이자, 안디옥과 콘스탄티노플의 대주교.

그림 12 : 프라하의 카를 대교 십자가상

사렛 출신의 여호수아라는 방랑 랍비가 죽었다.

그는 그 당시 많은 이들이 그랬던 것처럼 회개를 설교하며 정의로운 세상이 도래할 것임을 예언했다. 게네사렛 호수 주변의 갈릴레아 지역에 살지 않는 사람들은 그를 거의 알지 못했다. 그런데도 그가 설교로 예루살렘 권력층의 위선과 독단적인 고집을 비난했을 때, 그리고 그가 예루살렘, 카이사레아, 로마 등의 세속적인 권력의 중심부를 오직 신만이 인간의 주인이시다고 선입견 없이 상대화해 버렸을 때, 그들은 그를 두려워했다. 그가 자신을 메시아로 선언하고 로마 점령군에게 자신들의 테러를 강화하는 근거를 준다면 무슨 일이 일어날 것인가?

사람들은 교육을 받지 못했지만, 카리스마가 넘치는 이 민중 연설가를 정지시켜야만 했다. 엄선된 관중들이 입회한 재판에서 제사장과 최고 어른들은 그를 종교적 선동자로 유죄 판결을 내렸고, 그를 로마 집정관 본디오 빌라도에게 데려가서 십자가형에 처해 달라고 청원했다.

이것은 예수를 추종하는 몇 안 되는 추종자 외에는 어떤 이에게도 특별한 사건은 아니었을 것이다. 세계 제국 로마의 변방에 있으며, 정치적으로나 사회적으로 마녀의 냄비로 불릴 정도로 소요가 많았던 유대 왕국에서 일개 교수형은 사건도 아니었다. 스파르타쿠스 봉기(기원전 73-71)가 진압된 후에 로마인들은 아피아 가도2에 6천 명의 게릴라 전사를 십자가형으로 처형하였다. 이보다 350년 전 알렉산더 대왕이

---

2 (Via Appia), 고대 로마에서 가장 먼저 만들어진 도로이며, 로마에서 시작되어 풀리아주의 브린디시까지 이어져 있다.

티로스[3]를 정복했을 때, 2천 명의 사람들이 십자가에서 목숨을 잃었다. 한 명의 십자가형이 추가되는 것은 이야깃거리가 전혀 되지 않는다. 종교사와 예술사에서 죽음이 임박한 미미하기 짝이 없던 이 사람의 혹사당한 육체를 묶은 십자가가 2천 년이 지난 후에도 여전히 성당, 법정, 학교 교실에 걸려 있고 다루기 힘든 헌법적인 갈등도 해결할 수 있을 정도의 중요한 역할을 담당하게 되리라는 사실을 예상할 수 있었던 사람은 사실 없었을 것이다.

왜 사람들은 십자가에 매달려 죽음을 기다리는 이 사람을 잊지 못할까? 그리고 왜 그와 함께 십자가는 참혹한 형벌 위주 심판의 정점을 표시하고 있을 뿐만 아니라 초기 인류 문화의 상징이 되었는가?

생명의 나무와 우주의 중심

아득한 옛날부터 십자가는 우주의 질서, 모든 삶의 중앙과 세력 중심을 표시한다. 두 선이 교차하고, 끝없는 공간은 이미 중심점을 가지게 되며, 아침과 저녁, 하늘과 땅, 동서남북에서 두 개의 축이 존재한다. 똑바로 선 인간은 두 팔을 좌우로 뻗음으로써 십자가를 만들며, 세계를 움켜잡으며 힘을 행사하고, 포옹하며 축복한다. 청동시대에 이미 원으로 둘러싸인 십자가가 태양을 상징하는 표시로 등장한다. 인디언은 나치 십자가 하켄크로이츠의 모델이었던 '스바스티카'[4]를

---

3   (Tyros), 레바논의 도시. '티레'로 번역되기도 한다.
4   (Swastika), 만자문(卍字紋)으로 번역된다. 이것은 시계방향, 또는 반시계방향으로 꺾인 십자 모양의 무늬이다. 불교, 힌두교, 자이나교, 시크교 등의 인도 계통의 종교의 대표적인 상징 중 하나로, 卍(좌만자) 卐(우만자) 모양 둘 다 방향만

선호한다. 십자가 끝이 구부러진 것은 회전하는 움직임을 의미하며 태양의 주행, 환생의 영원한 순환을 상기시킨다. 유명한 이집트의 손잡이가 달린 십자가 '앙크'anch도 태양으로부터 나오는 생명을 상징한다. 아시리아의 왕들은 이미 십자가가 있는 목걸이를 착용하고 있었고, 불교의 네팔에 있는 만다라[5]도 아즈텍족처럼 제물용 돌과 같은 십자가 형태를 지니고 있었다.

지상에서 수직으로 서 있는 사람은 나무와 흡사하고, 실제로 고대 오리엔트 문화와 중앙아메리카 문화는 생명수生命樹를 그린 그림으로 우주를 묘사한다. 그리스도교인은 최초의 인간 부부인 아담과 이브가 먹었던 금지된 열매가 열렸던 낙원의 나무와 비교해서 구원의 생명수로 십자가를 세울 것이다. 초기 수백 년 동안 신학자와 교부들은 다음과 같이 곰곰이 생각한다.

> "나무를 도구로 이루어졌던 죽음에서 예수가 나무를 도구로 죽었다는 사실을 너는 알아야 한다." (라벤나의 베드로 크리소로구스[6])

다를 뿐 모두 같은 만자가 맞다. 보통 스바스티카라고 하면 오른쪽으로 돌아가는 형상이고, 왼쪽으로 돌아가면 사우와스티카라고 불리기도 한다. 서구권에서도 켈트족을 비롯해서 여러 곳에서 신성의 의미로나 전통적 상징으로 사용되었다. 인류 역사상 가장 오래된 상징 중 하나이며, 파일펫(영어: Fylfot), 감마디온(Gammadion), 테트라스켈리온(Tetraskelion), 하켄크로이츠(독일어: Hakenkreuz) 등 어원이 다른 제각각의 다양한 이름이 있다.

5 인도 종교에서 명상의 보조 수단으로 사용하는 상징적인 그림.
6 (Petrus Chrysologus, 380~451), 라벤나의 주교. 가톨릭교회에서 성인과 교부로 추앙받고 있다.

"엄청나게 큰 이 나무는 땅에서 하늘로 솟아오르며 성장하였다. 불멸의 식물인 이 나무는 하늘과 땅 사이에 넓게 뻗어 있다. 나무는 모든 것을 지탱해주는 견고한 지지대이다. 나무는 인간적인 천성 내면에 있는 지극히 많은 형상을 하나로 모아준다. 나무는 하늘의 가장 높은 첨탑까지도 닿으며 땅에 튼튼한 뿌리를 내리고 있다." (로마의 히폴리트[7])

"인간 형상은 똑바로 서는 자세와 손을 좌우로 뻗는 가능성만을 통해 다른 비이성적인 동물의 형상과 구분된다." (순교자 유스티노[8])

위에 인용된 철학적 관찰들을 우선 살펴보자. 처음에 그리스도교인들은 구원을 가져오는 십자가의 나무와 자신들의 구세주가 골고다에서 맞이했던 죽음의 아주 저급한 방식에 관해 이야기하기를 꺼렸다. 카타콤에서 사람들은 예수를 어깨에 한 마리의 양을 조심스럽게 짊어지고 있는 곱슬머리의 젊은 목동으로 묘사했다. 혹은 양, 물고기 (물고기의 그리스어 '이히티스'ichthys가 신앙고백의 첫 철자가 되었다. 즉 '예수 그리스도, 신의 아들, 구세주'의 첫 철자로 물고기의 의미가 되었다), 피닉스 (전설의 새로, 500년에 한 번씩 자신을 스스로 불태우며 재에서 다시 탄생한다. 그리스도교인들은 이 새에서 부활과 불멸성의 모습을 보았다) 등의 상징들로 예수를 표현한다.

---

7   (Hippolyt, 170~235), 로마의 장로. 교부 이레노이스의 제자, 초기 그리스도교의 작가.
8   (Justin der Märtyrer, 100~165), 그리스도교 순교자, 교부, 철학자.

그러나 순교자의 석관石棺 위에 놓은 십자가는 무엇인가? 상상조차
할 수 없다. 고대에서 십자가형은 사형 방식 중 가장 모욕적인 것으로
여겨졌다. 십자가형은 특히 노예, 해적, 정치적 모반자에게 집행되었
다. 그리고 어떤 경우에서도 로마의 자유민에게는 집행되지 않았다.
키케로는 어떤 연설에서 고귀한 로마인이 '십자가'라는 단어를 단지
입에 올리는 것조차 거절할 정도로 십자가가 진저리난다고 진술했다.
"이 단어는 로마 시민의 육체뿐만 아니라 그들의 생각, 눈, 귀로부터
도 멀리 있어야 한다. 이런 처형 방식을 언급하는 것조차 이미 자유인
에 대한 모욕이다."

> "나는 제각기 다르게 집행되는 십자가형을 보았다. 어떤 이는
> 십자가에 거꾸로 매달려 있기도 하고, 어떤 이는 막대기가 생식
> 기 부분을 관통해 있기도 하고, 또 어떤 이는 가로 막대기에 양
> 팔이 박혀있기도 하였다." (세네카, 「마르시아에게 보낸 위문 서한」)

십자가에 대한 생각에서 로마인들만이 등골이 오싹한 전율을 기록
하고 있지는 않다. "나무에 매달린 자는 하나님께 저주를 받았음이니
라"(「신명기」 21장 23절) 라고 모세의 다섯 번째 책도 간결하게 십자
가의 저주를 확인해 주고 있다. 구원에 대해 감사의 마음이 아무리
많을지라도 초기 그리스도 공동체들은 신의 존재를 명료하게 밝혔던
그들의 구세주가 사회적으로 권리를 박탈당하고 도시 성문 바깥의 언
덕에서 초라한 범죄자로 처형당함으로써 엄청난 어려움을 겪었다.
가장 오래된 십자가형刑 그림은 로마의 팔라티노스 언덕에 있는 황
제 시대 궁전에 살던 하인과 노예의 거주지에서 발견된 경멸적인 그

라피티다. 말의 머리를 지닌 인간이 십자가에 매달려 있는데, 아마 노예로 보이는 젊은 남자가 손을 들어 그에게 인사하고 있다. 그 밑에 는 누군가 서투르게 "알렉사메노스가 신께 기도한다"라고 적혀 있다.

> "그리고 예수께서 아홉 번째 시간에 크게 소리 지르시되, 엘리 엘리 라마 사박다니? 하시니, 이를 번역하면 나의 하나님, 나의 하나님, 어찌하여 나를 버리셨나이까? 하는 뜻이라." (「마가복음」 15장 34절, 「시편」 22장 1절[9]에서 인용)

> "예수의 십자가형에 대한 최초 이야기는 시편에서 인용한 것이 다. 괴로움을 호소하는 정의로운 자의 절규에는 예수의 운명이 반영되어 있다. 시편 22장을 인용해서, 예수의 입술에 슬픔으로 도움을 구하는 탄성을 뱉어내게 하고 결국 죽음에 이르게 함으 로써, 예수의 죽음이 장난이 아니라는 사실이 매우 진지하게 서 술되고 있다. 소생으로 가는 길은 없다. 성스러운 의무의 실현이 아니라 고통스러운 죽음이며, 부연하자면 신의 신의를 기대하지 만, 절대적으로 확신하지는 않음을 의미한다." (마르틴 에브너)

죽음에 이를 정도로 고문당한 구세주

교수대에서 고문당하고 채찍질로 찢어진 살 조각에 피가 넘쳐 흐르 는 이런 상황에서 죄와 죽음과 인간적인 모든 절망을 극복한 승리자

---

9 원문에는 22장 2절로 되어 있으나, 실제로 22장 1장이 인용되었음. "내 하나님이 여 내 하나님이여 어찌 나를 버리셨나이까 어찌 나를 멀리하여 돕지 아니하시오 며 내 신음 소리를 듣지 아니하시나이까." (22장 1절)

이며 하늘과 땅의 진정한 지배자를 바라보라고 도대체 누가 요구할
수 있었던가? 이런 예수에게 추종자와 친구들도 분명 있었는데, 밤과
안개 속에서의 체포 그리고 이른 아침에 개최된 재판이 이런 사실을
암시하고 있다. 그가 매달린 십자가 아래에는 그를 신의로 따르고 있
는 여인들이 서 있었는데, 그것은 죄인을 동정하는 행위로 위험에 처
할 수도 있었다. 예수 문제를 심의한 산헤드린[10]에 참석했던 의원 중
에는 예수를 우호적으로 대했던 자들도 있었다. 요셉 폰 아리마테아
와 니코데무스는 – 둘은 부자이고, 영향력도 어느 정도 지니고 있었
다 – 후에 이단자 예수의 매장을 허용했다.

그리고 부패하고 잔인하며, 거만하고 종잡을 수 없는 성격의 소유
자인 로마의 집정관 본디오 빌라도에게는 우선 유대의 제사장 회의에
서 내려진 사형 선고 강요에 반론을 제기할 정도의 관심은 없었다.
그는 종교적인 토론을 좋아하지 않았다. "무엇이 진리인고?"라며 그는
지루해하며 물었다. 도대체 빌라도가 예수를 포악하기 그지없는 자신
의 군인에게 넘기는 것만으로 이런 광신적인 종교 관리들은 만족하지
않았던가? 로마 병사들은 예수를 막대기, 쇠사슬, 위태로운 갈고리가
달린 채찍 등으로 피로 얼룩진 살이 누더기가 된 육체에 매달리게
될 때까지 초주검이 되게 때렸고, 단지 조롱하기 위해 가시나무 덤불
로 만든 왕관을 그의 머리에 눌러 씌웠다. '그리스도의 가시나무'를
의미하는 '팔리우루스 스피나-크리스티'Paliurus spina-christi라는 나무는 바
늘처럼 뾰족하고 긴 가시를 가지고 있으며, 오늘날에도 팔레스타인에

---

10 (Sanhedrin), 로마 통치 시대 예루살렘에 있었던 71명의 의원으로 구성된 유대
   인의 최고 자치 기관.

서 자라고 있다.

빌라도는 사람들이 로마의 황제에게 자신을 고발하겠다고 위협했을 때야 비로소 포기했다. 거기서 그는 몇몇 독단적인 언행으로 인해 나쁜 선택을 했다. '이비시 인 크루켐'(너는 십자가로 갈 것이다)이라고 그는 언짢은 듯 공식적으로 판결했다. 빌라도는 "이 사람이 유대의 왕, 나사렛 예수이니라!"라고 적힌 반어적인 문자판을 죽음을 기다리는 예수의 어깨에 걸게 했으며, 이것으로 그는 성가신 예루살렘의 고위 제사장들을 곤경에 빠뜨렸다.

이제 그 누구도 랍비 예수를 구할 수는 없었다. 그는 자신의 어깨에 십자가를 짊어졌다. 나무 막대기를 교차시켜 만든 십자가는 아주 무거웠고, 다시 시작된 채찍질로 고통받으며 나지막하고 매끈한 바위들이 들어서 있는 채석장으로 비틀거리며 걸어갔다. 그곳은 바위의 형태가 '해골'과 비슷하게 생겨 '골고다'라고 칭해졌다.

예루살렘 구시가지에 있는 '비아 돌로로사'(Via Dolorosa, '고난의 길')는 오늘날에도 금요일마다 순례자들로 넘쳐나고 있으며, 믿음과 수백 년의 눈물로 인해 성지가 되었다. 이 길이 십자가로 향하는 역사적 구간인지는 확실하지 않다. 왜냐하면, 빌라도는 자신의 사형 선고를 초기에 사람들이 생각했던 것처럼, 성전산 옆에 있는 구시가지 중심지의 안토니아 성곽에서 내리지 않고, 골고다 언덕 남쪽으로 단지 수백 미터만 떨어져 있는 헤롯 대왕의 궁궐에서 내렸기 때문이다.

어쨌든 죽음의 행렬은 군중 무리와 도시의 혼란을 뚫고 가며 고통을 받았음이 틀림없다. 금요일 저녁에는 유월절 축제가 시작될 것이며, 신전에서는 대규모 제식이 준비될 것이다. 예루살렘의 주부들은 안식일의 휴식을 위한 마지막 쇼핑에 열중하고 있으며, 유월절 축제 음식을 먹기 위해서 예루살렘에서는 천 마리까지는 아니지만 수백 마리의 양을 도살하기에 양치기들은 초원에서 도시로 엄청나게 많은 양을 몰고 들어올 것이다.

북서쪽 성문에는 끔찍하게 고문당한 예수가 힘에 부쳐 더는 나아갈 수 없었다. 형 집행 임무를 맡은 병사는 군중 무리 속에서 시몬 폰 키레네라는 이름의 아프리카 유대인을 잡아서, 그에게 100m 정도 남아 있는 골고다 언덕까지 십자가를 예수 대신 짊어지게 했다. 연구자들은 이 장면이 자세히 기록되어 있어서 전통적인 '비아 돌로로사'보다는 이 길을 '십자가의 길'로 간주한다.

> "그의 모습이 더는 사람이 아닐 정도로 상하였으므로, 많은 사람이 그에 대하여 놀랐더라. (......) 그는 실로 우리의 질병을 짊어지고, 우리의 고통을 자신이 대신 당하였노라. 우리의 구원을 위해 형벌이 그에게 내리니, 그의 상처를 통해 우리가 구원받았도다. (......) 그는 마치 도살장으로 끌려가는 어린 양 같이, 자기 입을 열지 아니하였도다."
> (「이사야」 52장 14절, 53장 4~5절, 7절)

신전에서 유월절 양이 도살되고 있는 동안, 도시 앞 바깥에서는 나사렛 예수가 죽었다. 그리스도교의 전통은 후에 구약성서에 나온 이 모습, 즉 세상의 모든 죄를 짊어지고 있는 인간인 예수를 '신의 양'이라 불렀다.

아마 사람들은 병사들이 조롱하기 위해 '유대 왕'에게 걸치게 했던 찢어진 붉은 외투 없이 그를 경멸하기 위해 완전히 나체로 십자가에 매달았을 것이다. 후에 십자가에 묶인 예수를 그린 제단 화가들은 상처투성이의 육체에 존경의 의미로 대부분 허리 아래에 천을 두르고 있는 모습을 그리곤 했다. 19세기 계몽된 유럽에서도 여전히 자극적인 것에 쾌감을 느끼는 군중들이 교수대에서 숨을 거두는 사람의 경직 현상을 생생히 보기 위해 공개 처형으로 −거의 빠지지 않고− 몰려들었다.

예수는 의학적 용어를 빌리면, '순환기 붕괴' 혹은 과다출혈로 인한 '저혈량증 쇼크'로 사망하였다. 십자가에 매달린 사람은 자신의 몸무게가 −성화聖畵에서는 손바닥에 못이 관통해 있는 것처럼 보이는데− 팔목이나 손목뼈를 관통해 박혀있는 못에 모두 실리게 된다. 이런 경우에는 살이 찢어지고, 파리의 여러 병원에서 행한, 방금 절단된 사지를 통한 실험이 보여주었듯이, 십자가에서 몸이 앞으로 고꾸라질 것이다.

십자가에 팔이 걸려 있는 것은 −중세와 지하실 고문이나 나치의 집단수용소에서도 이미 알려진 악마적 고통− 거친 호흡 곤란과 과도한 혈액 부전을 필연적으로 가져온다. 그 때문에 십자가에 매달린 예수는 무의식적으로 다시 몸을 곧추세우려고 시도한다. 동시에 아마 작은 좌석 들보 하나가 엉덩이 아래에서 그의 몸이 쓰러지지 않는 것을 도와줄 것이다. 이제 못이 박힌 발뼈에서 오는 고통이 더는 참을 수 없기에 몸이 탈진으로 실신하게 되고 끔찍한 놀이는 새롭게 시작된다. 십자가형보다 더 고통스러운 사형 방법은 없을 것이다. 십자가에 매달린 많은 이들이 죽을 때까지 여러 날 굴욕의 기둥에 매달려 있었다. 예수의 경우 십자가에 매달리기 이전에 잔혹하게 고문당하여 이미 많은 피를 흘렸기에 죽음의 사투는 대략 여섯 시간만 지속하였다.

> "그는 가시로 만든 왕관을 쓰고 있었다. 그의 눈, 그의 귀, 그의 수염으로 피가 줄줄 흘러내렸고, 그의 입은 열려있었으며 그의 혀는 피로 물들었고 그의 뺨은 움푹 파였다. 몸은 그 속에 더는 내장이 없는 것처럼 쪼그라들어 있었다." (14세기 비르지타 폰 슈베덴[11]의 버전)

순례자들은 이 가련한 죽음의 현장을 오늘날에도 예루살렘 성묘聖墓교회에 있는 골고다 예배당에서 찾는다. 전승이 주장하고 있듯이, 거기에 실제로 골고다 바위의 잔재들이 있기에 현장을 볼 기회는 항상 존재한다. 초기 그리스도교인들이 이 장소를 보존했고, 아마 박해의 시대에 사용되었던 예수의 십자가도 －예수 처형 후에도 목재가 팔레스타인에서는 귀했기에 아마 사형 집행을 위해 계속 사용되었을 것이지만－ 소중히 보존했을 것이다. 그리스도교가 공식적으로 수용되었을 때인 4세기에 그들은 십자가를 숨겼던 낡은 빗물 통으로 황태후 헬레나를 데려갔다는 전설이 있다.

고고학자들은 1987년 골고다 예배당의 바닥 밑부분을 완전히 파헤쳐서 수 세기 동안 쌓인 토사 아래 십자군 시대에 만든 대리석 덮개 밑에서 한 개의 매끈한 두개골과 돌로 만들어진 특이한 둥근 고리

---

11 (Birgitta von Schweden, 1303~1373), 혹은 성녀 비르지타는 로마 가톨릭교회의 성인이자 신비가. 남편을 여읜 후, 수도원에서 극도로 엄격한 생활을 하던 중 수많은 환시와 계시를 받았다고 전해진다. 이러한 계시에 따라 그녀는 1344년에 비르지타회(삼위일체회)를 창립하였다.

Steinring를 발견하였다. 이것은 6세기 이래 최초의 발굴이었다. 이것을 진지하게 받아들이는 학자들은 부서지고 조야하게 다듬어진 돌로 된 고리는 2천 년 전 그리스도의 십자가를 단단히 묶었을 것이라고 주장한다. 이런 주장은 기술적인 면에서 보면 가능한 일인데, 고리의 지름이 11㎝로 2m 50㎝인 기둥을 묶는 데 충분했다. 그리고 4세기의 순례자들은 재차 발견된 그리스도의 십자가가 성금요일에 골고다 바위 잔재 위에 말뚝으로 고정되어 숭배되는 종교적 의식에 대해 보고했다.

치욕의 목재, 십자가가 공인되다.

콘스탄틴이 그리스도교인의 노예 종교를 국교로 정하고 교회가 황태후 헬레나에 의한 '진짜 십자가'의 발견을 자신들의 축제로 (이 축제는 가톨릭의 경우 역사적 질문에 객관적 입장을 견지했던 교황 요하네스 23세(1881~1963)에 의해 폐지되었다) 만들기 시작했을 때인 4세기에 분위기가 완전히 반전되었다. 갑자기 온 세상이 십자가에 관해 이야기했고, 그리스도교를 믿는 여성들은 황금 십자가를 목걸이로 사용했다. 이제 인간이 된 신의 십자가 죽음을 더는 굴욕적인 좌절이 아니라, 자신의 피조물에 대한 신의 신뢰를 보여주는 가장 아름다운 표시로 해석하고 잃어버린 인간 존엄성의 복구로 이해한다.

이런 견해는 이미 오래전에 신약성서에 기록되어 있지만, 십자가에 대한 새로운 평가는 ─주지하다시피 최초의 복음서 저자인 마가가 예수를 과감하게 권력이나 통치와는 전혀 관계가 없는 왕으로 소개한 것을 바탕으로- 이제 비로소 전면에 등장하기 시작한다. 누가는 예수의 수난사를 개별 관객 내지는 후에 예배 참석자에게 각자 자신만의 결정을 내리도록 자극하는 연극처럼 묘사했다. 요한은 십자가에 매달린 예수를 육체와 피로 구성된 인간으로 그렸다.

> "백성은 서서 구경했고, 관리들도 그를 비웃었더라." (「누가복음」 23장
> 35절)

저주를 구원으로 재해석하는 데 결정적인 역할을 한 사람은 성서에 조예가 깊었던 신학자 바울이었다. 그는 범죄자의 십자가를 세상과 신의 화해를 알리는 - 겉으로는 무기력하며 약해 보이지만 종국에는 세속의 권력자가 휘두르는 그 어떤 폭력보다도 강한 힘의- 신호로 보았다. 항상 신비주의적인 것을 내포하고 있는 모든 가치의 재해석이었다. 바울은 고린도로 다음과 같은 내용의 편지를 쓴다.

> "그리스도 안에 계시사 세상을 자기와 화목하게 하신 이가 바로 하나
> 님이셨더라. (......) 하나님이 죄를 알지도 못하신 이를, 우리를 대신하
> 여 죄로 삼으신 것은 우리가 그 안에서 하나님의 의가 되게 하려 하심
> 이라." (「고린도후서」 5장 19, 21절)

십자가에 관한 최초의 예술적 묘사들은 그리스도를 살아서 십자가에 꼿꼿이 서 있는 승리자로 나타낸다. 신학자들은 장엄한 송가로 십자가를 찬양한다.

"십자가로 인해 우리의 완벽한 구원이 이행될 것이기에 우리는 십자가를 왕관처럼 지니고 다닐 것이다. (......) 그 때문에 우리는 집, 벽, 창문에 십자가를 열심히 걸어 두고, 이마와 심장에 십자가 표시의 성호를 긋는다. 이것은 정말이지 우리 구원, 공동의 해방과 주의 자비 등을 보여주는 표상이다." (요하네스 크리소스토무스)

569년 십자가 성유물은 푸아티에[12]에 도착했다. 그 도시의 주교인 베나티우스 포르투나투스[13]는 사면된 시인이며 성인전 작가였다. 십자가가 도시에 온 것을 계기로 성립된 십자가에 관한 그의 송가는 오늘날까지도 가톨릭 성금요일 제식에서 많이 불린다.

"신의의 십자가여, 모든 나무 중에서
너만 홀로 존경을 받는구나.
가지, 꽃, 열매를 보면
숲의 어떤 나무도 너와 같지 않기에.
달콤한 목재여! 오 달콤한 못이여!
달콤한 짐이 너희를 힘들게 하는구나."

바실리카[14]와 마을 교회에서 그리스도는 수백 년 동안 화려한 예복으로 치장되어 머리에는 가시 면류관 대신에 황금 왕관을 쓰고 십자

---

12 (Poitiers), 프랑스 중서부 지역 클랭강에 위치한 도시.
13 (Venatius Fortunatus, 540~600/610), 고대 후기의 마지막 로마 시인인 동시에 중세 최초의 시인이기도 함.
14 초기 그리스도교의 교회당.

가에 군주처럼 걸려 있었다. 13세기에 비로소 승리감에 취해 있는 천상의 왕에서 학대당한 인간의 아들이 되었다. 신의 아들이 비참하기 그지없이 좌절되어 죽음에 이른다는 것을 절대 감당할 수 없었던 로마와 게르만의 전통이 결국 극복되었다. 이런 새롭고 사실적인 수난의 경건함을 가장 의미 있게 보여주는 사례가 죽은 예수를 품에 안고 고통으로 괴로워하는 어머니를 묘사한 '피에타'이다.

그리스도는 성당의 황금색으로 희미하게 빛나는 둥근 지붕을 떠나서 가장 깊은 인간의 궁핍함 속으로 내려간다. 19, 20세기에는 예수 수난을 묘사한 예술이 재차 변화한다. 고통의 인간이 대표자가 된다. 괴롭힘을 당하는 메시아가 인간들이 서로에게 가하는 모든 고통을 짊어진다. 로비스 코린트, 마르크 샤갈, 살바도르 달리, 알프레드 흐르들리카, 프란시스 베이컨 등은 세상의 폭력을 어떤 영적인 것도 없이 고통스럽게 분명히 보여주고 있는 십자가를 짊어진 예수를 그리고 있다.

시간증(屍姦症) 신학에 대한 불쾌감

많은 이들이 오늘날 법정이나 교실에서 십자가의 사용을 반대하고, 죽을 정도로 고문당한 그리스도를 굳이 보이려 하지 않는 이유는 아마 십자가의 죽음이 아이들에게 트라우마에 시달리게 하고 종교적 관용원칙에 어긋난다고 생각하기 때문일 것이다.

십자가라는 상징 아래 자행되었던 피비린내 나는 수많은 전쟁과 강제 개종, 승리의 근거가 되어야 했고 다른 이들의 희생을 강요했던 십자가, 권력과 전통의 상징으로 전락해버린 십자가, 아파르트헤이트[15] 정부의 사무실에서 벌인 만행과 똑같이 종교재판 심문인이 고문을 자행하던 지하실에 걸어 두었던 십자가, 이런 모든 것이 십자가 로고에 드리워져 있는 나쁜 인상이다. 여기에 11세기 영국의 신학자 캔터베리의 안셈[16]이 아우구스티누스를 인용하며 주장했던 잘못된 해석도 추가된다.

안셈에 따르면 신을 모욕하여 그의 징벌을 유도했던 인간의 죄가 너무나 커서 오직 엄청나게 가치 있는 것을 보상함으로써 속죄될 수 있다. 그래서 가난한 자는 속죄할 능력을 절대 지닐 수 없으니, 그 대가로 신이 자기 아들을 죽음으로 내몰 수밖에 없었다는 것이다.

십자가는 상반된 가치를 동시에 소유한 전언傳言, Botschaft이다. 그 이면에 한편으로는 창조주와 피조물 사이의 연대감과 상대방을 대신하여 받는 고통이라는 인간에 아주 우호적인 성서적 전통이 있지만, 다른 한편으로는 복수심에 불타고 무자비하며 속죄와 형벌을 심사숙고하는 신의 불확실한 모습도 존재한다. 오늘날 특히 페미니즘 여성 신학자들이 이런 논리에 대해 불쾌감을 드러낸다. 그들은 자신들이 직

---

15 (Apartheid), 과거 남아프리카 공화국의 백인 정권에 의하여 1948년에 법률로 공식화된 인종 분리 즉, 남아프리카 공화국 백인 정권의 유색인종에 대한 차별 정책을 말한다. 1990년부터 1993년까지 벌인 남아공 백인 정부와 흑인대표인 아프리카 민족회의와 넬슨 만델라 간의 협상 끝에 급속히 해체되기 시작해, 민주적 선거를 통해 남아프리카 공화국 대통령으로 당선된 넬슨 만델라가 1994년 4월 27일 완전폐지를 선언하였다.

16 (Anselm von Canterbury, 1033~1109), 이탈리아의 그리스도교 신학자이자 철학자로, 영국의 캔터베리 대주교를 지냈다. 스콜라 철학의 창시자로서, 신 존재를 대상으로 한 존재론적 신의 존재 논증과 십자군에 공개로 반대한 것으로 유명하다.

접 겪은 체험을 근거로, 남성에 의해 꾸며진 한쪽으로는 제물, 복종, 고통, 의존, 다른 쪽으로는 구원, 믿음, 신의 의지 등의 개념을 결합하는 데 대해 신뢰하지 않는다.

> "죄 없는 자에게 행한 폭력을 - 십자가에서 살해당한 예수의 경우 - 도대체 두 심연 중 하나의 심연으로 떨어지지 않으면서, 구원의 행동으로 해석할 수 있는가? 이런 살해 도구를 그리스도교 신앙의 핵심으로 설정해놓고, 십자가로 살해된 이에게 기도하며, 생명의 확장으로서의 그의 죽음을 우리 구원의 유일한 상징으로 만드는 **시간증[17]이라는 심연**으로 추락하던지, 아니면 이런 폭력을 미화하고, '신의 의지는 해명할 수 없다', '신은 비뚤어진 선도 똑바로 쓰신다', '예수는 자발적으로 십자가를 짊어졌고, 참을성 있게 견디어 내셨다' 등이라 말하면서 그 의미를 약화하는 **'대수롭지 않게 생각하기'라는 심연**으로 빠져들어야 한다." (레굴라 스트로벨)

만약 십자가형을 당한 예수가 순종적이며 아버지에 의해 인도된 희생양으로 표시되지 않고, 그가 자기 진리를 아주 충실하게 믿고, 자신을 따르며 학살당한 자, 생명을 빼앗긴 인간에 가까이 있길 원하기에, 자기 자신의 결정으로 죽은 사람이라 할지라도 - 예컨대, 프로테스탄트인 위르겐 몰트만Jürgen Motmann(1926~) 혹은 가톨릭교도인 요셉 라칭어[18]가 이렇게 해석했다- 아마 변하는 것은 거의 없을 것이다.

---

17 시체에 대하여 성욕을 느끼는 변태 성욕의 한 증상.
18 (Joseph Ratzinger, 1927~), 교황 베네딕토 16세의 본명이다.

라칭어는 '안셈이 정립했던 완벽히 논리적인 신적-인간적 법률 체제는 관점을 왜곡시키고, 자신의 고집스러운 논리를 통해 신의 모습이 음산한 빛 속으로 자취를 감출 수 있다'라는 사실에 관해 완전히 이해하고 있음을 언급한다. 얼핏 보면 보잘것없는 사람들을 위한 사랑의 대가로서, 그리고 지배자에 대항하는 저항의 결과로서 생명의 제물에 대한 공감의 언급이 자기 권력의 잔혹한 전횡으로 빠지지 않았는가? 만약 정의를 위한 참여가 자동으로 교수대로 이끈다면, 그리고 권력자의 폭력이 이미 외부 상황에 대한 강제로 나타난다면 그 당시 상황에서 어떤 것이 어떻게 변해야 하는가? 자유를 위해 싸우는 전사들은 삶에 대한 권한도 없으며, 힘의 소유자는 자유 의지를 절대 갖춰서는 안 되는가?

아우슈비츠 수용소에서 이 막사에서 저 막사로 지하 소식을 몰래 전달해 주었다는 이유만으로 교수형을 당한 젊은이의 충격적인 이야기가 이제 시험대에 오른다. 수용자들은 사형 집행을 방관할 수밖에 없었는데, 한 사람이 탄식하며 외쳤다. "지금 신은 어디에 계십니까, 그가 어디에 있습니까?" 목격자로 그 사건을 전해주었던 소설가이며 탈무드 학자인 엘리 위젤은 내면에서 응답하는 음성을 들었다. "거기, 그가 목이 매달린 거기, 교수대에." 고통을 겪고 있는 인간 형제의 마음속에서 신이 울며 죽는 것을 직접 보고 있다는 이런 씩씩한 신비주의가 우리의 가련한 미풍처럼 흩날려 사라지게 될 삶에 대한 유일한 희망인가, 아니면 그것이 폭력을 행사하는 자는 내심 고소해하고, 신비주의자는 순진하게 뚜벅뚜벅 소리를 내며 사라질 수밖에 없는 경우인가?

명예를 더럽힌 자, 사형당한 자가 도대체 희망을 줄 수 있는가? 십자가에 박혀버린 인류를 해방해 줄 힘, 신의 편에 서 있는 지식이 선사해 주는 즐거운 투쟁 정신, 죽음의 권력에 대항하여 십자가에서 죽은 자의 이름으로 투쟁하는 용기를 다시 얻는 것이 가능한가?

> "인간이 자신의 역사를 이야기하기에, 인간이 기억 문화와 저항 문화를 일구었기에, 인간이 죽음은 마지막 단어를 가지지 않는다고 말했기에 십자가는 희망의 기호가 되었다. 십자가는 폭력을 합법화해서는 안 된다. 우리는 오늘날 십자가가 어디에 있는지 주시해야만 한다. 십자가의 신은 어디서 죽는가? 지중해에서 익사한 난민이 십자가의 신인가?" (클라우디아 얀센[19])

어쨌든 십자가는 호감이 가며 미학적 가치가 있는 로고는 절대 되지 않을 것이다. 십자가는 신이나 고통으로 인해 자유로운 삶에서 나오는 인간의 희망을 가차 없이 삭제해 버리며, 혼란에 빠뜨리고 자극한다. 골고다 피의 십자가는 어떤 결정도 요구하지 않고 어떤 결론도 지니지 않는, 부드럽게 세척된 듯한 '만족감을 주는 종교'Wellness-Religion 와는 정확히 상반된다.

항상 신의 분노에 관해 이야기하며, 동성애자 재판에서처럼 하느님의 어린 양 그리스도라는 속죄용 제물에 관해 이야기하는 **암울한 설교자**, 그리고 마찬가지로 모든 것을 새롭고 더 낮게 ─ 제일 좋은 것은 모든 것을 갑작스럽게 ─ 말하길 원하며, 이미 삶에 대한 그리스도의

---

19 (Claudia Janssen), 독일 개신교 신학자. 부퍼탈/베텔 신학대학 교수.

열정을 오해 없이 표현해 줄 수 있는 새로운 로고와 상징을 찾아 나선 민첩한 **여성 신학자들**, 이 두 진영은 너무 쉽게 무언가를 잊고 있다.

골고다 예배당에서 100m도 떨어져 있지 않은 곳에 예수의 시체가 매장되었고 그곳에서 부활이 이루어졌다고 전해지는 석실형 고분이 예루살렘 교회 안에 있다. 금빛 바탕에 승리의 느낌을 표현하는 비문에는 예수가 부활한 다음 날 텅 빈 무덤을 찾아온 여성들과 만났던 천사들이 한 말 '그는 여기에 있지 않습니다'Non est hic라는 문구가 새겨져 있다. 간단한 이 세 단어가 논쟁 전체를, 미안합니다만, 때때로 편협하기 짝이 없는 것임을 폭로하고 있다.

빌라도는 끝에서 두 번째 단어만 가졌다. 그가 십자가에 못 박았던 인간이 살아 있다. 오늘날까지도.

■ 참고문헌

BLOCH, Ernst: Das Prinzip Hoffnung. Frankfurt am Main 1959

BUBER, Martin: Die Erzählungen der Chassidim. Zürich 1949

CHARROUX, Robert: Phantastische Vergangenheit. Die unbekannte
Geschichte der Menschen seit hunderttausend Jahren. Frankfurt am
Main 1970

DÄNIKEN, Erich von: Erinnerungen an die Zukunft. Ungelöste Rätsel der
Vergangenheit. Düsseldorf / Wien 1968

DER KORAN. Übs. und kommentiert von Adel Theodor Khoury. Gütersloh
2007

DIE STIMME VOM SINAI. Ein rabbinisches Lesebuch zu den Zehn Geboten.
Aus den hebräischen und aramäischen Schriften übs. und hg. von Jakob
J. Petuchowski. Freiburg 1981

DREWERMANN, Eugen: Das Matthäusevangelium. Erster Teil: Mt 1,1 –
7,29. Bilder der Erfüllung. Olten / Freiburg im Breisgau 1992

EBNER, Martin: Das »Wort vom Kreuz«. Eine Anti-Logik. Neutestamentliche
Deutungen der Kreuzigung Jesu, in: Kreuz und Kruzifix. Zeichen und
Bild. Diözesanmuseum Freising 2005, 22-28

EICHER, Peter: Das kosmische Zeichen, in: Bibel heute 4 (2002), Heft 152

ETCHEGARAY, Roger: Ein Brief an Judas: Bote der Frohbotschaft oder
Bösewicht? Kirchenzeitung der Erzdiözese Marseille. Zit. in:
Regensburger Bistumsblatt, 19. 4. 1987

FERRARI D'OCHIEPPO, Konstantin: Der Stern von Betlehem in
astronomischer Sicht. Legende oder Tatsache? Gießen / Basel, 4. Aufl.
2003

GEORGE, Margaret: Maria Magdalena. Der Roman ihres Lebens. Übs. von
Rainer Schmidt. Bergisch Gladbach 2003

HÄGGMAN, Ann-Mari: Magdalena pä Källebro. En studie i finlandssvensk vistradition med utgängspunkt i visan om Maria Magdalena (Skrifter utgivna av Svenska litteratursällskapet i Finland; Humanistiska avhandlingar 6). Helsinfors 1992. Zit. in: Dick Harrison: Verräter, Hure, Gralshüter. Judas Iskariot, Maria Magdalena, Pontius Pilatus, Josef von Arimathäa ‒ Geschichte und Legenden. Aus dem Schwedischen von Ingrid Bohn. Düsseldorf 2007

JENS, Walter: Der Fall Judas. Stuttgart 1975

LAPIDE, Ruth / FLEMMER, Walter: Kennen Sie Adam, den Schwächling? Ungewöhnliche Einblicke in die Bibel. Stuttgart / Zürich 2003

MAISCH, Ingrid: Maria Magdalena. Zwischen Verachtung und Verehrung. Das Bild einer Frau im Spiegel der Jahrhunderte. Freiburg 1996

MANN, Thomas: Das Gesetz. Los Angeles 1944. Neuausgabe in: Gesammelte Werke in Einzelbänden. Späte Erzählungen. Hg. von Peter de Mendelssohn. Frankfurt am Main 1981

McKENZIE, Steven H.: König David. Eine Biographie. Übs. von Christian Wiese. Berlin / New York 2002

POMILIO, Mario: Das fünfte Evangelium. Roman. Übs. von Madeleine Windisch-Graetz, Salzburg 1977

RATZINGER, Joseph: Einführung in das Christentum. Vorlesungen über das Apostolische Glaubensbekenntnis. München 1968

RAUSCHNING, Hermann: Eine Unterredung mit Hitler, in: Armin L. Robinson(Hg.): Die zehn Gebote. Hitlers Krieg gegen die Moral. Frankfurt am Main 1988

RINSER, Luise: Mirjam. Roman. Frankfurt am Main 1983

SCHÄFER-LICHTENBERGER, Christa: »Sie wird nicht wieder hergestellt werden.« Anmerkungen zum Verlust der Lade, in: Mincha. Festgabe für Rolf Rendtorff zum 75. Geburtstag. Hg. von Erhard Blum. Neukirchen-Vluyn 2000, 229-241

SCHÜNGEL, Paul: Die bleibende Verbindlichkeit des Dekalogs, in: Helen

Schüngel-Straumann: Der Dekalog ‒ Gottes Gebote? (Stuttgarter Bibelstudien 67), Stuttgart 1973

SÖLLE, Dorothee: Gottes starke Töchter. Große Frauen der Bibel. Ostfildern-Ruit 2003

STROBEL, Regula: Feministische Kritik an traditionellen Kreuzestheologien, in: Vom Verlangen nach Heilwerden. Christologie in feministisch-theologischer Sicht. Hg. von Doris Strahm und Regula Strobel. Fribourg / Luzern 1991, 52-64

TACHAROW, Sidney: Judas, the Beloved Executioner, in: Psychoanalytical Quarterly 29 (1960), 528-554

TASCHL-ERBER, Andrea: Maria von Magdala ‒ erste Apostolin? Joh 20, 1 ‒ 18: Tradition und Relecture (Herders Biblische Studien, hg. von Hans-Josef Klauck und Erich Zenger, Band 51). Freiburg 2007

TOLLMANN, Andreas: Die Botschaft ist entschlüsselt. Vom Mythos zur historischen Wahrheit? Interview mit der »Wochenpost«, 20. 1. 1994

WIESEL, Elie: Adam oder das Geheimnis des Anfangs. Brüderliche Urgestalten. Übs. von Hanns Bücker. Freiburg 1980

WIESEL, Elie: Noah oder Ein neuer Anfang. Biblische Portraits. Aus dem Amerikanischen von Reinhold Boschki. Freiburg 1994

YALQUT SCHIMONI, zit. nach Simone Rosenkranz Verhelst: Zwischen Himmel und Heiligtum. Paradies vorstellungen im Judentum und Christentum, in: Claudia Benthien / Manuela Gerlof (Hg.): Paradies. Topografien der Sehnsucht(Literatur ‒ Kultur ‒ Geschlecht. Studien zur Literatur- und Kunstgeschichte. Hg. von Inge Stephan und Sigrid Weigel. Kleine Reihe Band 27). Köln / Weimar / Wien 2010, 31-48

ZENGER, Erich: Stuttgarter Altes Testament. Stuttgart 2004

■ 찾아보기

일 반

작품명